中国历代名著全译·丛书

传习录全译

[明]王阳明 著
于民雄 注 顾久 译

贵州出版集团
贵州人民出版社

中国历代名著全译丛书
再版工作委员会

再版说明

◎ 在人类文明历史长河中，中华民族创造了源远流长、博大精深的优秀传统文化，它是中华民族的“根”与“魂”，为中华民族生生不息、发展壮大提供了强大的精神支撑。中华优秀传统文化内容包蕴万千，而浩如烟海的历代经典名著正是其中最为璀璨的瑰宝。

◎ 为了传承和弘扬中华优秀传统文化，使广大读者了解我国历代经典名著的全豹，上世纪90年代，我们在全国学术界许多著名学者的支持下，出版了这套《中国历代名著全译丛书》。丛书分两批，每批50种，精选我国历代经史子集四部名著以全注全译的形式整理出版。由于丛书开名著全译之先河且兼具权威性、通俗性、学术性和资料性，出版之后得到书界的认可和受到读者的喜爱，并于1993年荣获第三届中宣部精神文明建设“五个一工程”奖。

◎ 随着中国开启建设社会主义现代化国家新征程，文化作为一个国家、一个民族的灵魂，在中国特色社会主义事业全局中的重要地位被进一步凸显，提高文化软实力成为实现中华民族伟大复兴的重要支撑。正是由于这样的背景，让我们开启《中国历代名著全译丛书》的再版工作具有非同寻常的意义。此次再版我们主要做了两项工作：一是对书的内容进行全面细致的校订，改正上一版中存在的舛误，同时，在尊重和保持作者学术成果原貌的基础之上，对个别属于历史局限的地方作了适当处理，使其内容更加精善；二是对书的装帧形式重新进行设计，使其形态更具审美价值并符合新时代读者的阅读习惯。

◎ 我们相信，这套新版的《中国历代名著全译丛书》在让读者领略到中华优秀传统文化独特风采与恒久魅力的同时，对提升中华民族文化自觉自信将起到应有的作用。

贵州人民出版社有限公司

2021年1月

旨。时人多目为立异好名，惟湛甘泉（1466—1560）一见定交，共以倡明圣学为事。

这一时期的王阳明，兴趣十分广泛。湛甘泉说他“初溺于任侠之习，再溺于骑射之习，三溺于辞章之习，四溺于神仙之习，五溺于佛氏之习”。[①]如此豪迈的气象和丰富的精神追求，体现了王阳明早期真实生命存在的旅程。直到贵州龙场悟道后，王阳明才实现了一生的根本转折，归正于儒家圣贤之道。明正德元年（1506），武宗初政，宦官刘瑾舞弄朝政，南京科道戴铣等上疏请罢刘瑾，忤旨入狱，阳明以兵部主事一职，不顾刘瑾狡残凶狠，仗义执言，结果遭贬下狱，廷杖四十，谪贵州龙场驿丞。正德三年（1508）三月，阳明抵达龙场。龙场在今贵阳西北四十里的修文，万山环抱，荆棘丛生，蛊毒瘴疠，在在皆有，且又语言不通，在这种艰苦枯寂的环境中，他自计一切得失荣辱都能超脱，只有生死一念尚在心中萦绕，于是筑石椁自誓说：“吾惟俟命而已！”在静静默坐中思考人生的真谛，“因念圣人处此，更有何道？忽中夜大悟格物致知之旨，寤寐中若有人语之者，不觉呼跃，从者皆惊。始知圣人之道，吾性自足，向之求理于事物者误也”。[②]这就是有名的龙场悟道，也是他重新开辟精神天地的开始。

关于龙场悟道，实则是他长期艰苦求道的结果。阳明哲学的中心问题是成德成圣，实现自己的理想人格。这在他十一岁时就有所显露。[③]明弘治元年（1488），娄谅“圣人必可学至”的期许，也增强了他在现实人生中“成圣”的信心。然而如何在有限的生命中成就“圣贤境界”，却是龙场悟道前始终困惑着他的根本问题。在朱子哲学为正统的时代氛围下，他最初是按宋儒向外格物的办法，先读书积累经验知识（博见），再“诚意、正心、修身”，做“尊德性”的功夫。但这种做法给阳明带来的却是巨大的紧张和重压——经验世界的知识无穷尽，如果人作为时空中的有限存在先要穷尽经验界的知识，才有“成圣”的可能，“成圣”岂不是空话？因此，阳明面对的问题实际是：人如何才能超越时空的限制，使生命毫无障蔽地进入无限，获得“成圣”的主体自由？著名的亭前格竹故事，便是一个典型例证。以七日的精力尚不能穷格竹子的道理，又何能在有限的生命中尽知天下事事物物？宋儒循序格物的路子不能实现外在的物理探求与内在的精神提升的统一，反而加重了“圣人情结”引起的内在焦虑。强烈的精神渴求迫使他必须另寻新的安身立命的人生之路。

这种有限与无限的内在紧张与冲突，也可用来说明他对辞章、道教、佛教的态度。钱德洪以“三变”概括阳明学习经历：“少之时驰骋于辞章，已而出入于二氏，继乃居夷处困，豁然有得于圣人之旨，是三变而至于道也。”[④]王阳明二十岁以后即认为辞章之学不能帮助进入“圣域”，慨叹“吾焉能以有限精神为无用之虚文"。[5]道教与佛教之所以吸引阳明，正是因为前者既有一套长生久视之道，可缓解内在生命有限带来的紧张焦虑，又有"清静""逍遥"等齐生死无始终的超越层面，能安顿形上之精神，而后者出离生死的智慧更是当下就能消解有限与无限的对立冲突，在妄执尽去的超越境界中，彻入生命本有的圆融真实。但是，道、释与儒家圣人之学毕竟有根本的歧异，尤其在人生社会伦理责任的自觉承担方面。站在儒家圣学的立场上，他对道、释两家的形上超越智慧层面表示一定的理解，认为道、释"犹有自得也"，而一旦落入人伦日用的社会生活层面就不能不引起他的不满。在阳明看来，佛道两家都不免过分滞执于虚寂，违背人的本性，缺少儒家仁道生生不已的机趣，不能向外发用开出"外王学"的人类历史文化事业。

如果比较一下阳明对道、释的外在批判立场，我们就会发现，他对宋儒格物学的批判只能是儒学内部的批判。前者尽管是建构自己心学体系的增上缘，却是圣学之外的"异学"，后者虽然屡遭怀疑，却始终是提供正面思想资源的"正学"。因此阳明出入道、释只是暂时性的精神歧出，而对宋学的怀疑与批判则要到谪居龙场后才能根本完成。尽管如此，龙场之前仍可看到其思想转变的种种倾向。明弘治十四年（1501），阳明三十岁时，在九华山与道人讨论人生最上乘境界，就已表现了从朱学转向的倾向。他三十四岁时在京师讲授圣学，所倡导的正是与朱学不同的“身心之学”。然而阳明真正开始走出朱学的束缚，却在谪居龙场之后。当时长期困扰心中的有限无限问题再次出现。因为既然人的生命存在是有限的，那么，如何实现人的道德自我的无限超越，就成为亟待解决的问题。阳明自述当时在龙场的情形：“瘴疠蛊毒之与处，魑魅魍魉之与游，日有三死焉；然而居之泰然，未尝以动中者，诚知生死有命，不以一朝之患而忘其终身之忧也。”⑥后来又回忆说：“学问功夫，于一切声利嗜好，俱能脱落殆尽，尚有一种生死念头，毫发挂带，便于全体有未融释处。人于生死念头，本从生身命根上带来，故不易去。若于此处见得破，透得过，此心全体，方是流行无碍，方是尽性至命之学。”⑦阳明所说的“终身之忧”出于《孟子·离娄篇》“君子有终身之忧，无一朝之患”，意指儒家的终极关怀，在超越日常世俗的功利得失忧虑，摆脱一切声利嗜好及权位荣誉，直接面对生命的终极意义与终极存在之际，纯智、纯理、纯善的本真心性立刻呈现，人当下就获得“圣道吾性自足”或“人心即天理”的自我觉醒。这一道德自我的觉醒一方面使有限生命当下就进入无限，彰显出任生死、超生死的绝对主体自由，消解了向外求理等一切有限、无限对峙引起的紧张焦虑；一方面也使人无可逃避、无可推卸地承担起人生及人类总体的责任与义务，自觉地履行本心本性赋予人的成圣成贤的道德使命。因此，龙场悟道之后，阳明学问的宗旨始决定性地转向内在精神，归于心性正学，进入大道坦途。而阳明学问宗旨，亦必发展到龙场悟道，方真正在心灵上起一大自觉，得精神之大自由。恰如长江大河、千山万壑曲折，自此浩浩荡荡，一泻千里，直奔大海。

龙场悟道后，阳明用自己的生命真正契入以孔孟为代表的儒家精神传统，他以自己的实存体悟默证于《五经》，无不吻合，又以为先儒训释未能尽是，乃就记忆所得为之疏解，成《五经臆说》一书。明正德四年（1509），他三十八岁，又悟“知行合一”，在实现圣贤境界的同时，开拓具体的道德实践，并在当地创办龙岗书院，应提学副使席书之聘主讲贵阳文明书院，授“知行合一”之说。

明正德五年（1510），三月，刘瑾伏诛后，阳明升江西庐陵县知县，在任七月，为政不事威刑，惟以开导人心为本。十一月入京朝觐，旋调南京刑部主事，问学受业者日多，乃随时点化，务期发明圣学。正德八年（1513）至安徽滁州督马政，从游弟子愈益增多，教以静坐入手方法。正德九年（1514）升南京鸿胪孝卿，与门人日夕聚讲，要求学者存天理，去人欲，为省察克治实功，声名大振。正德十一年（1516），升都察院左佥都御史，巡抚南赣门漳等处，他以招抚为主，用兵为辅，仅短短七月，即迅雷般取得军事胜利，表现出卓越的将略才能。又将学术与事功打成一片，化政治理念为现实，办学校，立乡约，修书院，改税法，以求教化人心，移风易俗。正德十三年（1518），升都察院右副都御史，修建濂溪书院，为诸生指示入道方法，又发明《大学》本旨，刊刻古本《大学》及《朱子晚年定论》。《传习录》一书（即今本《传习录》上卷），也在这一年由门人薛侃刊行。

正德十四年（1519）六月，阳明受命勘查福建判军，途经南昌丰城，闻宁王朱宸濠叛乱，即主动勤王，前后仅三十五日，平定号称拥有十万大军的藩乱，生擒朱宸濠，其用兵神速，古今罕见。不意平乱之功未彰，却引来与宸濠有勾结的阉党忌恨，他们畏惧种种罪恶勾当暴露，反诬阳明先与宁王通谋，虑事不成才起兵邀功。一时恶言四起，危疑汹汹，弟子冀元亨蒙谤难辩，冤死狱中。阳明身陷谗嫉，处境艰难，不胜忧愤，惟自信天德良知昭昭自在，泰然超越于生死之外，自言经宁藩之变，“益信良知真足忘患难，出生死”。⑧

阳明在百死千难的体验中，既得益于生命本有的良知真谛，遂在南昌正式以“致良知”作为启发学者提升精神境界的教学方法。这一年恰值辛巳年（1521），阳明五十岁，标志着他漫长心路历程又进入了新境界。钱德洪总结阳明龙场悟道后的成圣教法，也以“三变”概括说：“居贵阳时，首与学者为‘知行合一’之说。自滁阳后，多教学者静坐，江右以来，始单提‘致良知’之学，直指本体，令学者言下有悟，是教亦三变也。”[⑨]德洪所述，乃是启发学者修身成德的三种方法，其中“致良知”统摄“知行合一”与“静坐”的道理，当是阳明晚年教法的定论。三种方法并非相互否定的关系，“静坐”，特别是“知行合一”作为成圣的立教功夫，即使在阳明晚年的思想中也仍有重要位置，只是“致良知”将本体与功夫、动与静、本与末、内与外、有与无融为一体，合成一事，所以依阳明，“致良知”才是圣门正法眼藏，代表了他思想的高峰。

就在阳明提出“致良知”的那一年，武宗病逝，世宗即位。他的政治危机才稍得舒缓。阳明依功被封为新建伯，但仍遭朝廷大臣忌恨排斥。明嘉靖元年（1522）龙山公卒，阳明在越守父丧，从此赋闲授徒，各地弟子争趣纳拜，环坐而听者达三百余人。阳明乃依良知说因方设教，畅发《大学》万物一体之旨，学问、思想、境界和教学方法都更加圆融和完善。嘉靖三年（1524）宴门人于天泉桥。同年，南大吉取薛侃首刻《传习录》，增补续刻为五卷（增补部分即今《传习录》中卷）。

嘉靖六年（1527），邹守录阳明文字请刻，遂在广德刊行《文录》四册。这一时期，阳明学术思想竟被下诏禁为“异学”，但他仍坚信“道”的兴废不容泯灭，依然写下大量阐发哲学思想的论学书信。

嘉靖六年（1527），阳明受命兼都察院左都御史，带病出征广西思州、田州。临行前与门人钱德洪、王畿论道于天泉，以“四句教”概括学术思想宗旨。这就是学术史上著名的“天泉证道”。阳明在广西定以兵机，感以诚信，迅速平定一方之乱。翌年班师奏捷，疾病加重，竟卒于江西南安归途，时在十一月二十九日（1529年1月10日），年五十七。临终遗言为“此心光明，亦复何言”八字。士民闻丧，远近遮道，沿途哭送，直至越中。

阳明一生，他的人格境界、生命气象以及赫赫建功，成功地践履了儒家“内圣外王”理想对人生的要求，也是“知行合一”精神的存在见证。对他的思想学说，欣赏羡叹者有之，批判苛责者亦有之，不仅当时是如此，而且不绝于后世。然而诚如郑端简所说：“王公才高学远，兼资文武，近世名卿，鲜能及之。特以讲学故，众口交訾，盖公功名昭揭，不可尽盖覆。唯学术邪正，未易铨测，以是指责，则谗说易行，娼心称快尔。”[10]对阳明的争论，今天已不限于讲学一端，但仍可将这段话作为我们重新评价他的生平事功及思想学说的一个原因。

二

王阳明的一生是追求“道”的一生，其终极目标是圣人理想的实现。因此，他的一元论心学就是圣学，“圣人之学，心学也”。[11]在阳明哲学体系中，“心”是圣学的本体论依据，“圣”是心学的出发点和归宿。圣人代表了人生境界的真谛和人性实现的完满，成圣的根据就在价值之源的内在本心的自觉。

心是唯一的实在，是本体，因此，心就是纯然天理，就是“至善”，是绝对的。心即理，心中之理人人共具，因而又是普遍的，当下证之本心即可求得。理非外在，不存在独立于心之外的理，向外求理即是把道德原则看成外铄，错将道德主体还原成了客体，落入儒家严斥的告子“义外说”的陷阱中。心的本体性、绝对性是阳明哲学的基石，他反复讨论的就是这一本质问题，兹录《传习录》阳明与弟子徐爱的问答如下：

爱问：“至善只求诸心，恐天下事理有不能尽。先生曰：天下又有心外之事，心外之理乎？爱曰：如事父之孝，事君之忠，交友之信，治民之仁，其间有许多道理在，恐亦不可不察。先生叹曰：此说之蔽久矣，岂一语所能悟！今姑就所问者言之，且如事父，不成去父上求个孝的理，事君不成去君上求个忠的理，交友治民也不成去友上民上求个信与仁的理。都只在此心，心即理也。

心即理，换言之，那“心外无理”，“心外无物”。心之本体统摄一切，一切又在心之本体下无限彰显。离开人的心灵自觉，外部经验世界只是一堆没有意义的死物堆积的世界。心作为价值与意义的究竟源头，为经验世界带来了心物浑然交融的理趣和生机。心灵秩序与万物的自然秩序、社会的伦理秩序在究极根源处原本合一，都内具于人心而成为心之本体。心承载着“天理”，又为人之主宰，即本体、即主体、即存有、即活动，本体之心与主宰之心只是一个心，前者是后者的依归和根据，后者为前者贯注精神与生气。圣人之学即尽心之学，尽心之学即复见本心之学，即知性和理得天地之道之学，直言之，成圣的道德资源，只能依据内在本心才能真正开出。在王阳明的思想体系中，成圣的本体论根据和主体性原则被提高到空前的高度，应该说正是心物圆融的一元论形上心学逻辑的结果。

“天理”是人内在之“善”，但内在之“善”，仅为潜在的道德可能。要将潜在的“善”化为真实活泼的生命行动，还有待具体的日常经验生活层面上的实践。正是针对朱熹知先行后，知行分离的倾向，阳明提出“知行合一”，它代表阳明道德实践论的基本立场和取向。所谓“行”，即修养心性的道德实践功夫，亦即在自我转化的过程中通过实践成就圣人理想。所谓“知”，按阳明的解释：“致知必在行，而不行不可能为知也”，实际也是行。显然，“知行合一”具有强烈的主体性、道德实践性、简易性特征，它深刻地本质地表现了东方文化气质的生命行动哲学的传统精神。

“知行合一”逻辑地体现阳明心学一元论的体用关系的辩

证统一性。“体用一源，有是体即有是用。”知为行之体，行为知之用，体必发为用，用必显其体。“即体而言用在体、即用而言体在用。”体用合一，体用不二，亦即“知行合一”，知行二者相互印证，相互统摄，相互规定。知行不能割裂，外在于知的行和外在于行的知都是没有根据的，虚妄的，因此是不存在的。

“知行合一”是阳明圣学功夫论的完满表述。知与行原则上不是思辨的抽象概念，而是必须时时刻刻切实体履的身心之学。阳明说:“圣学只是一个工夫。”因此，功夫论要求必须把生命的每一瞬间都看成“成圣”的关键时刻，在日常世俗生活中时时处处通过人生道德义务的履行来清楚自觉自己的本然心性，又依此本然心性自觉地履行人生道德义务。永远依据“良知”本体统摄的“知行合一”功夫，去不断追求与努力，是“成圣”实践的永恒要求，同时也是完满人格实现的唯一可能。

“知行合一”高扬人作为主体的神圣性。阳明说:“尔那一点良知，是尔自家的准则。”主体论的“知行合一”，即是“良知”发用的“知行合一”。除了内在的“善”，一切外在的东西都没有绝对性、权威性。因此，只有内在的“善”才是唯一的准则，它不假外求，因为它原本就是道德主体的本质。依据“善”行动，就是自由与目的，同时也是“善”指向的必然。主体道德实践的崇高性体现在自觉性中，自觉性显现主体性，是内在本质的张扬，道德活动作为一个整体统一的过程，即是“知行合一”。

知与行是儒家哲学的两个重要范畴，阳明的知行学说无疑代表儒家道德实践论的又一高峰。立足于人的主体精神与实践精神的“知行合一”学说，为主体道德自我、价值自我的实现提供了途径，它作为一种合理、健康、理想的存在方式，依然是我们今天人文精神价值的一个资源。

“良知”学说是阳明哲学的最高成就，是他整个思想体系的完满化圆融化。在阳明那里，“良知”等同于“心”，等同于“天理”，等同于“善”。良知是“一”，是绝对本体。“良知”作为宇宙的本原主宰，创化天地万物鬼神，然而却“与物无对”，因为它是唯一的独立的绝对的。“良知”创化万物，又存在于一切创化物之中，因此，“良知”既是一，又是一切。既然“良知”是一，“良知”就具有超越性；既然一就是一切，“良知”就具有普遍性。“良知”是先验的形上存在。存在于一切事物之中的“良知”都是“良知”的存在，并无任何差别。宇宙的本质是“良知”，同一于“良知”。

“良知”既为宇宙本体，就自然是道德本体。这个道德本体，不是悬设，也不是概念，它是源自道德自我。它是至善的心体性体，先验地实存于人心中，超越一切时间、历史、文化的限制。王阳明反复强调的正是这个道德本体：

“良知之在人心，亘古今无间圣愚，天下古今之所同也。”

“良知者，…… 是乃天命之性，吾心之本体，自然灵昭明觉者也。”

先验的道德本体必然独立于经验，同时又是构成经验的必要条件。有经验，必有“良知”显现；而无视听言动等一切经验，“良知”依然存在。“良知不假外求”，即令人受私欲障碍，囿于经验因果限制，背离“良知”，但“良知”并不泯灭，“良知”依然会做出判决。“良知在人，随你如何不能泯灭，虽盗贼亦有知不当为盗，唤他做贼，他还忸怩。”“良性”自律自主性使“良知”至高无上，“良知”内在又超越，是善恶的试金石，在“良知”面前，任何背离“良知”的行为只能默默无语。

天赋“良知”，圣人与愚夫愚妇同。“良知”是“圣”的原始基质，“圣”是“良知”的完满实现。人皆有“良知”，故“人皆可以为尧舜”，但不就是尧舜。圣人与常人之别，不在于本原“良知”，而在于实践。因此，“圣”只是可能性的存在，“圣”作为一个结果，必须经过培养、锻炼、造化的过程。正是在这个意义上，王阳明提出了“致良知”。

“致良知”是实现“圣”的唯一现实的途径，“致良知”自然是最高道德律令。它命令人只能依据“良知”进行道德修炼与实践。从消极方面看，“致良知”可以有效遏制人的私欲，从积极方面看,“致良知”可以圆满人的本质。

“致良知”将本体与功夫,未发与已发,心与物,内与外,静与动,知与行整合为一体,圆融而无碍,它简易化、实践化学圣的修炼工夫,唤醒实存主体的自我心性豁悟,使每一个体在超越与实践两个层面同时展现成德的自由,获得精神生命的安顿。

“致良知”是一个永无休止的道德自我实现过程。“致良知”的长期性、艰巨性、主动性、自觉性是“良知”的内在要求,同时也是实现完满人格必须付出的代价。在这个意义上,“圣”并非高不可攀,永远恪守“致良知”,把自我的“良知”推及一切,成“圣”的可能性最终会变为现实。

三

《传习录》主要汇辑王阳明讲学语录及论学书札,代表阳明哲学的基本思想,是中国传统哲学重要典籍之一。全书编选以提揭人心、讲学明道为标准。书名取义出自《论语·学而篇》:“传不习乎?”朱子《集注》:“传谓受之于师,习谓熟知之于己。”惟依阳明,习亦可训为“觉”。故聂豹《重刻传习录序》说:“匪师弗传,匪传弗觉,先生以觉天下者,其于孔门何以异哉?夫传不习,孔犹弗传也。”⑫这是站在心学立场上的诠释，或许更符合阳明的原意。

阳明平日论道讲学之语，门人在他生前已注意笔录整理。据《年谱》记载，最早备录所闻，整理成书，并题为《传习录》者，是徐爱。爱所录仅一卷，内容主要为有关《大学》格物诸说的语录。惟未及刊行，爱即早卒，录亦略有散佚。明正德十三年（1518），薛侃得爱所遗一卷，序一篇，遂与自录及陆澄所录各一卷，合刻于江西赣州，书名仍依徐氏之旧，即今本《传习录》上卷。

明嘉靖三年（1524），南大吉复取阳明“问答之辞、讨论之书刻本”，命其弟“校续而重刻之，以传诸天下”。⑬所谓“问答之辞”，当为陆澄合刊之三卷本语录，而“讨论之书”原本何人何时刊行，今已难以据考。据《传习录》中卷钱德洪序，南氏兄弟重刻分装二册，下册内容为阳明论学书，上册为语录。

南氏《续刻传习录》上册仍为薛氏刻本之旧，下册后经钱德洪整理增删，即是今本《传习录》中卷。下册原本具体内容，德洪自谓其所见者凡八篇：答徐越之二书，答周道通、陆静原、欧阳崇一、罗整庵、聂文蔚各一书，又有《答友人论学书》一篇，即今本《答顾东桥书》。而《答陆静原书》，今本为二篇，德洪或以篇幅关系仍列作一篇。故总计恰八篇之数。八篇撰述时间先后不一，都为阳明本人审阅。其中《答欧阳崇一》及《答聂文蔚》第一书，均在明嘉靖五年（1526），不可能提前两年预为南氏兄弟所收，则钱德洪获见者，似为重刊增补本。盖南本梓行后，校补续刻者颇多。如嘉靖七年（1528）和三十年（1551）分别有聂豹与陈九川及蔡汝楠校刻本行世，所据皆为南氏旧刻。如此德洪所据为重刊增补本，这一可能性是完全存在的。⑭

德洪在原有基础上，增补了《答聂文蔚》第二书。又因《答徐越之》二书已为《阳明先生文录》所收，故删去以免重复。《训蒙大意示教读刘伯颂》等，似也为德洪所补录。因此，今本《传习录》中卷，大体仍为“元善所录之旧”。至于增补弃取的时间，则当在嘉靖十四年（1535），与苏州刊行《文录》同时。

今本《传习录》下卷，主要来源于德洪纂集的《传习续录》。据《传习录》下卷德洪跋语，以及嘉靖本《传习录》卷首德洪自序，嘉靖七年（1528）冬，德洪、龙溪同奔师丧，讣告同门，约请收录阳明遗言，以三年为期。以后同门陆续以所记见遗，德洪合以个人私录，择出精微切正者若干条，汇辑为手录钞本，始终未能刊行。嘉靖十四年（1535），德洪得陈惟濬诸人所录，乃增益为二卷，因遭内艰，欲刻未果。嘉靖三十三年（1554），同门曾才汉得德洪手抄本，又益以部分采辑所获，始梓于湖北江陵，名《阳明先生遗言录》。德洪以为采录尚不够精当，于是删去重复，削汰芜蔓，改题《传习续录》，重刻于宁国（今安徽宣城一带）水西精舍。嘉靖三十五年（1556），沈思畏以嵬集旧本所逸，再加增刻为请，德洪"乃复取逸稿，采其语之不背者，得一卷，其余影响不真，与《文录》既载者，皆削去，并易中卷为问答语，以付黄梅严张君"，再次增刻于湖北蕲春崇正书院。增刻本合计应为三卷，是今本《传习录》下卷。

《传习录》以后支流蔓衍，纷纭繁杂。然无论单刻或全书本，考其内容，大体都由原《传习录》《论学书札》《传习续录》三个部分组成；溯其源，无不出于徐爱、薛侃、南大吉、钱德洪等所辑刻的祖本。

阳明的其他著述，生前已有《文稿》刊行。阳明殁后，德洪等人继续遍搜遗稿，经数十年的苦心经营，《文录》《文录续编》以及《年谱》等都有了刊本。明隆庆六年（1572），侍御谢廷杰巡按浙江，"见所谓录若集各自为书，惧夫四方学者或弗克尽读也"，⑮遂将阳明各种单行本著作及其他有关文字，汇而梓之，成《王文成公全书》三十八卷，是为最早的全书刻印本。隆庆本明末板片散逸，虽不断为后世翻印，惟选辑之作较多，远不及此书详备。

谢氏隆庆本历来为学者所重视，《四库全书》即据此著录，《四部丛刊》先印崇祯本十五卷，后获此书，又影印以更换之。⑯一九九二年上海古籍出版社出版的《王阳明全集》，即以浙江图书馆藏此本为底本标点。全书共分六类，首为《语录》三卷，即《传习录》，次为《文录》五卷,《别录》十卷,《外集》七卷,《续编》六卷,《附录》(年谱、年谱附录、世德纪、世德纪附录)七卷。其中《传习录》三卷的来源，即徐爱、陆澄、薛侃诸人所辑原本，中卷为德洪据南本整理增删的旧本，下卷则是由德洪等人采辑，最后又由他选择增补的原本。

上海古籍本除以隆庆本为底本分段标点外，还参校了《四库全书》文渊阁本、《四部备要》本、《国学基本丛书》本、上海中华图书馆民国十三年(1924)铅印本，以及台湾古新书局一九七八年铅印本、日本东京明德出版社中日文对照译注本，是目前校勘最精、错误最少的本子。这次译注，所据即此本，其有关校勘成果，也多有吸收。

《传习录》作为一代大儒王阳明的代表作和中国传统哲学的经典作品，其价值自不待言。正是本着对阳明大师的崇敬，对中华传统文化的热爱，以及弘扬中国文化精神的需要，贵州人民出版社选择并注释了此书。本书的注释广泛吸收了海内外专家学者的研究成果，在此谨致谢意。同时，注译难免疏漏之处，敬祈专家、学者和读者指教。

张新民

一九九六年三月三日于贵阳养心斋

注释

①湛甘泉撰《阳明先生墓志铭》，收入《王阳明全集》《全集》卷三十八，上海古籍出版社，1992，第1401页。

②《年谱》，正德三年春条，《全集》卷三十三，第1228页。

③《年谱》成化十八条：“（阳明）尝问塾师曰：‘何为第一等事？’塾师曰：‘惟读书登第耳。’先生疑曰：‘登第恐未为第一等事。’龙山公笑曰：“汝欲为圣贤耶！’”见《全集》卷三十三，第1221页。

④钱德洪《刻文录叙说》，《全集》卷四十一，第1574页。按钱氏“三变”说与甘泉“五溺”说，并无根本歧异。就精神方向的发展而言，任侠、骑射本亦可省略不谈。

⑤《年谱》弘治十五年八月条，《全集》卷之十二，第1225页。

⑧《答毛宪副》，《全集》卷二十一，第801页。

⑦《传习录》下（以下凡引本书，均不再注明出处）。

⑧《年谱》，正德十六年正月条，《全集》卷三十四，第1278页。

⑨钱德洪《刻文录叙说》，《全集》卷四十一，第1574页。

⑩《思复堂集》卷一，《明儒王子阳明先生传》引。

⑪《象山文集序》，《全集》卷七，第254页。

⑫《聂双江先生文集》卷三。

⑬《传习录》，南大吉序，见佐藤一博《传习录检外书》卷上。

⑭参见钱明《阳明全书成书经过考》，《全集》卷四十一，第

1637—1638页。

⑮《王文成公全书》(隆庆本)卷首，徐阶序。

⑯王重民:《中国善本书提要“集部别集类”》，上海古籍出版社，1983，第582页。

目录

传习录上

传习录中

传习录下

传习录 上

徐爱录

原文

先生[1]于《大学》“格物”诸说，悉以旧本[2]为正，盖先儒[3]所谓误本者也。爱[4]始闻而骇，既而疑，已而殚精竭思，参互错综，以质于先生。然后知先生之说，若水之寒，若火之热，断断乎“百世以俟圣人而不惑”者也。先生明睿天授，然和乐坦易，不事边幅。人见其少时豪迈不羁，又尝泛滥于词章，出入二氏[5]之学。骤闻是说，皆目以为立异好奇，漫不省究。不知先生居夷三载[6]，处困善静，精一之功，固已超入圣域，粹然大中至正之归矣。

爱朝夕炙门下，但见先生之道，即之若易，而仰之愈高，见之若粗，而探之愈精，就之若近，而造之愈益无穷。十余年来竟未能窥其藩篱。世之君子，或与先生仅交一面，或犹未闻其謦欬[7]，或先怀忽易愤激之心，而遽欲于立谈之间，传闻之说，臆断悬度，如之何其可得也？从游之士，闻先生之教，往往得一而遗二，见其牝牡[8]骊黄而弃其所谓千里者。故爱备录平日之所闻，私以示夫同志，相与考而正之，庶无负先生之教云。

门人徐爱书

注释

①先生：指王守仁（1472—1529）。明代哲学家、教育家。字伯安，余姚（今属浙江）人。尝筑室故乡阳明洞中，世称阳明先生。早年因反对宦官刘瑾，被贬为贵州龙场（修文县治）驿丞；后封新建伯，官至南京兵部尚书。卒谥文成。其学说以“反传统”姿态出现，对抗程朱学派。明中期以后，阳明学派影响日甚，并流传到日本。著作由门人辑成《王文成公全书》三十八卷，其中以《传习录》和《大学问》最为著名。《大学》：儒家经典之一。原是《礼记》的一篇，约为秦汉之际儒家作品。一说曾子作，但与《大戴礼记》中《曾子立事》等篇不类。宋时从《礼记》中抽出，以与《论语》《孟子》《中庸》相配合。后朱熹撰《四书章句集注》，成为“四书”之一。内容包括格物、致知、诚意、正心、修身、齐家、治国、平天下等条目，成为南宋以后儒家伦理、政治、哲学的基本纲领。格物：古代认识论命题。《礼记·大学》：“致知在格物，物格而后知至。”汉郑玄注：“格，来也；物，犹事也。其知于善深，则来善物；其知于恶深，则来恶物。”宋以后，儒者对格物解释多有分歧，且构成理学与心学的基本分野之一。

②旧本：指《礼记》中的《大学》篇，汉郑玄注，唐孔颖达疏。程朱认为《礼记·大学》有讹误，故改易了章句。明以后，科举考试以朱熹《四书章句集注》为准，故称郑注孔疏《礼记·大学》为旧本。

③先儒：指程颢、程颐和朱熹。程颢（1032—1085），字伯淳，世称明道先生。洛阳（今属河南）人。北宋哲学家、教育家。曾和弟程颐学于周敦颐，同为北宋理学奠基者。他与程颐的学说为朱熹继承发展，也称程朱学派．著作有《定性书》《识仁篇》。后人所编《河南程氏遗书》《河南程氏文集》《经说》等，收入《二程全书》中。程颐（1033—1107），字正叔，也称伊川先生，洛阳人。北宋哲学家、教育家，北宋理学奠基者之一，官至崇政殿说书。反对王安石新政。讲学达30余年。著作有《易传》《颜子所好何学论》等。后人所编《河南程氏遗书》《河南程氏文集》《经说》等，收入《二程全书》中。朱熹（1130—1200），南宋哲学家、教育家。字元晦，一字仲晦，号晦庵，别称紫阳。徽州婺源（今属江西）人。曾任秘阁修撰等职。广注典籍，对经学、史学、文学、乐律及自然科学有不同程度的贡献，集理学之大成，建立了一个完整的客观唯心主义哲学体系。著作有《四书章句集注》《周易本义》《诗集传》《楚辞集注》等，以及后人编辑的《朱子语类》《晦庵先生朱文公文集》等多种。

④爱：指徐爱（1488—1518），字曰仁，号横山，余姚（今属浙江）人。举正德进士，官南京工部郎中。从王守仁游，守仁器之。娶守仁妹为妻，英年早逝。

⑤二氏：指佛家与道家。

⑥居夷三载：王守仁因反对宦官刘瑾，于明正德二年（1507）被贬为贵州龙场（修文县治）驿丞，正德五年（1510）东返江西，任庐陵县知府，居贵州前后三年。

⑦謦欬（qǐngkài）：咳嗽。借指谈笑。

⑧牝牡（pìnmǔ）：雌雄。

译文

王阳明先生对于《大学》中“格物”等说法，都以旧本为准，而这个版本曾被从前的大儒们认为是错误的。我刚听到先生的这个见解时，感到惊骇，之后是怀疑，再往后自己用尽心力，互相比较着就教于先生，才知道先生的意见如同水冷而火热一般，确确实实，即使是百年以后的圣人，也不会有疑惑的。先生的聪敏就像是上天特地赋予的，但他中和乐观、坦荡简易、不修边幅。别人知道他年少时粗犷豪迈，又曾经沉湎在文学作品的词章中，熏陶于佛道两家的学说里，所以乍一听到他的学说，都认为是标新立异、刻意出奇，从而漫不经心，不予省察研究。他们并不知道，先生已在蛮夷之地呆过三年，曾身处困窘，修身静虑，惟精惟一之功，本来就已经超然直入圣境；纯纯粹粹，非常符合中正之旨了。

我日夜在他的门下修炼，发现先生的学说，接受时看似容易，但越钻研却越崇高；看上去好像粗疏，但越探讨却越精细；接触它仿佛浅近，但要实践它却越来越感到无穷无尽。十几年来，竟然还没能窥探到它的边缘！世上的君子们，有的与先生仅有一面之交，有的就连他的咳嗽声音都没听到，也有的预先怀有轻视偏激的心理，而后就草率地想要在片刻之间、用道听途说的材料来主观评价和猜测，这怎么可能呢？而就是从学的士子们，也往往只听其一而不知其余，就好比相马时只注重马的性别、毛色却遗弃了是否有千里马的能力一样。所以我详细记录平日所听到的内容，以此出示给志同道合者来共同考核订正。也许这才算是没有辜负先生的教诲深情吧！

学生徐爱记

原文 爱问："'在亲民'，朱子谓当作'新民'，后章'作新民'之文似亦有据。先生以为宜从旧本作'亲民'，亦有所据否？"

先生曰："'作新民'之'新'是自新之民，与'在新民'之'新'不同，此岂足为据？'作'字却与'新'字相对，然非'新'字义。下面'治国平天下'处，皆于'新'字无发明，如云'君子贤其贤而亲其亲，小人乐其乐而利其利'[①]，'如保赤子'[②]，'民之所好好之，民之所恶恶之，此之谓民之父母'[③]之类，皆是'新'字意。'新民'犹孟子'亲亲仁民'[④]之谓，亲之即仁之也。'百姓不亲'，舜使契[⑤]为司徒，'敬敷五教[⑥]'，所以亲之也。《尧典》'克明峻德'便是'明明德'，以'亲九族'至'平章协和'便是'亲民'，[⑦]便是'明明德于天下'。又如孔子言'修己以安百姓'[⑧]，'修己'便是'明明德'，'安百姓'便是'亲民'。说'亲民'便是兼教养意，说'新民'便觉偏了。"

注释

①"君子"二句：见《大学》。

②如保赤子：见《大学》。《尚书·周书康诰》篇作"若保赤子"。

③"民之"三句：见《大学》。

④亲亲仁民：见《孟子·尽心上》，"亲亲而仁民，仁民而爱物。"

⑤契：传说中商的始祖，帝喾之子。曾助禹治水有功，被舜任为司徒，掌管教化。

⑥五教：指父子、君臣、夫妇、长幼、朋友五伦。

⑦“克明峻德”二句：见《尚书·尧典》，“克明俊德，以亲九族。九族既睦，平章百姓。百姓昭明，协和万邦。”克，能；俊，大。九族，见《孔疏》，“上至高祖，下及玄孙，是为九族。”即高祖、曾祖、祖、父、本人、子、孙、曾孙、玄孙。平，安定；章，彰明。万邦，众氏族。

⑧“修己”句：见《论语·宪问》。

译文

我问：“《大学》中‘在亲民’这一句，朱熹先生说，应当改成‘在新民’，而后一章的‘作新民’，似乎正可以作为朱先生的证据。先生您却认为应当依从旧版本的‘在亲民’。您是否有根据呢？”

先生回答：“‘作新民’的‘新’字，是指‘自我更新’的民众，与‘在新民’的‘新’字，意义并不相同，怎么能以此作为证据呢？‘作’字与‘亲’字相对应，但不是‘亲’字的意思。下面讲的‘治国’‘平天下’等处，对‘新’字都没有阐发和证明，比如说‘君子贤其贤而亲其亲，小人乐其乐而利其利’，‘如保赤子’，‘民之所好，好之；民之所恶，恶之。此之谓民之父母’之类，都是‘亲’字的含义。‘亲民’，好比孟子所说的‘亲亲，仁民’，对他们的‘亲’也就是对他们的‘仁’。因为老百姓之间缺乏亲情，舜让契作为司徒官，恭谨地传播父子有亲、君臣有义、夫妇有别、长幼有序、朋友有信这‘五教’，就是使他们有亲情的措施。《尚书·尧典》的‘克明峻德’也就是《大学》的‘明明德’；《尧典》的‘以亲九族’到‘平章百姓，百姓昭明，协和万邦’，就是《大学》的‘亲民’，也就是所谓‘明明德于天下’。又像孔子所说的‘修己以安百姓’一句中，‘修己’就是‘明明德’；‘安百姓’就是‘亲民’。说‘亲民’就是兼有教育和养育二义而言，而说成‘新民’就觉得意思有点偏颇了。”

原文 爱问：“‘知止而后有定’，朱子以为‘事事物物皆有定理’[①]，似与先生之说相戾[②]。”

先生曰：“于事事物物上求至善，却是义外也。至善是心之本体，只是‘明明德’至‘至精至一’处便是。然亦未尝离却事物，本注所谓‘尽夫天理之极，而无一毫人欲之私’[③]者，得之。”

爱问：“至善只求诸心，恐于天下事理[④]，有不能尽。”

先生曰："心即理[5]也。天下又有心外之事，心外之理乎？"

爱曰："如事父之孝，事君之忠，交友之信，治民之仁，其间有许多理在，恐亦不可不察。"

先生叹曰："此说之蔽久矣，岂一语所能悟。今姑就所问者言之。且如事父，不成[6]去父上求个孝的理？事君，不成去君上求个忠的理？交友、治民，不成去友上、民上求个信与仁的理？都只在此心，心即理也，此心无私欲之蔽，即是天理，不须外面添一分。以此纯乎天理之心，发之事父便是孝，发之事君便是忠，发之交友、治民便是信与仁。只在此心去人欲、存天理上用功便是。"

爱曰："闻先生如此说，爱已觉有省悟处，但旧说缠于胸中，尚有未脱然者。如事父一事，其间温清定省[7]之类，有许多节目，不亦须讲求否？"

先生曰："如何不讲求？只是有个头脑，只是就此心去人欲、存天理上讲求。就如讲求冬温，也只是要尽此心之孝，恐怕有一毫人欲间杂。讲求夏清，也只是要尽此心之孝，恐怕有一毫人欲间杂，只是讲求得此心。此心若无人欲，纯是天理，是个诚于孝亲的心，冬时自然思量父母的寒，便自要去求个温的道理；夏时自然思量父母的热，便自要去求个清的道理。这都是那诚孝的心发出来的条件。却是须有这诚孝的心，然后有这条件发出来。譬之树木，这诚孝的心便是根，许多条件便是枝叶，须先有根然后有枝叶，不是先寻了枝叶然后去种根。《礼记》曰：‘孝子之有深爱者，必有和气；有和气者，必有愉色；有愉色者，必有婉容。’须是有个深爱做根，便自然如此。”

注释

①“事事”句：见朱熹《大学或问》，“能知所止，则方寸之间，事事物物皆有定理。”

②戾：乖戾，违反。

③“尽夫”二句：语出朱熹《大学章句》。

④理：中国哲学术语。一，指条理、准则。《孟子·告子上》：“心之所同然者何也？谓理也，义也。”《韩非子·解志》：“理者，成物之文（规律）也。”二，指根据、本原。朱熹《朱子语类》卷九五：“未有天地之先，毕竟有是理，有此理，便有此天理。”陆九渊《象山先生全集》卷之二《拾遗》：“天下有不易之理。”

⑤心即理：王守仁哲学命题。源于陆九渊，构成陆王心学与程朱理学（性即理）的基本分野。

⑥不成：莫非，难道，表示反问。

⑦温凊定省：见《礼记·曲礼上》，“凡为人子之礼，冬温而夏凊，昏定而朝省。”

译文

我问：“《大学》中‘知止而后有定’这句话，朱熹先生认为‘事事物物皆有定理’，这似乎与先生您的说法相违背。”先生回答：“在万事万物上去寻求至善，那就是把道义看成是在心之外的了。至善乃是心的本体，只要‘明明德’达到至精、至一的程度就是至善境界，当然，至善也从来没有脱离过具体事物。就像朱熹在《大学章句》中所说的‘尽夫天理之极，而无一毫人欲之私’一句就很在理。”

我问：“如果至善境界只在人的心里去追求，恐怕并不能穷尽天下所有的事理吧？”先生说：“心就是理。天下难道有心外的事和心外的理吗？”我又问：“比如对待父亲的孝道，侍奉国君的忠诚，结交朋友的信义，治理民众的仁爱等等，其间都有许多理存在，恐怕也不能不去求索吧？”先生感叹道：“这种说法带来的弊病已经很久了，哪里是一句话就能点醒的呢！现在姑且就从你的问话谈起吧。比如对待父亲，莫非从父亲本身求得‘孝’的理？侍奉国君，莫非从国君本身求得‘忠’的理？结交朋友、治理百姓，莫非从朋友和百姓本身求得‘信’和‘仁’的理？这孝、忠、信、仁都只在自己的心中，可见，心就是理。自己的心要是没有被私欲蒙蔽，就是天理，没必要从外面再增添一丝一毫。凭着自己纯洁的天理之心，流露到对待父亲上就是孝；流露到侍奉国君上就是忠；流露到交朋友、治百姓上就是信与仁。只要尽力在心里革去人欲、存养天理就成。”我说道：“听先生这一说，我觉得已经有点懂了。但是陈说老是缠绕在胸，还有不能彻底明白之处。就说对待父亲这件事，所谓冬温、夏清、昏定、朝省之类，有许多礼节不是还要讲求吗？”先生答：“怎么不讲求呢？只是有个灵魂，首先讲求在自己心中去人欲、存天理。就像讲求冬日保父母的温暖，也只是一心要尽自己的孝情，担心有一丝人欲夹杂其间；讲求夏天保父母的清凉，也只是一心要尽自己的孝情，恐怕有一毫人欲夹杂其间。讲求的只是自己的心。自己的心如果毫无人欲，纯然天理，是一颗忠诚于孝敬父母之心，那么，到冬天自然会惦记父母的保暖，就自然会去讲求‘冬温’这道理；夏天也自然会惦记父母的暑热，自然会去讲求‘夏清’这道理。这些都是那忠诚的孝心里流露出来而形成的条目。可见必须先有这颗忠诚的孝心，然后才有这些条目产生出来。譬如树木，这忠诚的孝心是根，各种条目是枝叶。必须先有根，然后才有枝叶，并非先抓了枝叶才去种根。《礼记・祭义》说：‘孝子之有深爱者，必有和气；有和气者，必有愉色；有愉色者，必有婉容。’一定先有个深厚的爱心做根基，才自然产生和气、愉色和婉容。”

原文

郑朝朔[①]问：“至善亦须有从事物上求者？”

先生曰：“至善只是此心纯乎天理之极便是，更于事物上怎生求？且试说几件看。”

朝朔曰：“且如事亲，如何而为温凊之节，如何而为奉养之宜，须求个是当，方是至善，所以有学问思辨[②]之功。”

先生曰：“若只是温凊之节，奉养之宜，可一日二日讲之而尽，用得甚学问思辨？惟于温凊时，也只要此心纯乎天理之极；奉养时，也只要此心纯乎天理之极。此则非有学问思辨之功，将不免于毫厘千里之谬，所以虽在圣人犹加‘精一’之训。若只是那些仪节求得是当，便谓至善，即如今扮戏子，扮得许多温凊奉养的仪节是当，亦可谓之至善矣。”爱于是日又有省。

注释

①郑朝朔：名一初，广东揭阳人，官至监察御史，曾受学于王阳明。

②学问思辨：见《中庸》，“博学之，审问之，慎思之，明辨之，笃行之。”

译文

郑朝朔请教：至善是否必须从外在事物去寻求。先生说：“至善，只是自己的心纯然天理，达到极点就行，向外到事物上怎么寻求？你试举几个例子来谈谈。”朝朔说：“就比如善待父母，如何进行冬温、夏清等礼节，如何才算是适宜的奉养，总要寻求个恰如其分，才是至善。所以我以为有个学问思辨的功夫。”先生道：“如果善待父母只是冬温夏清的礼节和适宜的奉养的话，那么一天两天就能讲清楚，还用得着什么学问思辨呢！只是在冬夏之时，讲求自己的心纯然存天理，奉养之际，讲求自己的心纯然存天理，就非有学问思辨的功夫不可！不然，将不免有差之毫厘，失之千里的谬误！所以，哪怕是圣人，都还要提倡‘惟精惟一’的训则。如果只要求那些礼仪琐节做得不错，就认为是至善，那就好比当今演戏的表演了许多温清奉养的正确套式，就认为他们是至善了一样。”这一天，我又很受启发。

原文 爱因未会先生“知行合一”之训，与宗贤、惟贤[①]往复辩论，未能决，以问于先生。

先生曰：“试举看。”

爱曰：“如今人尽有知得父当孝，兄当弟者，却不能孝，不能弟，便是知与行分明是两件。”

先生曰：“此已被私欲隔断，不是知行的本体了。未有知而不行者。知而不行，只是未知。圣贤教人知行，正是要复那本体，不是着你只恁[②]的便罢。故《大学》指个真知行与人看，说‘如好好色[③]，如恶恶臭[④]’。见好色属知，好好色属行。只见那好色时已自好了，不是见了后又立个心去好。闻恶臭属知，恶恶臭属行。只闻那恶臭时已自恶了，不是闻了后别立个心去恶。如鼻塞人虽见恶臭在前，鼻中不曾闻得，便亦不甚恶，亦只是不曾知臭。就如称某人知孝、某人知弟，必是其人已曾行孝行弟，方可称他知孝知弟。不成只是晓得说些孝弟的话，便可称为知孝弟。又如知痛，必已自痛了，方知痛；知寒，必已自寒了；知饥，必已自饥了。知行如何分得开？此便是知行的本体，不曾有私意隔断的。圣人教人，必要是如此，方可谓之知。不然，只是不曾知。此却是何等紧切着实的工夫！如今苦苦定要说知行做两个，是甚么意？某要说做一个是甚么意？若不知立言宗旨，只管说一个两个，亦有甚用？”

爱曰：“古人说知行做两个，亦是要人见个分晓，一行做知的功夫，一行做行的功夫，即功夫始有下落。”

先生曰：“此却失了古人宗旨也。某尝说知是行的主意，行是知的功夫；知是行之始，行是知之成。若会得时，只说一个知，已自有行在，只说一个行，已自有知在。古人所以既说一个知又说一个行者，只为世间有一种人，懵懵懂懂的任意去做，全不解思惟省察，也只是个冥行妄作，所以必说个知，方才行得是。又有一种人，茫茫荡荡悬空去思索，全不肯着实躬行，也只是个揣摸影响，所以说一个行，方才知得真。此是古人不得已补偏救弊的说话。若见得这个意时，即一言而足。今人却就将知行分作两件去做，以为必先知了然后能行，我如今且去讲习讨论做知的工夫，待知得真了，方去做行的工夫，故遂终身不行，亦遂终身不知。此不是小病痛，其来已非一日矣。某今说个知行合一，正是对病的药，又不是某凿空杜撰，知行本体原是如此。今若知得宗旨时，即说两个亦不妨，亦只是一个，若不会宗旨，便说一个，亦济得甚事？只是闲说话。”

注释

①宗贤：指黄绾，字宗贤，号文庵，浙江黄岩人。官至礼部尚书。惟贤：指顾应祥，字惟贤，号箬溪，浙江长兴人。官至兵部侍郎。两人均为王阳明弟子。

②恁（nèn）：那样。

③好好色：喜好美丽的女子。第一个“好”字为动词。

④恶恶臭：厌恶污秽的气味。前一个“恶”字读“wù”，为动词。

译文

我因为还不太理解先生“知行合一”的师训，与宗贤、惟贤两人反复辩论，无法决断，就请教先生。先生说：“你举个例说说自己的意见。”我说：“现在有人完全知道对父亲应该孝，对哥哥应该悌的道理，但却不能去实践孝和悌，由此可见知和行分明是两件事。”先生说：“这种人的知、行已经被私欲所隔断，但这并不是知、行的本体。没有知而不行者，知而不行，还不是真知。圣贤教人知行，就是要回复到那本体去，不是要你具体地知什么行什么就算完。所以《大学》指出真的知与行给人看，像‘如好好色’‘如恶恶臭’，懂得美好之色是知，爱好美好之色是行。只要看见美色时，心中就已经爱好了，并不是看见后又立个心去喜好；闻到恶臭属于知，厌恶恶臭属于行，只要闻到那恶臭时就已经厌恶了，并不是闻到后另立个心去厌恶。如像鼻塞的人虽然看见恶臭在前面，只要鼻子闻不到，便也不会太厌恶，也只是因为他不曾知恶臭。再如，大家称赞某人知孝，某人知悌，那一定是这人已经行过孝，行过悌了，才能称他‘知孝’‘知悌’的。莫非只是晓得说此孝、悌的话语，就可以称为知孝、悌的？又比如，知痛，必须是自己已经痛过，才叫‘知痛’的；知冷，必然是自己已经冷过；知饥，必然是自己已经饥过。可见知、行如何分得开？这就是没有被私欲隔断的知与行的本体。圣人教人，一定要这样才能叫作知，不然就不是真知。这是何等紧要切实的功夫啊！如今有人煞费苦心，一定要把知与行说成两件事，这是什么用意呢？而我要把知与行说成一件事，又是什么用意呢？如果不懂得立言的宗旨，只管说什么‘一件事’‘两件事’，那有什么作用呢？”我说：“古人把知、行说成两件事，也是要人看清两者的区别，一边对知下功夫，一边对行下功夫。这样功夫才能落实。”先生说：“但是，这样就失去了古人的宗旨。我曾说过，知是行的主意，行是知的功夫；知是行之始，行是知之成。如果懂得，只说一个‘知’就已经有了行，只说一个‘行’

也就有了知。古人之所以要既说一个‘知’，又说一个‘行’，是因为世上有一种人，懵懵懂懂地恣意而行，全然不知思索省察，一味胡行妄作，所以必须说个‘知’才能让他行得清醒；又有一种人，茫茫荡荡地凭空去思索，全然不肯切实亲自实践，只是捕风捉影，所以必须说个‘行’，才能让他知得真切。这是古人补偏救弊的不得已的办法，懂得这一点，只要一个‘知’或‘行’就足够了。而今人却因此将知、行分成两件事去做，以为一定要知了而后能行。于是，自己现在先去讲习讨论‘知’的功夫，等到‘知’得真切了再去做‘行’的功夫，所以落得终身不能行，也就终身不能知。这不是小毛病，其病根也不是一天了。我现在说个‘知行合一’，正是治病的药。这可不是我凭空杜撰，知行的本体原来就是这样。而今要是懂得了这宗旨，即使说知、行是两回事也不妨，还是一回事；但是，如果不懂得，就是说成一件事，又有什么用处呢？不过是说闲话而已。”

原文 爱问：“昨闻先生‘止至善’之教，已觉功夫有用力处。但与朱子‘格物’之训，思之终不能合。”

先生曰：“格物是止至善之功，既知至善，即知格物矣。”

爱曰：“昨以先生之教推之格物之说，似亦见得大略。但朱子之训，其于《书》之‘精一’[①],《论语》之‘博约’[②],《孟子》之‘尽心知性’[③]，皆有所证据，以是未能释然。”

先生曰：“子夏[④]笃信圣人，曾子[⑤]反求诸己。笃信固亦是，然不如反求之切。今既不得于心，安可狃[⑥]于旧闻，不求是当？就如朱子，亦尊信程子，至其不得于心处，亦何尝苟从？[⑦]‘精一’‘博约’‘尽心’本自与吾说吻合，但未之思耳。朱子格物之训，未免牵合附会，非其本旨。精是一之功，博是约之功。曰仁既明知行合一之说，此可一言而喻，尽心、知性、知天，是‘生知安行’事；‘存心养性事天’，是‘学知利行’事；‘夭寿不贰、修身以俟’是‘困知勉行’事。[⑧]朱子错训‘格物’，只为倒看了此意，以‘尽心知性’为‘格物知至’，要初学便去做‘生知安行’事，如何做得？”

爱问：“‘尽心知性’何以为‘生知安行’？”

先生曰：“性是心之体，天是性之原，尽心即是尽性。‘惟天下至诚，为能尽其性，知天地之化育。’[⑨]存心者，心有未尽也。‘知天’，如知州、知县之‘知’，是自己分上事，已与天为一；‘事天’，如子之事父，臣之事君，须是恭敬奉承，然后能无失，尚与天为二。此便是圣贤之别。至于‘夭寿不贰’其心，乃是教学者一心为善，不可以穷通夭寿之故，便把为善的心变动了，只去修身以俟命。见得穷通寿夭有个命在，我亦不必以此动心。‘事天’虽与天为二，已自见得个天在面前。‘俟命’便是未曾见面，在此等候相似，此便是初学立心之始，有个困勉的意在。今却倒做了，所以使学者无下手处。”

爱曰：“昨闻先生之教，亦影影[10]见得功夫须是如此。今闻此说，益无可疑。爱昨晓思‘格物’的‘物’字即是‘事’字，皆从心上说。”

先生曰：“然。身之主宰便是心，心之所发便是意，意之本体便是知，意之所在便是物。如意在于事亲，即事亲便是一物；意在于事君，即事君便是一物；意在于仁民、爱物，即仁民、爱物便是一物；意在于视、听、言、动，即视、听、言、动便是一物。所以某说无心外之理，无心外之物。《中庸》言‘不诚无物’，《大学》‘明明德’之功，只是个诚意。诚意之功只是个格物。”

先生又曰：“格物，如《孟子》‘大人格君心’之

'格'，是去其心之不正，以全其本体之正。但意念所在，即要去其不正以全其正，即无时无处不是存天理，即是穷理。'天理'即是'明德'，'穷理'即是'明明德'。"

又曰："知是心之本体，心自然会知。见父自然知孝，见兄自然知弟，见孺子入井自然知恻隐，此便是良知⑪不假外求。若良知之发，更无私意障碍，即所谓'充其恻隐之心，而仁不可胜用矣'⑫。然在常人不能无私意障碍，所以须用致知格物之功，胜私复理。即心之良知更无障碍，得以充塞流行，便是致其知，知致则意诚。"

注释

①精一：见《古文尚书·大禹谟》，"人心惟危，道心惟微，惟精惟一，允执厥中。""精一"说即宋儒推崇的"十六字心传"，乃个人修养和治理国家的原则。

②博约：见《论语·雍也》，"君子博学于文，约之以礼。"

③尽心知性：见《孟子·尽心上》，"尽其心者，知其性也；知其性，则知天矣。"

④子夏（前507—？）：孔子学生，为莒父宰。孔子死后，到魏国西河讲学，魏文侯尊以为师，弟子有李克、吴起等。

⑤曾子（前505—前436）：名参，字子舆。孔子学生。《大

戴礼记》记载有他的言行，相传为《大学》作者。

⑥狃（niǔ）：因袭，拘泥。

⑦“至其”二句：指朱熹对程颐之论持异议。《程氏易传》卷一：“天专言之则道也，天且弗违，是也。”《朱子语类》卷六十九则认为：“程子此语，某亦未敢以为然，天且弗违，此只是上天。”

⑧“尽心”五句：源于《孟子》与《中庸》。《孟子·尽心上》：“尽其心者，知其性也。知其性，则知天矣。存其心，养其性，所以事天也。夭寿不贰，修身以俟之，所以立命也。”《中庸》：“或生而知之，或学而知之，或困而知之，及其知之，一也。或安而行之，或利而行之，或勉强而行之，及其成功，一也。”这里，王阳明对两者进行综合性阐释。

⑨“惟天下”三句：见《中庸》，“惟天下至诚，为能尽其性；能尽其性，则能尽人之性；能尽人之性，则能尽物之性；能尽物之性，则可以赞天地之化育；可以赞天地之化育，则可以与天地参矣。”

⑩影影：隐约。

⑪良知：见《孟子·尽心上》，“人之所不学而能者，其良能也。所不虑而知者，其良知也。”“良知”即天赋的道德观念。

⑫充其恻隐之心，而仁不可胜用矣：语出《孟子·尽心上》，“人能充无欲害人之心，而仁不可胜用也。”恻隐之心，即同

情心。《孟子·公孙丑上》:“恻隐之心,仁之端也。”

译文 我问:“昨天听到先生‘止至善’的教诲,我已经感到有了用功的方向,但是细想,与朱熹先生‘格物’的故训还是不能契合。”先生说:“‘格物’是为‘止至善’下的功夫。如果已经知道‘止至善’,也就知道‘格物’了。”我又说:“昨天用先生的教诲去考察格物的说法,似乎也能懂得大概,但是朱子的故训在《尚书》的‘精一’、《论语》的‘博约’、《孟子》的‘尽心知性’等处都能找到证据,因此,心里还有点疙瘩。”先生说:“子夏笃信圣人,曾子‘反求诸己’。笃信固然不错,但总不如反求真切。现在你既然心中还有疙瘩,怎么能拘泥于旧说而不反求内心呢?就像朱先生他尽管尊重崇信程颐先生,但到了认为不合其意之处,又何尝盲目信从呢?像‘精一’‘博约’‘尽心’等提法,本来就与我的观点相吻合,只是你还没有想通罢了。至于朱先生对格物的训释,未免牵强附会,并不是《大学》的本义。精是一的功夫,博是约的功夫。”又说:“仁字明白以后,知行合一的学说就能用一句话说清。‘尽心、知性、知天’是‘生知安行’者的事,‘存心、养性、事天’则是‘学知利行’

者的事，‘夭寿不贰，修身以俟’是‘困知勉行’者的事。朱先生‘格物’解释得不对，是因为他把意思弄颠倒了，以为‘尽心知性’就是‘格物知至’，要求初学者去做那‘生知安行’者才能做的事，怎么做得来呢？”我又问：“‘尽心知性’怎么就是‘生知安行’者的事呢？”先生答：“性是心之体，天是性之原。尽心就是尽性。《中庸》说过‘惟天下至诚为能尽其性，知天地之化育’，‘存心’说明还没有‘尽心’。‘知天’的‘知’义同‘知州’‘知县’的‘知’，指自己分内的事，而‘知天’就是自己与天合而为一。‘事天’就像孩子侍奉父亲，臣下侍奉国君一样，必须恭敬供奉，这样才能没有闪失。就是这样，仍然还没有与天合一。这就是圣、贤的区别。至于‘夭寿不贰’其心，是教导求学者一心为善，不能因为仕途的穷通或寿命的长短，把向善的心改变了。只管去修养自身，一任命运安排，看到穷通寿夭乃是命中注定，自己不必以此而动心。‘事天’，尽管与天还未合一，但已经看清天就在自己面前，而‘俟命’却是还没看到天，好像只是在等候着。这就是初学者立志的开始，有困而知之、努力自强的意思。而今朱先生将这颠倒了，所以使求学的人无从下手。”我说：“昨天听到先生的教导，也模模糊糊地觉得功夫应该如此。今天又听到您这样说，更是清楚。我昨天早上想'格物'的'物'字，也就是'事'的意思，都是从人心上说的。"先生道："对了。身之主宰就是心，心之所发就是意，意之本体就是知，意之所在就是物。比如，注意于侍奉双亲，侍奉双亲就是一物；注意于事奉国君，事奉国君就是一物；留意于仁民、爱物，仁民、爱物就是一物；留意于视、听、言、动，视、听、言、动就是一物。所以我说，无心外之理，无心外之物。《中庸》说的'不诚无物'，以及《大学》说的'明明德'，其功夫只是在诚意上，而诚意之功夫只在格物上。"

先生又说："'格物'的'格'，正如孟子所说的'大人格君心'的'格'，是指革除心之不正以保全其本体之正。只要是意念所至之处，就要去其不正以保全其正，就是无时无地不在存天理，也就是穷理。'天理'就是'明德'，而'穷理'就是'明明德'。"

先生还说："知是心的本体，心自然会知。看见父母自然知孝，看见兄长自然知悌，看见小孩落井自然知恻隐，这就是良知，没必要向外寻求。如果良知的生发全无私意来障碍，就是孟子所谓'充其恻隐之心，而仁不可胜用矣’。但是，世人不可能没有一点私意障碍，所以必须下‘致知’‘格物’的功夫，以克服私意、恢复天理。这样，心之良知没有障碍，得以充塞于内、流布于外，便是‘致知’，而‘致知’就能‘诚意’。”

原文 爱问：“先生以‘博文’为‘约礼’功夫，深思之，未能得，略请开示。”

先生曰：“‘礼’字即是‘理’字。[①]‘理’之发见，可见者谓之‘文’，‘文’之隐微，不可见者谓之理，只是一物。约礼只是要此心纯是一个天理。要此心纯是天理，须就理之发见处用功。如发见于事亲时，就在事亲上学存此天理；发见于事君时，就在事君上学存此天理；发见于处富贵贫贱时，就在处富贵贫贱上学存此天理；发现于处患难夷狄时，就在处患难夷狄上学存此天理。至于作止语默，无处不然，随他发见处，即就那上面学个存天理。这便是博学之于文，便是约礼的功夫。‘博文’即是‘惟精’，‘约礼’即是‘惟一’。”

爱问：“‘道心常为一身之主，而人心每听命。’[②]以先生精一之训推之，此语似有弊。”

先生曰:“然。心一也,未杂于人谓之道心,杂以人伪谓之人心。人心之得其正者即道心,道心之失其正者即人心,初非有二心也。程子谓人心即人欲,道心即天理,[③]语若分析,而意实得之。今日道心为主而人心听命,是二心也。天理人欲[④]不并立,安有天理为主,人欲又从而听命者?”

爱问文中子[⑤]、韩退之[⑥]。先生曰:“退之,文人之雄耳。文中子,贤儒也。后人徒以文词之故,推尊退之,其实退之去文中子远甚。”

爱问:“何以有拟经之失?”

先生曰:“拟经恐未可尽非。且说后世儒者著述之意,与拟经如何?”

爱曰:“世儒著述,近名之意不无,然期以明道。拟经纯若为名。”

先生曰:“著述以明道,亦何所效法?”

爱曰:“孔子删述六经,以明道也。”

先生曰:“然则拟经独非效法孔子乎?”

爱曰:“著述即于道有所发明。拟经似徒拟其迹,恐于道无补。”

先生曰:“子以明道者,使其反朴还淳而见诸行事之实乎?抑将美其言辞而徒以诿诿[⑦]于世也?天下之大乱，由虚文胜而实行衰也。使道明于天下，则六经不必述。删述六经，孔子不得已也。自伏羲[8]画卦，至于文王[9]、周公[10]，其间言《易》如《连山》[11]《归藏》[12]之属，纷纷籍籍，不知其几，《易》道大乱。孔子以天下好文之风日盛，知其说之将无纪极，于是取文王、周公之说而赞之，以为惟此为得其宗。于是纷纷之说尽废，而天下之言《易》者始一。《书》《诗》《礼》《乐》《春秋》皆然。《书》自《典》《谟》[13]以后，《诗》自《二南》[14]以降，如《九丘》《八索》[15]，一切淫哇逸荡之词，盖不知其几千百篇。《礼》《乐》之名物度数，至是亦不可胜穷。孔子皆删削而述正之，[16]然后其说始废。如《书》《诗》《礼》《乐》中，孔子何尝加一语？今之《礼记》诸说，皆后儒附会而成，已非孔子之旧。至于《春秋》，虽称孔子作之，其实皆鲁史旧文。所谓'笔'者，笔其书。所谓'削'者，削其繁。是有减无增。孔子述六经，惧繁文之乱天下，惟简之而不得，使天下务去其文以求其实，非以文教之也。《春秋》以后，繁文益盛，天下益乱，始皇焚书[17]得罪，是出于私意，又不合焚六经。若当时志在明道，其诸反经叛理之说，悉取而焚之，亦正暗合删述之意。自秦、汉以降，文又日盛，若欲尽去之，断不能去。只宜取法孔子，录其近是者而表章之，则其诸怪悖之说，亦宜渐渐自废。不知文中子当时拟经之意如何？某切深有取于其事，以为圣人复起，不能易也。天下所以不治，只因文盛实衰，人出己见，新奇相高，以眩俗取誉。徒以乱天下之聪明，涂天下之耳目，使天下靡然争务修饰文词，以求知于世，而不复知有敦本尚实、反朴还淳之行。是皆著述者有以启之。”

爱曰：“著述亦有不可缺者，如《春秋》一经，若无《左传》，恐亦难晓。”

先生曰：“《春秋》必待《传》[18]而后明，是歇后谜语矣。圣人何苦为此艰深隐晦之词?《左传》多是鲁史旧文，若《春秋》须此而后明，孔子何必削之?”

爱曰：“伊川亦云‘《传》是案,《经》是断’[19]。如书弑某君、伐某国，若不明其事，恐亦难断。”

先生曰：“伊川此言，恐亦是相沿世儒之说，未得圣人作经之意。如书‘弑君’，即弑君便是罪。何必更问其弑君之详？征伐当自天子出，书‘伐国’，即伐国便是罪。何必更问其伐国之详？圣人述六经，只是要正人心，只是要存天理，去人欲，于存天理、去人欲之事，则尝言之。或因人请问，各随分量而说，亦不肯多道，恐人专求之言语。故曰‘予欲无言’[20]。若是一切从人欲、灭天理之事，又安肯详以示人？是长乱导奸也。故孟子云：‘仲尼之门无道桓、文之事，是以后世无传焉。’[21]此便是孔门家法。世儒只讲得一个伯[22]者的学问，所以要知得许多阴谋诡计，纯是一片功利的心，与圣人作经的意思正相反，如何思量得通？”因叹曰：“此非达天德者，未易与言此也。”

又曰：“孔子云‘吾犹及史之阙文也’[23]；孟子云‘尽信书，不如无书，吾于《武成》取二三策而已’[24]。孔子删《书》，于唐、虞、夏[25]四五百年间不过数篇，岂更无一事？而所述止此，圣人之意可知矣。圣人只是要删去繁文，后儒却只要添上。”

爱曰：“圣人作经只是要去人欲、存天理。如王伯以下事，圣人不欲详以示人，则诚然矣。至如尧、舜以前事，如何略不少见？”

先生曰：“羲、黄[26]之世，其事阔疏，传之者鲜矣。此亦可以想见其时，全是淳庞朴素，略无文采的气象。此便是太古之治，非后世可及。”

爱曰：“如《三坟》[27]之类，亦有传者，孔子何以删之？”

先生曰：“纵有传者，亦于世变渐非所宜。文采日胜，至于周末，虽欲变以夏、商之俗，已不可挽，况唐、虞乎？又况羲、黄之世乎？然其治不同，其道则一。孔子于尧、舜则祖述之，于文、武则宪章之。[28]文、武之法，即是尧舜之道。但因时致治，其设施政令已自不同。即夏、商事业，施之于周，已有不合，故周公思兼三王，其有不合，仰而思之，夜以继日。况太古之治，岂复能行？斯固圣人之所可略也。”

又曰：“专事无为，不能如三王之因时致治，而必欲行以太古之俗，即是佛、老的学术。因时致治，不能如三王之一本于道，而以功利之心行之，即是伯者以下事业。后世儒者许多讲来讲去，只是讲得个伯术。”

又曰：“唐、虞以上之治，后世不可复也，略之可也。三代以下之治，后世不可法也，削之可也。惟三代之治可行。然而世之论三代者不明其本，而徒事其末，则亦不可复矣？”

爱曰：“先儒论六经，以《春秋》为史。史专记事，恐与五经事体终或稍异。”

先生曰：“以事言谓之史，以道言谓之经。事即道，道即事。《春秋》亦经，五经亦史。《易》是包牺氏之史，《书》是尧、舜以下史，《礼》《乐》是三代史。其事同，其道同，安有所谓异？”

又曰：“五经亦只是史，史以明善恶，示训戒。善可为训者，特存其迹以示法；恶可为戒者，存其戒而削其事以杜奸。”

爱曰：“存其迹以示法，亦是存天理之本然。削其事以杜奸，亦是遏人欲于将萌否？”

先生曰：“圣人作经，固无非是此意，然又不必泥着文句。”

爱又问：“恶可为戒者，存其戒而削其事以杜奸，何独于《诗》而不删郑、卫？先儒谓‘恶者可以惩创人之逸志’[29]，然否？”

先生曰：“《诗》非孔门之旧本矣。孔子云：‘放郑声，郑声淫。’[30]又曰：‘恶郑声之乱雅乐也。’[31]‘郑、卫之音，亡国之音也。’[32]此本是孔门家法。孔子所定三百篇，皆所谓雅乐，皆可奏之郊庙，奏之乡党，皆所以宣畅和平，涵泳德性，移风易俗，安得有此？是长淫导奸矣。此必秦火之后，世儒附会，以足三百篇之数。盖淫泆之词，世俗多所喜传，如今闾巷皆然。‘恶者可以惩创人之逸志’，是求其说而不得，从而为之辞。”

爱因旧说汩没[33]，始闻先生之教，实是骇愕不定，无入头处。其后闻之既久，渐知反身实践，然后始信先生之学为孔门嫡传，舍是皆傍蹊小径，断港绝河矣！

如说格物是诚意的工夫，明善是诚身的工夫，穷理是尽性的工夫，道问学是尊德性的工夫，博文是约礼的工夫，惟精是惟一的功夫。诸如此类，始皆落落难合，其后思之既久，不觉手舞足蹈。

注释

①这里是所谓“声训”，即用一个同音字解释被释字，两者间往往有一种词源关系，如像“义就是宜”“政就是正”之类。

②“道心”二句：见朱熹《中庸章句·序》。

③“程子”二句：见《二程遗书》卷十九，“人心，私欲也；道心，正心也。”

④天理人欲：语出《礼记·乐记》，“夫物之感人无穷，而人之好恶无节，则是物至而人化物也。人化物也者，灭天理而穷人欲者也。”“天理”，指仁、义、礼、智的纲常伦理。“人欲”，指人的欲望嗜好。

⑤文中子：王通（584—617），隋哲学家。字仲淹，门人私谥曰“文中子”。山西河津人。曾上太平策，不见用，退居河、汾之间，授徒自给。仿《春秋》著《元经》，已佚。有弟子多人，时称“河汾门下”。主张儒、道、释三教合一，著作有《中说》，亦称《文中子》。

⑥韩退之：韩愈（768—824），唐文学家、哲学家。字退之，河南河阳人。曾任国子博士、刑部侍郎等职，因谏宪宗还佛

骨，贬为潮州刺史，后官至吏部侍郎，卒谥文，世称韩文公。提倡散体，为古文运动倡导者。著作有《昌黎先生集》。

⑦哓哓（náonáo）：争辩。

⑧伏羲：一作宓羲、包牺、庖牺、伏戏，亦称牺皇、皇羲。中国神话中人类的始祖。传说八卦出于他的制作。

⑨文王：即周文王，商末周族领袖。姬姓，名昌，商纣时为西伯。在位五十年，并建立丰邑作国都。

⑩周公：西周初年政治家，姬姓，名旦，周武王之弟。曾助武王灭商，武王死后，成王年幼，由他摄政。相传他制礼作乐，建立典章制度。

⑪《连山》：相传为《周易》前的古《易》。连山卦以纯艮（䷳）开始，艮象征山，故名。

⑫《归藏》：相传为《周易》前的古《易》。归藏卦以纯坤（䷁）为首，坤象征地，“万物莫不归而藏于其中”，故名。

⑬《典》《谟》：指《尧典》《舜典》《大禹谟》《皋陶谟》。

⑭《二南》：指《周南》《召南》。

⑮《九丘》《八索》：相传为古书名。《左传》昭公十二年：“是能读三坟、五典、八索、九丘。”汉以后，关于两书性质各说纷纭，皆不足为据。

⑯“孔子”句：孔子晚年叙《书》，传《礼》，删《诗》，正《乐》，序《易》《象》《系辞》《说卦》《文言》，作《春秋》。

故有孔子删述定正六经之说。见《史记·孔子世家》。

⑰始皇焚书：指秦始皇三十四年（前212），由李斯提议，秦始皇下令焚书一事。见《史记·秦始皇纪》。

⑱《传》：指《左传》《公羊传》《谷梁传》，皆为对《春秋》的解释性著作。

⑲《传》是案,《经》是断：见《程氏遗书》卷十五。

⑳予欲无言：见《论语·阳货》。

㉑“仲尼”二句：见《孟子·梁惠王上》。

㉒伯：通“霸”。春秋“五伯”即“五霸”。

㉓“吾犹”句：见《论语·卫灵公》。

㉔“尽信”三句：见《孟子·尽心下》。

㉕唐、虞、夏：指唐尧、虞舜、夏禹。

㉖羲、黄：指伏羲、黄帝。

㉗《三坟》：相传为古书名。《左传》昭公十二年：“是能读三坟、五典、八索、九丘。”一说三坟是三皇之书，一说指天、地、人之礼，或天、地、人之气，皆无实据。今存《三坟书》系宋人伪造。

㉘“孔子”二句：见《中庸》,“仲尼祖述尧舜，宪章文武，上律天时，下袭水土。”

㉙“恶者”句：见朱熹《论语集注·为政篇》。

㉚放郑声，郑声淫：见《论语·卫灵公》。

㉛“恶郑声”句：见《论语·阳货》。

㉜“郑、卫”二句：见《礼记·乐记》。

㉝汩（gǔ）没：沉没。

译文

我问：“先生认为‘博文’是“约礼’的功夫。我苦苦思索，仍不懂，请先生指教。”先生说：“‘礼’就是‘理’。‘理’表现出来就叫‘文’，‘文’隐微不现就叫‘理’。它们本来是一回事。‘约礼’只要求人心纯然符合于天理。而要人心纯然为天理，就应该在理的表现之处用功夫。如理表现在侍奉父母时，心就在侍奉父母上学着存天理；表现在事奉国君时，就在事奉国君上学着存天理；表现在对待富贵贫贱上，就在对待富贵贫贱上学着存天理；表现在处患难蛮夷时，就在处患难蛮夷上学着存天理。无论行动或静止，言谈或沉默，无处不这样。随便理表现在何处，就在那上面学个存天理。这就是在‘文’中求‘博’，也就是‘约礼’的功夫。“博文’就是‘惟精’，‘约礼’，就是‘惟一’。”

我问：“‘道心常为一身之主，而人心每听命’，拿先生对精一的解释来衡量，这话好像有点毛病。”先生说：“是啊。心只有一个。那没有被人欲沾染的叫作

'道心'，经过人欲沾染的叫'人心'。恪守正道的人心就是道心，而迷失正道的道心也就是人心。开始并没有谁区分过两种心，程颐先生认为人心就是人欲，道心就是天理。表面上看似区分为二，但意思上是正确的。而今却说道心为主，人心听命，这就人为地分别为二了。天理、人欲不能并存，岂有天理为主，人欲服从听命之理！"

我请教有关文中子与韩愈的情况。先生说："韩愈是文人中的英才，而文中子是贤明的大儒。后人只因文辞的原因推崇韩愈，其实他比文中子差得很远。"我又问："文中子为什么会有仿造经书的过失呢？"先生说："仿造经书恐怕也没有全错。你说后代儒生们著述的旨意，与仿造经书有什么不同？"我回答："后代儒生著述虽不无邀名之意，但主要希望以此来阐明圣道，而仿造经书，似乎完全是为了沽名。"先生说："为阐明圣道而著述，又是效法谁呢？"我答："效法孔子。他曾为明道删述过六经。"先生说："既然如此，那么仿造经书就不是效法孔子吗？"我说："著述对于道有所阐明，而仿造经书似乎只是模拟圣人的手迹，恐怕对道没有裨益吧。"先生说："你说的阐明圣道，是使人返璞归真而做实事呢？还是让其言辞华美而招摇过市呢？天下大乱，是由于虚文盛而实事衰。假如天下都明白道旨，那么六经也就不必删述了。删述六经乃是孔子不得已而为之的事。自从伏羲氏画八卦，直到周文王、周公，其间谈《易经》的有《连山》《归藏》之类，繁繁杂杂，真不知有多少！《易》道大乱。孔子因为天下好文饰的风气一天比一天盛，知道这些邪说庞杂无边，于是采取文王、周公的学说来倡导，认为只有这样，才能得到《易》之正宗。从此纷纭的杂说才完全废止，天下谈《易》的才得以统一。其余《尚书》《诗经》《礼经》《乐经》《春秋》等也都是这样。《尚书》从《典》《谟》以后，《诗经》从《周南》《召南》以后，像什么《九丘》《八索》之类，所有淫逸放荡之词加起来，真不知有几百几千篇！《礼经》《乐经》的名物制度，到此时也数不胜数。孔子都一一地删削而依正道传述，然后，邪说也才完全废止。像《尚书》《诗经》《礼经》《乐经》之中，孔子何尝加上一句话？现存的《礼记》中的好些说法，都是后儒附会而成的，已经不是孔子的原本了。至于《春秋》，虽然被认为是孔子所作，其实都是鲁国史官的旧作，由孔子‘笔削’过的。所谓‘笔’，是指抄原文，所谓‘削’，是指删繁文。这就有减无增。孔子在传述六经时，担心庞杂的繁文扰乱天下，但想删繁就简又不得，就让天下人力求舍弃其表面文字，寻求其实质，并非要用文字本身来教化天下。《春秋》以后，繁杂文章更多，天下更乱。秦始皇焚书被指责，是因为他出自私心，而且不该焚毁六经。如果当时他是志在明道，将那些反对经典、离经叛道的书籍，统统拿去烧了，也正暗合于孔子删述的意思。自秦汉以后，繁文又一天比一天多，如果要一概去掉，绝对不可能。只应该效法孔子，记下那接近真理的进行表彰，而那些离奇叛道的学说，也自然会逐渐废止。不知道文中子当时仿造经书的用意如何，但我深切地感到这种做法是可取的，认为就是孔圣人复活也不会改变这种做法。天下之所以纷乱，就是因为虚文盛而实事衰。人们说出新奇的见解，是为了抬高自己，混淆视听、沽名钓誉，只是扰乱了天下人的聪明，塞住天下人的耳目，使天下人像淫风中的草一样一边倒，争着去追求修饰文辞来提高知名度，而不再知道还有崇尚质实、返朴归真的品行。这都是那些繁文的作者们造成的后果。”我说：“著述中也有些是不可缺少的，如像《春秋》这一经，如果没有《左传》，恐怕也难读懂。”先生说：“《春秋》如果一定要等《左传》才能明白的话，那就是歇后谜语了。圣人何苦要写这样艰深隐晦的文辞呢!《左传》中有很多是鲁国史官的原文，如果《春秋》一定要靠它来阐明，孔子又何必删削它呢?”我说:“伊川先生也说过,‘《传》是案,《经》是断’。比如《春秋》上‘弑某君’‘伐某国’，如果不明白这具体的事，恐怕难以判断吧。”先生说:“伊川先生这话，大概也是沿袭了世俗儒生的陈说，并没得到圣人作经的旨意。比如写‘弑君’，说明弑君就是罪，何必再追问弑君的详细情况?征伐本当由天子授权，写了‘伐国’，说明伐国就是罪，何必再追问伐国的详细情况呢?孔子传述六经，只是要正人心，只是要存天理，去人欲。对存天理，去人欲这事，孔子也曾谈过，不过是乘别人提问时，各随其天分和程度而论，而且不肯多说，怕人只拘泥于具体言辞。所以他说‘予欲无言’，如果是一切放纵人欲，绝灭天理的事，又怎么肯详尽地对人说呢?因为这是助长混乱、引导奸邪的。所以孟子才说‘仲尼之门，无道桓、文之事者，是以后世无传焉’。这就是孔门的家法。世俗的儒生只讲一个霸道的学问，所以要懂得许多阴谋诡计。这纯粹是一片功利的私心，与圣人作经的意思正好相反，怎么会想得通悟得透呢!”言及此，先生不由感叹道:“这一点如果不是面对通晓天德的人，我是不会轻易谈到的呀!”先生又说:“孔子讲‘吾犹及史之阙文也’，孟子说‘尽信书，不如无书。吾于《武成》取二三策而已’。孔子删《尚书》，对于唐、虞、夏这三代的四五百年间的文章，不过留下几篇。难道再没有一件事可记述的了?但他只记述这一些，圣人的深意由此可知了。孔子只是要删去繁文，后儒却只是要添上去。”我说:“圣人作经，只是为了去人欲，存天理。像五霸以下的事，圣人不想详细地显示给世人，这是实情，至于尧舜以前的事，为何略而不论，令人少见呢?”先生回答:“伏羲、黄帝时的事太久远，传述者太少了。这也是可以想象的。那时人们完全淳质朴素，完全没有重视文采的风气。这就是太古的治世，后世不可及。”

我问:“像《三坟》之类，也有流传，孔子为何要删除呢?”先生答:“即使有些流传下来的，也因世道沧桑、无法适应了，风气更加开化，文采日益繁盛。就是周代之末，想要变回夏、商的风俗，都已经不可能，何况要挽回唐、虞风气?更何况是羲、黄时代的呢?但是，各代具体治理方法尽管不同，而天道却是一致的。孔子遵循尧、舜之道，奉行文、武之法，而文、武之法，也就是尧、舜之道。只是顺应时代而施治，具体政策法令，自然已经不同。就是夏、商的办法拿到周代去施行，也已经有不合适之处了，所以周公想要兼采禹、汤、文王之长，那不合适之处，仰天深思，夜以继日。何况是太古的措施，又哪里行得通呢？这本来就是孔子可以略而不论的。”他又说：“一味地提倡无为而治，不能像三王那样因时施治，固执地想要提倡太古的风气，就是佛教、道家的学术思想；而因时施治时，又不能像三王那样，用道来一以贯之，却依功利之心来施政，就是五霸以后的做法。后代的很多儒生讲来讲去，只是讲了个霸道。”

先生又说：“唐、虞以前的治世，后代再也不能恢复了，可以略而不论。夏、商、周以后的治世，后代也不值得效法，可以删削不谈。只有这三代的治世尚可施行，可惜世上谈三代的人，却不明白它政治的本旨，而仅仅抓住其末节，这样一来，也就不能恢复了！”

我说：“先儒论及六经，认为《春秋》是史书。史书则专门记载事实，恐怕与其余五经的情况到底有点儿差别。”先生说：“从记事角度说，叫作‘史’；从载道的角度说，又叫“经’。事就是道，道也就是事。

这样看来,《春秋》也就是经，而其余五经也就是史。《易经》是包牺氏的史。《尚书》是尧、舜以后的史。《礼经》《乐经》是三代的史。它们与这些时代的史实既同，又与其道相同。这样，经、史又有什么差别呢?”

先生还说过:“五经也只是史。历史可以彰明善恶，表达训戒。善是可以拿来教化的，所以特地保存善事来供人效法。恶是可以用来警戒的，所以保存着戒条而删削具体细节，用以杜遏奸邪。”我问道:“保存善事来供人效法，就是存天理之本然吗?删削具体细节来杜遏奸邪，也就是遏制人欲的萌芽吗?”先生说:“圣人作经，本来就是这个意思。但读者没必要拘泥于具体的文句。”我又问:“既然邪恶可以用作警戒，保存戒条而删削具体细节，是用来杜遏奸邪，那么为什么惟独《诗经》不删去《郑风》和《卫风》呢?朱熹先生说‘恶者可以惩创人之逸志’，这话对吗?”先生答:“现存《诗经》已经不是孔子看到的旧本了。孔子说过‘放郑声，郑声淫’，又说‘恶郑声之乱雅乐也’，以及“郑卫之音，亡国之音也’等等，这些，才是孔门家法。孔子删定的三百首诗，都是所谓‘雅乐’，都是可以在祭祀天地和祖先时演奏，或在居民区演奏的，都是用来渲染平和，陶冶德性，移风易俗的，怎么会有郑、卫之声？如果将其在宗庙、乡里演奏，就是助长，引导奸淫之风了！这郑、卫之声必定是秦始皇那把火后，俗儒们附会上去，以凑足三百首数量的。而淫逸的言词，常常是俗人喜欢流传的，至今街头巷尾还是这样。‘恶者可以惩创人之逸志’这种说法，是无法自圆其说时，不得已才找到的托词。”徐爱我曾沉溺在程朱旧学中，所以一开始听到先生的教诲，确实是惊愕难信，无法理出个头绪来。以后听的时间长了，渐渐懂得反过来亲身实践。然后才相信先生的学问乃是孔学的嫡传，除此之外，都是些傍蹊小径，断港绝河了。比如说“格物”是“诚意”的功夫，“明善”是“诚身”的功夫，“穷理”是“尽性”的功夫，“道问学”是“尊德性”的功夫，“博文”是“约礼”的功夫，“惟精”是“惟一”的功夫，诸如此类，开始时都感到格格不入，以后想了很久，想通后，就不觉手之舞之、足之蹈之了。

陆澄[①]录

原文 陆澄问："主一之功，如读书则一心在读书上，接客则一心在接客上，可以为主一乎？"

先生曰："好色则一心在好色上，好货则一心在好货上，可以为主一乎？是所谓逐物，非主一也。主一是专主一个天理。"

问立志。先生曰："只念念要存天理，即是立志。能不忘乎此，久则自然心中凝聚，犹道家所谓结圣胎[②]也。此天理之念常存，驯至于美大圣神[③]，亦只从此一念存养扩充去耳。"

"日间工夫觉纷扰，则静坐，觉懒看书，则且看书，是亦因病而药。"

"处朋友，务相下则得益；相上则损。"

孟源[④]有自是好名之病，先生屡责之。一日警责方已，一友自陈日来工夫请正。源从旁曰："此方是寻着源旧时家当。"先生曰："尔病又发。"源色变，议拟欲有所辨。先生曰："尔病又发。"因喻之曰："此是汝一生大病根。譬如方丈地内，种此一大树，雨露之滋，土脉之力，只滋养得这个大根。四旁纵要种些嘉谷，上面被此树叶遮复，下面被此树根盘结，如何生长得成？须用伐去此树，纤根勿留，方可种植嘉种。不然，任汝耕耘培壅，只是滋养得此根。”

注释 ①陆澄：字原静，又字清伯。浙江归安（今吴兴）人。明正德进士，授刑部主事。

②圣胎：道士修炼内功之一，如孕育之有胎，故名。

③美大圣神：《孟子·尽心下》，“充实之谓美，充实而有光辉之谓大，大而化之谓圣，圣而不可知之之谓神。”

④孟源：字伯生，安徽滁州人。余不详。

译文 陆澄我就关于‘主一’之功发问：“比如读书就一心在读书上，待客就一心在待客上，就可以算是主一吗？”先生回答：“好色就一心好色，贪财就一心贪财，能够说是主一吗？这都是所谓逐物，并非主一。主一，乃是一心专注于天理之上。”

我就关于立志发问。先生说：“只要念念不忘存天理就是立志。对此能够不忘记，时间长了，心自然就凝聚到一点上了，犹如道教所谓‘结圣胎’。这种天理的意念常存于心，顺而发展到孟子所言的‘美、大、圣、神’，也只是从这一念存养，扩充而来罢了。”

"白日下功夫如果感到繁扰，就应该静坐。感到懒得读书，就应该去读书。这也是因病投药。"

"交朋友，尽力相互谦下，就受益；相互看不起，就招损。"

孟源有自以为是、贪图虚名的毛病，先生多次批评他。有一天，提醒责备刚完。一个朋友来谈近日功夫，请先生指正。孟源从旁边插嘴道："这正好找到我旧时的家当。"先生提醒："你的老毛病又犯了。"孟源脸色很不自然，准备为自己辩解。先生又说："你的老毛病又犯了！"并趁势开导说："这是你一生的大病根。譬如一丈见方的土地里，种上这么一棵大树，雨露的滋养、土壤的肥力，只够滋养大树。纵然想在四边种些好庄稼，上面呢，被这棵树的叶子遮盖，下面呢，又被这树根盘据，庄稼如何能茁壮生长？必须砍倒这棵树，就连一点须根都不要留，才能种植好庄稼。不然，任凭你耕耘培壅，只能滋养这树根。"

原文 问："后世著述之多，恐亦有乱正学？"

先生曰："人心天理浑然，圣贤笔之书，如写真传神，不过示人以形状大略，使之因此而讨求其真耳。其精神意气，言笑动止，固有所不能传也。后世著述，是又将圣人所书，模仿誊写，而妄自分析加增，以逞其技，其失真愈远矣。”

问：“圣人应变不穷，莫亦是预先讲求否？”

先生曰：“如何讲求得许多？圣人之心如明镜，只是一个明，则随感而应，无物不照。未有已往之形尚在，未照之形先具者。若后世所讲，却是如此，是以与圣人之学大背。周公制礼作乐以示天下，皆圣人所能为，尧舜何不尽为之而待于周公？孔子删述六经以治万世，亦圣人所能为，周公何不先为之而有待于孔子？是知圣人遇此时，方有此事。只怕镜不明，不怕物来不能照。讲求事变，亦是照时事，然学者却须先有个明的工夫。学者惟患此心之未能明，不患事变之不能尽。”曰：“然则所谓‘冲漠无朕，而万象森然已具’[①]者，其言如何？”曰：“是说本自好，只不善看，亦便有病痛。”

“义理无定在，无穷尽。吾与子言，不可以少有所得，而遂谓止此也。再言之，十年、二十年、五十年未有止也。”他日又言：“圣如尧、舜，然尧、舜之上，善无尽；恶如桀、纣[②]，然桀、纣之下，恶无尽。使桀、纣未死，恶宁止此乎？使善有尽时，文王何以‘望道而未之见?'[③]"

注释 ①"冲漠"二句:程颐语,见《二程遗书》卷十五。

②桀、纣:夏、商两朝亡国之君,皆以残暴闻名。

③望道而未之见:语出《孟子·离娄下》,"文王视民如伤,望道而未之见。"

译文 我问:"后代人著述太多,我真担心会扰乱正当的学问。"先生说:"人心与天理浑然为一,圣人写在书本上,就好比画肖像画,不过是出示给别人一个形状概貌,让他们凭着画像去寻求真的人物。但真人的精神意象、言谈笑貌、动作行为,本来就难以画出来。而后代的著作,好比又将圣人所画的肖像再临摹一遍,还妄自忖度,添枝加叶,表现自己的技艺,当然失真就更厉害了。"

我问道:"圣人随机应变,无穷无尽,莫非事事都预先研究过了?"先生说:"哪里能预先研究这么多!圣人的心就像明镜,只要有这种明澈,就会随感觉应变,没有什么事物不能映照的。没有过去映照的形状永久存在,没有映照的形状预先产生的。而俗儒以为有这种情况,所以跟孔子的学问大大背离了。周公制礼作乐来规范天下，这是圣人都能做的事。尧、舜为什么不自己先干完，而要留待周公来完成呢？孔子删述六经来教化后人，这也是圣人都能做到的，周公为什么不预先干完，而要留待孔子呢？由此可知圣人要遇到具体时代，才有具体的事业。只怕镜子不明澈，不怕事物映照不出。讲求随机应变，就像镜子映照时事。求学者必须先要有个使心明澈的功夫。只怕求学者心不明澈，不怕对事物的变化不能随机而变。”我又问：“既然如此，那么‘冲漠无朕，而万象森然已具’，这话有道理吗？”先生答：“这话本来很好，但如果不正确理解，也会产生毛病。”

“义理并不在固定的地方，无穷无尽。不能因为自己稍有所得，便认为不过如此而已。即使再谈十年、二十年、五十年，也没到极点。”另一天又说：“圣人就像尧、舜吧，但在尧、舜之上，善仍没有止境。恶人就如桀、纣吧，但在桀、纣之下，恶仍没有尽头。假如桀、纣还没死，作的恶难道仅此而已？如果善有止境的话，文王为什么会‘望道而未之见’呢？”

原文

问：“静时亦觉意思好，才遇事便不同，如何？”

先生曰：“是徒知静养，而不用克己工夫也。如此临事，便要倾倒。人须在事上磨，方立得住，方能‘静亦定，动亦定’。”

问上达[①]工夫。先生曰：“后儒教人，才涉精微，便谓上达未当学，且说下学。是分下学、上达为二也。夫目可得见，耳可得闻，口可得言，心可得思者，皆下学也。目不可得见，耳不可得闻，口不可得言，心不可得思者，上达也。如木之栽培灌溉，是下学也；至于日夜之所息，条达畅茂，乃是上达，人安能预其力哉？故凡可用功，可告语者，皆下学，上达只在下学里。凡圣人所说，虽极精微，俱是下学，学者只从下学里用功，自然上达去，不必别寻个上达的工夫。”

“持志如心痛。一心在痛上，岂有工夫说闲话、管闲事？”

问：“‘惟精’‘惟一’是如何用功？”

先生曰：“‘惟一’是‘惟精’主意，‘惟精’是‘惟一’功夫，非‘惟精’之外复有‘惟一’也。精字从米，姑以米譬之。要得此米纯然洁白，便是惟一意。然非加舂簸筛拣‘惟精’之工，则不能纯然洁白也。舂簸筛拣是‘惟精’之功，然亦不过要此米到纯然洁白而已。博学、审问、慎思、明辨、笃行者，皆所以为‘惟精’而求‘惟一’也。他如‘博文’者，即‘约礼’之功；‘格物’‘致知’者，即‘诚意’之功；‘道问学’即‘尊德性’之功；[2]‘明善’即‘诚身’之功。无二说也。”

“知者行之始，行者知之成。圣学只一个功夫，知行不可分作两事。”

“漆雕开[3]曰：‘吾斯之未能信。’夫子说之。子路使子羔为费宰，子曰：‘贼夫人之子。’[4]曾点言志，夫子许之。[5]圣人之意可见矣。”

问：“宁静存心时，可为未发之中否？”

先生曰：“今人存心，只定得气。当其宁静时，亦只是气宁静，不可以为未发之中。”

曰：“未便是中，莫亦是杰中功夫？”

曰：“只要去人欲、存天理，方是功夫。静时念念去人欲、存天理，动时念念去人欲、存天理，不管宁静不宁静。若靠那宁静，不惟渐有喜静厌动之弊，中间许多病痛，只是潜伏在，终不能绝去，遇事依旧滋长。以循理为主，何尝不宁静？以宁静为主，未必能循理。”

问：“孔门言志，由、求[6]任政事，公西赤[7]任礼乐，多少实用。及曾皙说来，却似耍的事，圣人却许他，是意如何？”

曰："三子是有意必[8]，有意必便偏着一边，能此未必能彼。曾点这意思却无意必，便是'素其位而行，不愿乎其外。素夷狄行乎夷狄，素患难行乎患难，无入而不自得矣'[9]。三子所谓'汝器也'[10]，曾点便有'不器'[11]意。然三子之才，各卓然成章，非若世之空言无实者，故夫子亦皆许之。"

问："知识不长进如何？"

先生曰："为学须有本原，须从本原上用力，渐渐'盈科而进'[12]。仙家说婴儿[13]，亦善譬，婴儿在母腹时，只是纯气，有何知识？出胎后，方始能啼，既而后能笑，又既而后能识认其父母兄弟，又既而后能立、能行、能持、能负，卒乃天下之事无不可能，皆是精气日足，则筋力日强，聪明日开，不是出胎日便讲求推寻得来。故须有个本原。圣人到位天地，育万物，也只从喜怒哀乐未发之中上养来。[14]后儒不明格物之说，见圣人无不知、无不能，便欲于初下手时讲求得尽，岂有此理？"

又曰："立志用功，如种树然。方其根芽，犹未有干；及其有干，尚未有枝；枝而后叶，叶后而花、实。初种根时，只管栽培灌溉，勿作枝想，勿作花想，勿作实想。悬想何益？但不忘栽培之功，怕没有枝叶花实?”

问:“看书不能明，如何?”

先生曰:“此只是在文义上穿求，故不明。如此，又不如为旧时学问，他到看得多，解得去。只是他为学虽极解得明晓，亦终身无得。须于心体上用功，凡明不得，行不去，须反在自心上体当，即可通。盖四书、五经⑮不过说这心体，这心体即所谓‘道心’。体明即是道明，更无二。此是为学头脑处。”

“虚灵不昧，众理具而万事出。心外无理，心外无事。”

注释

①上达：见《论语·宪问》,“下学而上达。”

②“道问学”句：见《中庸》,“故君子尊德性而道问学，致广大而尽精微，极高明而道中庸。”

③漆雕开（前540—?）：孔子学生，姓漆雕，名开，字子开。漆雕此番话见《论语·公冶长》。

④子路（前542—前480）：鲁国卞（今山东泗水）人，仲氏，名由，字季路，孔子学生。子羔（前521—?）：高姓，名柴。春秋末卫人，一说齐人，孔子学生。费，春秋鲁国邑名。“贼夫人之子”句，见《论语·先进》。

⑤曾点：即曾皙，曾参之父，孔子学生。孔子赞赏曾点一事，

见《论语·先进》,“(曾点)曰:‘莫春者,春服既成,冠者五六人,童子六七人,浴乎沂,风乎舞雩,咏而归。’夫子喟然叹曰:‘吾与点也!’”

⑥求:冉求(前522—前489),春秋末鲁国人,字子有,孔子学生。

⑦公西赤(前509—?):春秋末鲁国人,字子华,孔子学生。

⑧意必:见《论语·子罕》,“子绝四:毋意,毋必,毋固,毋我。”

⑨“素其位”五句:见《中庸》。

⑩汝器也:见《论语·公冶长》。原文为“女器也”。

⑪不器:语出《论语·为仁》,“子曰:‘君子不器’。”

⑫盈科而进:语出《孟子·离娄下》,“源泉混混,不舍昼夜;盈科而后进,放手四海。”盈,满;科,坎。

⑬婴儿:见《老子》十章,“专气致柔,能如婴儿乎?”又见《老子》二十章,“沌沌兮,如婴儿之未孩。”

⑭“圣人”三句:见《中庸》,“喜怒哀乐之未发,谓之中。发而皆中节,谓之和。中也者,天下之大本也;和也者,天下之达道也。致中和,天地位焉,万物育焉。”

⑮四书:指《大学》《中庸》《论语》《孟子》。五经:指《诗》《书》《易》《礼》《春秋》。

译文 我问道："我在心静时，觉得自己想法还好，但一遇到具体事就有变化，这是为什么呢？"先生说："这是因为你只懂得入静修养，而不下克己的功夫。这样一来，碰上具体事情就稳不住了。人必须在具体事情上磨炼，才站得稳，才能做到'静亦定，动亦定'。"

我请教"上达"的功夫。先生说："后儒教人，等到学生刚接触到精深幽微之处，就说'上达'不该学，只去讲'下学'。这就将'下学'与'上达'截然分开了。凡眼睛看得见的，耳朵听得到的，嘴说得清的，心想得出的，就算是下学；眼睛看不见的，耳朵听不到的，嘴说不清的，心想不出的，是所谓'上达'。就像树木栽培灌溉一样的，是'下学'；至于昼夜细微的生息，枝长叶茂，就是'上达'。人哪能去干预它的生命力呢？所以，凡是可以用功的，可以告诫的，都是'下学'。而'上达'就包含在下学里。凡是圣人能说出的，哪怕极其精深微妙，就都是些'下学'。求学者只管从'下学'里用功，自然会'上达'，不必再寻找什么'上达'的功夫。"

"坚持志向就像自己心痛一样，你一心都在疼痛上，哪有工夫说闲话、管闲事呢？"

我请教"惟精""惟一"是如何用功的。先生说："'惟一’是‘惟精’的主意，‘惟精’是‘惟一’的功夫，不是说‘惟精’之外，还有什么‘惟一’。‘精’字是‘米’字旁，姑且用米来打个比方。要让米纯粹洁白，就是‘惟一’的意思。但如果不下像舂、簸、筛、拣之类的‘惟精’功夫，就不可能纯粹洁白。舂、簸、筛、拣是‘惟精’的功夫，其目的不过是要让米纯粹洁白而已。博学、审问、慎思、明辨、笃行之类，都是些‘惟精’的功夫，其目的是为求‘惟一’。其他，如‘博文’是‘约礼’的功夫，‘格物’‘致知’是‘诚意’的功夫，‘道问学’是‘尊德性’的功夫，‘明善’是‘诚身’之功等等，也都是这个意思。”

“知是行之始，行是知之成。圣、学只是一个功夫，知、行不能分成两件事。”

“漆雕开说：‘吾斯之未能信’，孔子听了很高兴。子路让子羔当费邑的官员，孔子评价：‘贼夫人之子。’曾点自言其志，孔子表示赞许。圣人之志，由此可见。”

我问：“居于宁静以养心时，可以算是‘未发之中’吗？”先生答：“现在的人存养心，只能安宁其气，所以当他们宁静时，也不过是气的宁静，不能算是‘未发之中’。”我又问：“‘未发’就是‘中’，宁静莫不是求‘中’的功夫?”先生答:“只有去人欲、存天理,才是功夫。处静时念念不忘去人欲、存天理,行动时念念不忘去人欲、存天理,就是功夫,并不管什么宁静不宁静的。如果只靠形式上的宁静,不光会逐渐产生爱静怕动的弊病,而且中间还有许多毛病被掩盖着,始终不能除去,只要遇到具体事情,就依然故我。以遵循天理为主,何尝就不宁静?以宁静为主,却未必能遵循天理。”

我问:“孔子的门徒各言其志,子路、冉有想参与政事,公西赤想操持礼乐,他们多讲致用!到曾点说自己的志向,听起来像是在游玩,孔子却赞许他,这是什么意思呢?”先生说:“前面三位太着意了。太着意,必然会偏执于一方面,能行此一事未必能行彼一事。曾点的意思不着意,就是《中庸》所谓‘素其位而行,不愿乎其外。素夷狄,行乎夷狄;素患难,行乎患难。无入而不自得矣。’前三位是所谓‘汝器也’的实用人才,曾点却独有‘不器’的君子之风。当然前三位的才能各自卓然成家,并非世人那些空谈无用的人,所以孔子都有所肯定。”

我曾请教,知识没长进,该怎么办。先生答:“做学问要有根柢,要从根柢上用功,渐渐地就‘盈科而进’了。道教用婴儿作比，是个好比喻。婴儿在母亲肚子里没成形时，只是纯然之气，有什么知识可言？生出后，才能啼哭，不久又能笑，再往后能认得自己的父母兄弟，再往后能站起来，能行走，能操持，能背东西，以至于天下的事无所不能。这都是因为他精气一天天成熟，筋力一天天强壮，聪明一天天增长。并不是出娘胎的那天就能寻求推导得出来的。所以，求学应该有一个根柢，圣人能立于天地之间，教化万物，也都是从喜怒哀乐还未生发之中逐渐涵养的结果。后代的儒生不懂格物的意思，看见圣人无所不知，无所不能，刚开始用功，就想把一切都琢磨个透，真是岂有此理！”先生又说：“立志用功，就像种树，一开始是只有根和芽，还没有树干，后来有了干，但还没有枝，长了枝后再长叶，长了叶后再开花、结果。开始种下根时，只管栽培灌溉，不要空想枝，不要空想叶，不要空想花，不要空想果。空想有什么用？只要不忘栽培的功夫，还怕没有枝、叶、花、实？”

我请教读不懂书该怎么办。先生说：“这是因为只在文字的表面意义上钻牛角尖，所以弄不明白。如果像这样读书，反而不如做朱熹的学问。他倒是读得多，解得通。只是他治学虽然解释得很清楚，但却终生无所得。治学一定要在自己的心上用功夫。凡是不明白，行不通的，必须返回到自己心中来体悟，就可以读通了。其实四书、五经说的不外就是这个心体，而这个心体就是所谓'道心'，体明就是道明。再没有第二个要点了，这是治学最主要的关键。"

"空灵明澈的心，各种道理都在这里具备着，万事都由此生发。心外无理，心外无物。"

原文 或问："晦庵先生曰'人之所以为学者，心与理而已'。[①]此语如何?"

曰："心即性，性即理，下一'与'字，恐未免为二，此在学者善观之。"

或曰："人皆有是心，心即理，何以有为善，有为不善?"

先生曰："恶人之心，失其本体。"

问："'析之有以极其精而不乱，然后合之有以尽其大而无余'[②]，此言如何?"

先生曰："恐亦未尽，此理岂容分析？又何须凑合得？圣人说'精一'，自是尽。"

"省察是有事时存养，存养是无事时省察。"

澄尝问象山③在人情事变上做工夫之说。先生曰:“除了人情事变,则无事矣。喜怒哀乐非人情乎?自视听言动,以至富贵、贫贱、患难、死生,皆事变也。事变亦只在人情里。其要只在致中和;致中和只在谨独。”

澄问:“仁、义、礼、智之名,因已发而有?”曰:“然”。他日,澄曰:“恻隐、羞恶、辞让、是非,是性之表德邪?”④

曰:“仁、义、礼、智,也是表德。性一而已,自其形体也谓之天,主宰也谓之帝,流行也谓之命,赋于人也谓之性,主于身也谓之心。心之发也,遇父便谓之孝,遇君便谓之忠。自此以往,名至于无穷,只一性而已。犹人一而已,对父谓之子,对子谓之父,自此以往,至于无穷,只一人而已。人只要在性上用功,看得一性字分明,即万理灿然。”

一日,论为学工夫。先生曰:“教人为学,不可执一偏。初学时心猿意马,拴缚不定,其所思虑,多是人欲一边。故且教之静坐,息思虑。久之,俟其心意稍定,只悬空静守,如槁木死灰,亦无用,须教他省察克治。省察克治之功,则无时而可闲,如去盗贼,须有个扫除廓清之意。无事时将好色好货好名等私欲逐一追究搜寻出来，定要拔去病根，永不复起，方始为快。常如猫之捕鼠，一眼看着，一耳听着，才有一念萌动，即与克去，斩钉截铁，不可姑容，与他方便。不可窝藏，不可放他出路，方是真实用功，方能扫除廓清，到得无私可克，自有端拱时在。虽曰‘何思何虑’，非初学时事。初学必须思省察克治，即是思诚，只思一个天理。得到天理纯全，便是‘何思何虑’矣。”

澄问：“有人夜怕鬼者，奈何？”

先生曰：“只是平日不能集义[⑤]，而心有所慊，故怕。若素行合于神明，何怕之有？”

子莘[⑥]曰：“正直之鬼不须怕，恐邪鬼不管人善恶，故未免怕。”

先生曰：“岂有邪鬼能迷正人乎？只此一怕，即是心邪，故有迷之者。非鬼迷也，心自迷耳。如人好色，即是色鬼迷；好货，即是货鬼迷；怒所不当怒，是怒鬼迷；惧所不当惧，是惧鬼迷也。”

“定者心之本体，天理也，动静所遇之时也。”

注释

①“人之”二句：语出朱熹《大学或问》。

②“析之”二句：语出朱熹《大学或问》。

③象山：陆九渊（1139—1193）。南宋哲学家、教育家。字子静，自号存斋。抚州金溪（今属江西）人。官至奉议郎知荆门军。提出“心即理”说，心是唯一实在。长期与朱熹辩论，其学说由王守仁继承发展，成为陆王学派。著作有《象山先生全集》。

④“恻隐”二句：语出《孟子·公孙丑上》，“恻隐之心，仁之端也；羞恶之心，义之端也；辞让之心，礼之端也；是非之心，智之端也。”

⑤集义：语出《孟子·公孙丑上》，“‘敢问何谓浩然之气？’曰：‘难言也。其为气也，至大至刚，以直养而无害，则塞于天地之间。其为气也，配义与道；无是，馁也。是集义所生者，非义袭而取之也。”

⑥子莘：马明衡，字子莘，福建青田人。官至御史。后因上谏获罪入狱，削籍归里。

译文 有人问：“朱熹先生说‘人之所以为学者，心与理而已’，这话说得对吗？”先生答：“心就是性，性就是理，在‘心’与‘理’之间安一个“与’字，似乎不免将一个东西分为两个了。这就要学者正确理解了。”有人问：“人人都有同样的心，而心就是理，为什么有人为善，有人作恶呢？”先生回答：“因为恶人的心丧失了本体。”

我问:“朱熹说‘析之有以极其精而不乱,然后合之,有以尽其大而无余’。这句话对吗?”先生答:“恐怕未必透彻。这‘理’字岂能分开?又怎能凑合拢来?圣人说‘精一’,本来就把话说尽了。”

“省察是针对具体事的存养,存养是无事时的省察。”

我曾就陆象山在人情事变上用功夫的学说请教先生。先生说:“人除了人情事变外,也就没有其他事了。喜怒哀乐,不就是‘人情’?从视、听、言、动,直到富贵、贫贱、患难、死生,都是所谓‘事变’。事变也表现在人情上。用功夫的关键只在‘致中和’,而‘致中和’只在‘慎独’。”

我问道:“仁、义、礼、智这些名称,是心性已发才出现的吗?”先生说:“对。”另一天,我又问:“恻隐、羞恶、辞让、是非等,都是心性的表德吗?”先生说:“仁、义、礼、智也是表德。心性就只有一个而已,从其形体看叫作‘天’,从其主宰看叫作‘帝’,从其流行看叫作‘命’,从人的禀赋看叫作‘性’,从主管身体看叫作‘心’。当心性已发,碰到父母就叫孝,遇着国君就叫忠……从这里生发,名目无穷无尽,但只是一个心性而已。就好比人只有一个,对父母称为‘子’，对孩子称为‘父’…… 从这里生发，名目无穷无尽，但也只是一个人而已。人只要在心性上下功夫，把这‘性’字琢磨透彻，那么万物也就清清楚楚了。”

有一天讨论治学的功夫时，先生说：“教人治学，不能片面执着。初学时心猿意马，束缚不住。所思虑的，大多是人欲这方面，所以先教他们静坐、平息思虑。时间一长，等他们心意稍微平定。但一味悬空静守，状如枯木死灰，也没有什么用处，必须教他们省察克治的功夫，而省察克治就没有空闲时间了。就像除去盗贼一样，必须有个扫除廓清的决心。无事时，将好色、好货、好名等私欲逐一地追究搜寻出来，而且一定要拔去病根，永不复发，才感到轻快。时刻如同猫抓老鼠一样，一边用眼盯着，一边用耳听着，稍有一念萌动，马上克服，斩钉截铁，不能留情给它方便，不能窝藏，不能放它一条出路。这才是真正的用功，这才能扫除廓清，等到没有私心可以克服时，自然会有身端手拱的风度。尽管有‘何思何虑’的古训，但这不是初学阶段的事。初学者必须专注于省察克治，亦即思诚，只存想一个天理。等到天理纯正完满后，就达到‘何思何虑’了。”

我曾问，有人夜里为什么会怕鬼。先生说："这种人平日不能'集义'，因而问心有愧，所以就怕。如果平时行为合乎神明，又有什么害怕的！"子莘说："正直的鬼不必怕，但邪鬼不管人是善是恶，所以未免有点怕。"先生说："哪有邪恶之鬼能侵迷正直之人的！只这一怕，就显示出这种人心邪，所以有被鬼侵迷的。但并非是鬼侵迷他，而是他的心侵迷了自己而已。比如有人好色，就是被色鬼迷；贪财，就是被财鬼迷；为不该发怒的事发了怒，就是被怒鬼迷；为不该怕的东西惧怕，就是被惧鬼迷了。"

"定，乃是心之本体，乃是天理。动与静，则是本体在不同境遇时的具体表现。"

原文 澄问《学》《庸》同异。

先生曰："子思[①]括《大学》一书之义，为《中庸》首章。"

问："孔子正名[②]，先儒说'上告天子，下告方伯，废辄立郢'[③]。此意如何？"

先生曰："恐难如此。岂有一人致敬尽礼，待我而为政，我就先去废他？岂人情天理？孔子既肯与辄[④]为政，必已是他能倾心委国而听，圣人盛德至诚，必已感化卫辄，使知无父之不可以为人，必将痛哭奔走，往迎其父。父子之爱，本于天性，辄能悔痛真切如此，蒯聩[5]岂不感动底豫。蒯聩既还，辄乃致国清戮。聩已见化于子，又有夫子至诚调和其间，当亦决不肯受，仍以命辄。群臣百姓又必欲得辄为君，辄乃自暴其罪恶，请于天子，告于方伯诸侯，而必欲致国于父。聩与群臣百姓亦皆表辄悔悟仁孝之美，请于天子，告于方伯[6]诸侯，必欲得辄而为之君。于是集命于辄，使之复君卫国。辄不得已，乃如后世上皇故事，率群臣百姓尊聩为太公，备物致养，而始退复其位焉。则君君、臣臣、父父、子子，名正言顺，一举而可为政于天下矣！孔子正名，或是如此。”

澄在鸿胪寺[7]仓居，忽家信至，言儿病危。澄心甚忧闷不能堪。先生曰：“此时正宜用功，若此时放过，闲时讲学何用？人正要在此等时磨炼。父之爱子，自是至情。然天理亦自有个中和处，过即是私意，人于此处多认做天理当忧，则一向忧苦，不知已是‘有所忧患，不得其正’[8]。大抵七情所感，多只是过，少不及者。才过便非心之本体，必须调停适中始得。就如父母之丧，人子岂不欲一哭便死，方快于心。然却曰‘毁不灭性’[9]，非圣人强制之也，天理本体自有分限，不可过止，人但要识得心体，自然增减分毫不得。”

“不可谓未发之中常人俱有。盖‘体用一源’[10]，有是体即有是用。有未发之中，即有发而皆中节之和。今人未能有发而皆中节之和，须知是他未发之中亦未能全得。”

“《易》之辞是‘初九，潜龙勿用’[11]六字，《易》之象[12]是初画[13]，《易》之变是值其画，《易》之占是用其辞。”

“夜气[14]，是就常人说。学者能用功，则日间有事无事，皆是此气翕[15]聚发生处。圣人则不消说夜气。”

注释

①子思（前483—前402）：战国初哲学家。姓孔，名级。孔子之孙。相传曾受业于曾子，认为“诚”是世界的本原，有“述圣”之称。孟子曾受业于他的门人，将其学说发挥，形成思孟学派。现存《礼记》中的《中庸》《表记》《坊记》等，相传为子思著作。

②正名：正名分。语出《论语、子路》。

③“上告”三句：见朱熹《论语集注》引胡氏语。此事载《左传》定公十四年经传，哀公二年与十六年传。

④辄：指卫出公，卫庄公之子。公元前492—前481年在位。

⑤蒯聩：卫庄公，公元前480—前478年在位。

⑥方伯：古代诸侯中的领袖之称，谓为一方之长。《礼记·王制》："千里；之外设方伯。"诸侯：西周、春秋时分封的各国国君。规定要服从王命，定期朝贡述职，同时有出军赋与服役的义务。按礼其所属上卿应由天子任命。但在其封疆内，世代掌握统治大权。

⑦鸿胪寺：明政府机构之一，掌管朝贺庆吊之事。

⑧有所忧患，不得其正：语出《大学》。

⑨毁不灭性：语出《孝经》。

⑩体用一源：语出《伊川易传·序》，"体用一源，显微无间。"

⑪初九、潜龙勿用：语出《易》乾卦。"初九"为爻题，"潜龙勿用"为爻辞。爻数从下往上数，初九为阳爻，居一卦之下位。"潜龙勿用"，象君子隐居于社会下层，待时而用。

⑫象：见《易·系辞下》，"是故易者象也，象也者像也。""象"即用卦爻等符号象征自然变化和人事休咎。

⑬初画：指乾卦（☰）从下数的第一爻，即指初九。

⑭夜气：夜间产生的善良气息。语出《孟子·告子上》："夜气不足以存，则其违禽兽不远矣。"

⑮翕（xī）：收敛；聚合。

译文 我曾请教《大学》和《中庸》的异同。先生说："子思将《大学》全书的旨意，都概括为《中庸》的第一章。”

我问道：“孔子正名的意思，先儒解释成‘上告天子，下告方伯，废除辄而拥立郢’，这话对吗?”先生说：“似乎不能这样解释。哪里有一个人致敬尽礼，等待自己去执政，自己反倒先去废除他的？这难道是人情天理？孔子既然肯为卫辄执政，必定是卫辄已经能全心全意地交出国政、言听计从了。孔子品德高尚、情感真挚，必定已经感化了卫辄，让他明白到对父亲不孝道就不能算人，因此，他就会痛哭奔跑地去迎接父亲。父子间的爱，本于天性。卫辄能够像这样真切地痛悔，蒯聩岂能不感动？当蒯聩已经返国后，卫辄就献出国家、请求惩处。蒯聩已经被儿子感动了，又有孔子在其间诚恳地调和，应当坚决不肯接受，仍然将国家托付给卫辄。群臣百姓呢，又都想让卫辄当国君。卫辄只好暴露自己的过失，又请示天子，通报方伯诸侯，一定想交出国家给父亲。蒯聩和群臣百姓也都赞美卫辄悔悟仁孝的美德，请示天子，通报方伯诸侯，也一定想让卫辄做国君。这样，任命落到卫辄的身上，让他再做卫国国君。他不得已，才像后世所谓‘太上皇’的惯例，率领群臣百姓尊奉蒯聩为太公，以优厚的条件让他养老，然后才告退去恢复自己的君位。这样，君像君、臣像臣、父像父、子像子，一切都名正言顺。孔子通过这个榜样给天下垂范。孔子的‘正名’，大概就是这样。”

我曾在鸿胪寺暂住，突然家中来信，说儿子病危。我的心里非常忧闷，难以忍受。先生说：“这种时候，正应该用功，如果放过这时，平时学习还有什么用处？人就是要在这种时候去磨炼自己。父亲爱儿子，本来是人间最真切的情感，但是，天理也有一个中和之处，过分就是私意。人在这种境遇下，一般都认为依天理就该忧愁，于是就一直忧苦，不知已经是‘有所忧患，不得其正’了。一般说，七情感发，大多已经有点过分，较少不及的。只要一过分，就不是心的本体，必须调整适中才行。就如像父母逝世，做儿女的难道不想痛痛快快地一下子哭死？但《孝经》就说‘毁不灭性’。这并非是圣人强行制定的，而是因为天理本体就有一定限度，不能过分。人只要懂得心体，自然不能增减一丝一毫的。”

“不能说一般人‘未发之中’都有所得。因为‘体用一源’，有这样的体才有这样的用。有人在“未发之中’，一旦有所发就都符合于节度。而现在的人并不能有所发都符合于节度，可知他们在‘未发之中’也还不能完全有所得。”

“《易经·乾卦》初爻爻辞开始于‘初九，潜龙勿用’六个字,《易经》的卦象是初九的阳卦,《易经》的变化是因为遇动而变其画,《易经》的占卜是利用其爻辞。”

“孟子所说‘存夜气’的‘夜气’是就一般人而言的。求学者如果能够用功，哪怕在白昼中有事时或无事时，也都是夜气聚合产生的时候。至于圣人，就不必说什么‘夜气’了。”

原文

澄问‘操存舍亡’[①]章。曰:“‘出入无时，莫知其乡。’此虽就常人心说，学者亦须是知得心之本体亦元是如此，则操存功夫，始没病痛。不可便谓出为亡，入为存。若论本体，元是无出入的。若论出入，则其思虑运用是出。然主宰常昭昭在此，何出之有？既无所出，何入之有？程子所谓‘腔子’[②]，亦只是天理而已。虽终日应酬而不出天理，即是在腔子里。若出天理，斯谓之放，斯谓之亡。”

又曰:“出入亦只是动静，动静无端，岂有乡[③]邪?”

王嘉秀[④]问:“佛以出离生死诱人入道，仙以长生久视诱人入道，其心亦不是要人做不好，究其极至，亦是见得圣人上一截[⑤]，然非入道正路。如今仕者，有由科，有由贡，有由传奉，一般做到大官，毕竟非入仕正路，君子不由也。仙、佛到极处，与儒者略同。但有了上一截，遗了下一截，终不似圣人之全。然其上一截同者，不可诬也。后世儒者，又只得圣人下一截，分裂失真，流而为记诵、词章、功利、训诂，亦卒不免为异端。是四家者，终身劳苦，于身心无分毫益。视彼仙、佛之徒，清心寡欲，超然于世累之外者，反若有所不及矣。今学者不必先排仙、佛，且当笃志为圣人之学。圣人之学明，则仙、佛自泯。不然，则此之所学，恐彼或有不屑，而反欲其俯就，不亦难乎？鄙见如此，先生以为何如？”

先生曰：“所论大略亦是。但谓上一截，下一截，亦是人见偏了如此。若论圣人大中至正之道，彻上彻下，只是一贯，更有甚上一截，下一截？‘一阴一阳之谓道’[⑥]，但‘仁者见之便谓之仁，知者见之便谓之智，百姓又日用而不知，故君子之道鲜矣’。[⑦]仁、智岂可不谓之道？但见得偏了，便有弊病。”

“蓍[⑧]固是《易》，龟[⑨]亦是《易》。”

问：“孔子谓武王未尽善[⑩]，恐亦有不满意？”

先生曰："在武王自合如此。"

曰："使文王未没，毕竟如何？"

曰："文王在时，天下三分已有其二。若到武王伐商之时，文王若在，或者不致兴兵，必然这一分亦来归了。文王只善处纣，使不得纵恶而已。"

问孟子言"执中无权犹执一"⑪。先生曰："中只是天理，只是易，随时变易，如何执得？须是因时制宜，难预先定一个规矩在。如后世儒者要将道理一一说得无罅⑫漏，立定个格式，此正是执一。"

唐诩⑬问："立志是常存个善念，要为善去恶否？"

曰："善念存时，即是天理。此念即善，更思何善？此念非恶，更去何恶？此念如树之根芽。立志者，长立此善念而已。'从心所欲，不踰矩'⑭，只是志到熟处。"

"精神、道德、言动，大率收敛为主，发散是不得已。天地人物皆然。"

问："文中子是如何人？"

先生曰："文中子庶几'具体而微'，惜其蚤⑮死！"

问："如何却有续经之非？"

曰："续经亦未可尽非。"请问。良久，曰："更觉'良工心独苦'⑯。"

"许鲁斋[17]谓儒者以治生为先之说，亦误人。"

问仙家元气、元神、元精。先生曰："只是一件，流行为气，凝聚为精，妙用为神。"

"喜、怒、哀、乐，本体自是中和的。才自家着些意思，便过不及，便是私。"

问"哭则不歌"[18]。先生曰："圣人心体自然如此。"

"克己须要扫除廓清，一毫不存方是。有一毫在，则众恶相引而来。"

注释

①操存舍亡：语出《孟子·告子上》，"孔子曰：'操则存，舍则亡，出入无时，莫知其乡。'惟心之谓舆？"

②腔子：见《二程遗书》卷七。原文是"心要在腔子里"。

③乡（xiàng）：通"向"，方向。

④王嘉秀：字实夫，好佛道，余不详。

⑤上一截：见《论语·宪问》，"下学而上达。""上一截"指"上达"；下文"下一截"指"下学"。

⑥一阴一阳之谓道：语出《易·系辞上》。

⑦"仁者"四句：语出《易·系辞上》。

⑧蓍（shī）：蓍草。古人占卜，用蓍草称筮。

⑨龟：龟甲。古人烧龟壳，观其裂纹而占卜。

⑩武王未尽善：《论语·八佾》云，"子谓韶，尽美矣，又尽善

也。谓武，尽美矣，未尽善也。”“韶”是舜的乐，“武”是武王的乐。孔子对“韶”与“武”评价不一，因为舜有天下，是尧禅让的；周武王有天下，是征诛而来的，未免不是。

⑪执中无权犹执一：语出《孟子·尽心上》。中，中道；即不偏不倚，即中庸之道。权，变通。执一，偏执一端。

⑫罅（xià）：裂缝。

⑬唐诩：江西新淦人。余不详。

⑭从心所欲，不踰矩：语出《论语·为政》。踰，超过。

⑮蚤：通“早”。

⑯良工心独苦：见杜甫《题李尊师松树障子歌》。

⑰许鲁斋：许衡（1209—1281），字仲平，号鲁斋，河内（今河南沁阳）人。宋元之际学者，与姚枢等讲程朱理学。忽必烈即位后，官至集贤大学士兼国子祭酒。著作有《鲁斋遗书》等。

⑱哭则不歌：语出《论语·述而》，“子于是日哭，则不歌。”“哭”，吊哭。

译文 我曾请教“操存舍亡”这一章。先生说：“‘出入无时，莫知其乡’，这句话虽然是就一般人的心而言，但求学之人也知道心之本体原来就是如此，这样，操存功夫才没有毛病。不能简单认为‘出’就是亡，‘入’

就是存。如果从本体看，本来是无所谓‘出’和‘入’的。如果要论‘出、入’，那么思虑运用就是‘出’，但作为主宰的心依然昭昭存在，有什么‘出’可言？既然无所出，又有什么‘入’呢？程颐先生所谓‘腔子’也只是天理而已。哪怕是终日忙于应酬但不离天理，就是在腔子里。如果超出了天理，这就叫作‘放’，这就叫作‘亡’。”又说：“出入也就是动静，动静变动不居，出入哪里有固定的方向呢！”

王嘉秀问：“佛教用超离生死诱导人入教，道教用长生久视诱导人入教，其本意也不是教人干坏事。归根结底，也算看到了圣人的上一截。当然这不是入道的正途。就像当今入仕之人，有的通过科举，有的有赖乡贡，也有的靠先人余荫，一样做到大官，但毕竟不是入仕的正道，所以君子不愿这样走。道、佛二教修到极点，与儒家差不多，但他们有了上一截，却丢了下一截，始终不如圣人的全面。但他们的上一截与儒家相同，也不可厚非。后世的儒生，又只学得圣人的下一截，分裂失真，流于记诵、词章、功利和训诂，最终却不免成为异端。这四种人，终身劳苦，对于身心并无丝毫补益。反观道教、佛教的信徒，清心寡欲，超脱了世间的拖累，俗儒似乎反而赶不上他们。

如今的学者不必先排斥道、佛二教，只应该抱定学圣人之学的志向。圣人之学明确了，则道教、佛教自然泯灭。不然，俗儒们的学问，只怕道、佛也许感到不屑不顾，再想让道、佛俯首听命，岂不是太难了吗！愚见如此，先生意下如何?”先生说:“你所说的大致正确。但所说‘上一截’和‘下一截’，也是人们的偏见。如果说到圣人大中至正之道，上下相通，一贯相承，哪有什么‘上一截’和‘下一截’的区别呢?正如《易经·系辞上》所说‘一阴一阳之谓道’，但是,‘仁者见之谓之仁，智者见之谓之智，百姓日用而不知，故君子之道鲜矣’。仁也好，智也好，难道都不算道?但二者都有偏见，就会产生弊病。”

“蓍草占卜固然是《易经》，龟骨占卜也应该是《易经》。”

我曾问:“孔子认为周武王没有尽善尽美，恐怕孔子对武王也有点不满意。”先生答:“对武王自然应该如此评价。”我又问道:“如果文王不死，情况到底怎样?”先生答:“文王还在时，已经拥有了天下的三分之二。如果到武王讨伐商纣的时候，文王还活着的话，也许不必动兵，这最后的三分之一也来归顺了。文王只要善于与纣相处，使他不能放纵邪恶就行了。”

我请教孟子所说的“执中无权犹执一”这句话。先生说：“‘中’，就是天理，就是易，随时变易，怎么能‘执’呢？必须因时制宜，很难预先定一个规矩。就像后代一些儒生，要将道理一一地说得没有漏洞，要立个固定格式，而这正是所谓‘执一’。”

唐诩问：“立志就是要时常心存善念，就是要为善去恶吗？”先生说：“心存善念时，就是天理。这个念头就是善，还要再想什么善呢？这个念头本身不恶，还要再除什么恶呢？这个念头就像树的根芽。所谓立志，就是长期持守这个善念而已。孔子的‘从心所欲不逾矩’的境界，就是守志到了形成习惯时。”

“精神、道德、言语、举动，大多是以收敛为主，发散乃是迫不得已。天、地、人、物都这样。”

我问：“文中子是个什么样的人？”先生说：“文中子大概算个‘具体而微’的人了，可惜死得早。”又问：“那为什么却犯有仿造经书的过失呢？”先生说：“仿造经书也不能说都不对。”请教为什么时，先生想了很久，说：“我更体会到‘良工心独苦’这句话了。”

“许鲁斋认为儒生应该以谋生为先，这个说法也误人。”

我请教道教的元气、元神、元精三个概念。先生说：“三者实际上只是一个，流行时叫‘气’，凝聚时叫

‘精’，妙用时叫‘神’。”

“喜、怒、哀、乐的本体原来是中和的，只要自己添加些想法，就会过分或不及，也就是私心。”

我就“哭则不歌”请教。先生说：“圣人的心体，自然会如此。”

“克己必须要扫除廓清，不存一丝一毫的私欲才行。如果有一丝一毫的私欲，众恶就会相伴而来。”

原文

问《律吕新书》[①]。先生曰：“学者当务为急。算得此数熟，亦恐未有用，必须心中先具礼乐之本方可。且如其书说，多用管以候气。然至冬至那一刻时，管灰之飞，或有先后须臾之间，焉知那管正值冬至之刻？须自中心先晓得冬至之刻始得。此便有不通处。学者须先从礼乐本原上用功。”

曰仁云：“心犹镜也。圣人心如明镜，常人心如昏镜，近世格物之说，如以镜照物，照上用功，不知镜尚昏在，何能照！先生之格物，如磨镜而使之明，磨上用功，明了后亦未尝废照。”

问道之精粗。先生曰：“道无精粗，人之所见有精粗。如这一间房，人初进来，只见一个大规模如此。处久，便柱壁之类，一一看得明白。再久，如柱上有些文藻，细细都看出来。然只是一间房。”

先生曰：“诸公近见时少疑问，何也？人不用功，莫不自以为已知为学，只循而行之是矣。殊不知私欲日生，如地上尘，一日不扫，便又有一层。着实用功，便见道无终穷，愈探愈深，必使精白无一毫不彻方可。”

问：“知至然后可以言诚意。[②]今天理人欲，知之未尽，如何用得克己工夫？”

先生曰：“人若真实切己用功不已，则于此心天理之精微，日见一日，私欲之细微，亦日见一日，若不用克己工夫，终日只是说话而已，天理终不自见，私欲亦终不自见。如人走路一般，走得一段，方认得一段，走到歧路处，有疑便问，问了又走，方渐能到得欲到之处。今人于已知之天理不肯存，已知之人欲不肯去，且只管愁不能尽知。只管闲讲，何益之有？且待克得自己无私可克，方愁不能尽知，亦未迟在。”

问：“道一而已。古人论道，往往不同，求之亦有要乎？”

先生曰：“道无方体，不可执著。却拘滞于文义上求道，远矣。如今人只说天，其实何尝见天？谓日、月、风、雷即天，不可；谓人、物、草、木不是天，亦不可。道即是天，若识得时，何莫而非道？人但各以其一隅之见，认定。以为道止如此，所以不同，若解向里寻求，见得自已心体，即无时无处不是此道。亘古亘今，无终无始，更有甚同异？心即道，道即天，知心则知道，知天。”

又曰：“诸君要实见此道，须从自己心上体认，不假外求，始得。”

问：“名物度数，亦须先讲求否？”

先生曰：“人只要成就自家心体，则用在其中。如养得心体，果有未发之中，自然有发而中节之和，自然无施不可。苟无是心，虽预先讲得世上许多名物度数，与己原不相干，只是装缀临时，自行不去。亦不是将名物度数全然不理，只要‘知所先后，则近道’。”

又曰：“人要随才成就。才是其所能为，如夔[③]之乐，稷[④]之种，是他资性合下便如此。成就之者，亦只是要他心体纯乎天理。其运用处，皆从天理上发来，然后谓之才。到得纯乎天理处，亦能‘不器’，使夔、稷易艺而为，当亦能之。”

又曰：“如‘素富贵，行乎富贵，素患难，行乎患难’，皆是‘不器’。此惟养得心体正者能之。”

“与其为数顷无源之塘水，不若为数尺有源之井水，生意不穷。”时先生在塘边坐，傍有井，故以之喻学云。

注释 ①《律吕新书》：音乐论著，南宋蔡元定著。《四库全书提要》认为此书是朱熹、蔡元定师生两人合著。

②“知至”句：见《大学》，“物格而后知至，知至而后意诚。”

③夔（kuí）：人名。尧舜时乐官。

④稷（jì）：人名。尧舜时农官。

译文 我曾请教《律吕新书》。先生说：“求学者应当注重当务之急，就算把这种律吕算得烂熟，恐怕也没什么用，必须心里先具备礼乐的根本才行。比如这本书上说：古人常用律管来测量节气的变化。到冬至那刻，某律管中的灰被吹掉大概总有一点前后的误差，怎么能确定恰好就在冬至的那一时刻呢？应该在自己心中先晓得冬至这一刻才行。单从这点看，就有不通之处，所以求学的人必须从礼乐根本上下功夫。”

徐爱说：“心犹如镜子一般，圣人的心如同明镜，而凡人的心如同昏镜。近代的格物之说，好像用镜照东西时，只在映照上下功夫，不知道镜子本身的昏暗，又怎么照？王阳明先生的格物，就像打磨镜子，让它明亮。在打磨上用功，明亮了以后也并不会影响映照。”

我曾请教有关道之精粗。先生说：“道无所谓精粗，倒是人的见识有精粗。比如，道就像一间房子，当人们乍一进来，只看见一个大的轮廓。呆久了，就能将柱子、墙壁之类一一看清。再长一点时间，就连柱子上的纹饰都能仔细地看出来。但房子仍是那间房子。”

先生说：“诸君近来相见，很少提问，这是为什么呢？不用功的人，没有不是自认为已经懂得怎样治学了，只要照常做就是了，殊不知私欲天天都在生长，就像地上的灰尘，一天不扫就又有一层。而扎扎实实下功夫，就会发现道无穷无尽，越探索越深邃，就会让自己精粹纯洁，没有一点不通之处才行。”

我问道：“《大学》说：‘知至而后意诚。’现在天理、人欲都还不太清楚，如何去下克己的功夫呢？”先生说：“人如果真正不间断地下克己的功夫，那么，对于天理良心的精深微妙，就会一天比一天清晰，同时，对于私欲的细琐低贱，也会一天比一天明了。如果不用克己的功夫，那就是成天说闲话，因为永远看不到天理，也永远看不到私欲。就像人走路一样，走了一段才认得一段，走到岔路口，不认识了就问，问了又走，才能达到目的地。现在的学人对已经懂得的天理不肯存思，对已经懂得的人欲不肯革除，却只管担忧自己对道不能完全知晓，只管闲谈不休，这有什么好处？等到自己的私欲克得无可再克，才来担忧对道不能完全知晓，也并不迟。”

我问道：“道只有一个，但古人论道，却往往不同，求道时有什么要点呢？”先生说：“道并没有方向和形体，不能执着。如果拘泥地只在文义上去求道，离道就远了。如今的人都说天，其实何尝见过天？说日、月、风、雷就是天，不行；说人、物、草、木不是天，也不行。道就是天。如果懂得这一点，还有什么不是道呢？人们往往各自凭自己的一隅之见，认定道只不过如此，所以说法不同。如果懂得向内寻求，明白自己的心体，那就无时无处不是道。从古至今，无始无终，又有什么异同？心就是道，道就是天。懂得心就是懂得了道，就是懂得了天。”他又说：“诸君如果真要懂得这‘道’字，必须从自己的心上去体悟，去确认，不必借助于外物来寻求，这才行。”

我问道：“名物度数，也需要预先研究吗？”先生说：“人只要修养好自己的心体，用也就在其中了。如果养好了心体，真的有一个未发在心中，一旦有发，自然符合于中节之和，自然没有什么不能干的。如果没有这种心体，哪怕是预先研究过世上许多名物度数，那也与自己修养无关，只是临时装点一下，自然也不能实行。当然，也不是全然不理会名物度数，只要‘知所先后，则近道’。”他又说：“人要根据自己的禀赋来塑造自己，才能够实现。比如夔对音乐，稷对种植，都是其天性使他们应该这样的。塑造人，主要是使他的心体纯然天理，具体运用能力都从天理上显现而来，然后叫作‘才’。达到纯然天理之处，也就能作到‘不器’。假如让夔、稷换个行当干干，应该也能承担。”又说：“如像‘素富贵，行乎富贵；素患难，行乎患难’等，都是说的‘不器’。这种境界只有修养心体的人才做得到。”

“与其营造数顷没有水源的池塘，不如营造几尺有源头的水井，因为后者有无穷活生生的意趣。”当时先生在池塘边坐着，旁边有一口井，所以用它们来比喻治学。

原文 问：“世道日降，太古时气象如何复见得？”

先生曰：“一日便是一元[①]。人平旦时起坐，未与物接，此心清明景象，便如在伏羲时游一般。”

问：“心要逐物，如何则可？”

先生曰：“人君端拱清穆，六卿[②]分职，天下乃治。心统五官，亦要知此。今眼要视时，心便逐在色上；耳要听时，心便逐在声上。如人君要选官时，便自去坐在吏部；要调军时，便自去坐在兵部。如此岂惟失却君体，六卿亦皆不得其职。”

“善念发而知之，而充之；恶念发而知之，而遏之。知与充与遏者，志也，天聪明也。圣人只有此，学者当存此。”

澄曰：“好色、好利、好名等心，因是私欲。如闲思杂虑，如何亦谓之私欲？”

先生曰：“毕竟从好色、好利、好名等根上起，自寻其根便见。如汝心中，决知是无有做劫盗的思虑，何也？以汝元无是心也。汝若于货色名利等心，一切皆如不做劫盗之心一般，都消灭了，光光只是心之本体，看有甚闲思虑？此便是‘寂然不动’，便是‘未发之中’，便是‘廓然大公’！自然‘感而遂通’，自然‘发而中节’，自然‘物来顺应’。”

问：“志至气次”[③]。先生曰：“志之所至，气亦至焉之谓，非极至、次贰之谓。‘持其志’，则养气在其中，‘无暴其气’，则亦持其志矣。孟子救告子[4]之偏，故如此夹持说。”

问：“先儒曰‘圣人之道，必降而自卑。贤人之言，则引而自高’。[5]如何？”

先生曰：“不然。如此却乃伪也。圣人如天，无往而非天，三光之上天也，九地之下亦天也。天何尝有降而自卑？此所谓大而化之也。贤人如山岳，守其高而已。然百仞者不能引而为千仞，千仞者不能引而为万仞。是贤人未尝引而自高也。引而自高则伪矣。”

注释

①一元：指天地从生成到坏灭的过程。据北宋邵雍《皇极经世》载，天地的历史，以元、会、远、世计算。一元十二会，一会三十运，一运十二世，一世三十年。故一元之年数为一十二万九千六百年。

②六卿：《周礼》把执政大臣分为六官，亦称六卿。后世遂往往称吏、户、礼、兵、刑、工六部尚书为六卿。

③志至气次：语出《孟子·公孙丑上》，“夫志，气之帅也。气，体之充也。夫志至焉，气次焉。故曰：持其志，无暴其气。”

④告子：战国时人，名不详，一说名不害。与孟子论辩，提出性无善恶论，与孟子性善论对立。

⑤“圣人”四句：见《河南程氏外书》卷三。

译文 我问道：“世风日下，太古时的气象怎么才能重现呢？”先生说：“一天就像是天地的一个轮回。人们清晨起来静坐，还没接触外物时，自己心中的清明景象，就如同遨游在伏羲氏时候一样。”

我曾问：“心要追求外物，应该怎样办？”先生说：“国君端身拱手，清静肃穆，六卿各当其职，天下才会大治。心统摄五官，也应该这样。假如眼睛要看东西，心就追求美色；耳朵要听声音，心就追求美声。这好比国君要选官时，自己就去坐在吏部；要调军队，自己就去坐在兵部一样。像这样的话，岂止失掉国君的体统，就是六卿也都不能处理自己的职能。”

“善念产生就知道它，就充实它；恶念出现就知道它，就遏制它。知道、充实和遏制等，就是志向，就是天赋予的聪明。圣人只拥有这一点，而求学的人只应该存养这一点。”

我问：“好色、好利、好名等心思，当然就是私欲，至于闲杂的思虑，为什么也叫私欲呢？”先生说：“闲杂的思虑毕竟是从好色、好利、好名等根上产生出来的，只要你自己去寻找它们的根源就能发现。如像你心中肯定自己没有作强盗的想法，为什么呢？因为你原本就没有它。如果你对于货、色、名、利等想法，完全都像不当强盗的想法一样，都消灭了，只剩下清清净净心的本体，看你还有什么思虑的？这就是所谓‘寂然不动’，就是‘未发之中’，就是‘廓然大公’。自然会‘感而遂通’，自然会‘发而中节’。自然会‘物来顺应’。”

我请教“志至”和“气次”。先生说：“这是指志向所到之处，气也会达到，并非朱熹先生所说的志向为极至，气为其次的意思。‘持其志’，养气也就在其中；‘无暴其气’，也就保持其志向了。孟子为矫正告子的片面，所以才分开而言。”

我问：“程颐先生说‘圣人之道，必降而自卑。贤人之言，则引而自高’。这话说得如何？”先生说：“不对。这样说就有点做作了。圣人如同天，无处不在。日月星辰之上，是天；九层大地之下，还是天。天何尝降低身份自卑过？这就是所谓‘大而化之之谓圣’。贤人如同山岳，持守其高尚而已。但百仞高度不能拉长成千仞，千仞的高度也不能拉长成万仞。可见贤人从来没有引而自高过。引而自高就做作了。”

原文 问："伊川谓'不当于喜怒哀乐未发之前求中'①，延平②却教学者看未发之前气象，何如？"

先生曰："皆是也，伊川恐人于未发前讨个中，把中做一切看，如吾向所谓认气定时做中，故令只于涵养省察上用功。延平恐人于未便有下手处，故令人时时刻刻求未发前气象，使人正目而视惟此，倾耳而听惟此，即是'戒慎不睹'，'恐惧不闻'的工夫。皆古人不得已诱人之言也。"

澄问："喜怒哀乐之中和，其全体常人固不能有。如一件小事当喜怒者，平时无有喜怒之心，至其临时，亦能中节，亦可谓之中和乎？"

先生曰："在一时一事，固亦可谓之中和，然未可谓之大本、达道③，人性皆善，中和是人人原有的，岂可谓无？但常人之心既有所昏蔽，则其本体虽亦时时发见，终是暂明暂灭，非其全体大用矣。无所不中，然后谓之大本；无所不和，然后谓之达道。惟天下之至诚，然后能立天下之大本。"

曰："澄于中字之义尚未明。"

曰："此须自心体认出来，非言语所能喻。中只是天理。"

曰："何者为天理？"

曰："去得人欲，便识天理。"

曰："天理何以谓之中？"

曰："无所偏倚。"

曰："无所偏倚是何等气象？"

曰："如明镜然，全体莹彻，略无纤尘染着。"

曰："偏倚是有所染着。如着在好色、好利、好名等项上，方见得偏倚。若未发时，美色、名、利皆未相着，何以便知其有所偏倚？"

曰："虽未相着，然平日好色、好利、好名之心，原未尝无。既未尝无，即谓之有。既谓之有，则亦不可谓无偏倚。譬之病疟之人，虽有时不发，而病根原不曾除，则亦不得谓之无病之人矣。须是平日好色、好利、好名等项一应私心扫除荡涤，无复纤毫留滞，而此心全体廓然，纯是天理，方可谓之喜怒哀乐未发之中，方是天下之大本。"

问："'颜子没而圣学亡'④，此语不能无疑。"

先生曰："见圣道之全者惟颜子。观喟然一叹可见，其谓'夫子循循然善诱人，博我以文，约我以礼'⑤，是见破后如此说。博文约礼，如何是善诱人？学者须思之。道之全体，圣人亦难以语人，须是学者自修自悟。颜子'虽欲从之，末由也已'，即文王'望道未见’意。望道未见，乃是真见。颜子没而圣学之正派遂不尽传矣。”

问：“身之主为心，心之灵明是知，知之发动是意，意之所着为物，是如此否？”

先生曰：“亦是。”

“只存得此心常见在，便是学。过去未来事，思之何益？徒放心耳！”

“言语无序，亦是以见心之不存。”

尚谦[6]问孟子之“不动心”与告子异。

先生曰：“告子是硬把提着此心，要他不动；孟子却是集义到自然不动。”

又曰：“心之本体，原自不动。心之本体即是性，性即是理。性元不动，理元不动。集义是复其心之本体。”

“万象森然时，亦冲漠无联。冲漠无联，即万象森然。冲漠无朕者，‘一’之父；万象森然者，‘精’之母。‘一’中有‘精’，‘精’中有‘一’。”

“心外无物。如吾心发一念孝亲，即孝亲便是物。”

先生曰：“今为吾所谓格物之学者，尚多流于口耳。况为口耳之学者，能反于此乎？天理人欲，其精微必时时用力省察克治，方日渐有见。如今一说话之间，虽只讲天理，不知心中倏忽之间，已有多少私欲。盖有窃发而不知者，虽用力察之尚不易见，况徒口讲而可得尽知乎？今只管讲天理来顿放着不循，讲人欲来顿放着不去，岂格物致知之学？后世之学，其极至只做得个'义袭而取'[⑦]的工夫。"

问格物。

先生曰："格者，正也，正其不正以归于正也。"

问："'知止'者，知至善只在吾心，元不在外也，而后志定。"

曰："然。"

问："格物于动处用功否？"

先生曰："格物无间[⑧]动静，静亦物也。孟子谓'必有事焉'[⑨]，是动静皆有事。"

"工夫难处，全在格物致知上。此即诚意之事。意既诚，大段心亦自正，身亦自修。但正心、修身工夫亦各有用力处。修身是已发边，正心是未发边。正心则中，身修则和。"

"自'格物''致知'至'平天下'，只是一个'明明德'，虽'亲民'亦'明德'事也。'明德'是此心之德，即是仁。'仁者以天地万物为一体'[⑩]，使有一物失所，便是吾仁有未尽处。"

"只说'明明德'而不说'亲民'，便似老、佛。"

"至善者性也，性元无一毫之恶，故曰至善。止之，是复其本然而已。"

问："知至善即吾性，吾性具吾心，吾心乃至善所止之地，则不为向时之纷然外求而志定矣。定则不扰扰而静；静而不妄动则安；安则一心一意只在此处；千思万想，务求必得此至善，是能虑而得[11]矣。如此说是否？"

先生曰："大略亦是。"

问："程子云'仁者以天地万物为一体'。何墨氏[12]'兼爱'，反不得谓之仁？"

先生曰："此亦甚难言，须是诸君自体认出来始得。仁是造化生生不息之理，虽弥漫周遍，无处不是，然其流行发生，亦只有个渐，所以生生不息。如冬至一阳生，必自一阳生而后渐渐至于六阳。若无一阳生，岂有六阳？阴亦然，惟有渐，所以便有个发端处。惟其有个发端处，所以生。惟其生，所以不息。譬之木，其始抽芽，便是木之生意发端处。抽芽然后发干，发干然后生枝生叶，然后是生生不息。若无芽，何以有干有枝叶？能抽芽，必是下面有个根在，有根方生，无根便死，无根何从抽芽？父子、兄弟之爱，便是人心生意发端处，如木之抽芽。自此而仁民，而爱物，便是发干生枝生叶。墨氏兼爱无差等，将自家父子、兄弟与途人一般看，便自没了发端处。不抽芽，便知得他无根，便不是生生不息，安得谓之仁？孝弟为仁之本，却是仁理从里面发生出来。”

问：“延平云‘当理而无私心’⑬。当理而无私心，如何分别？”

先生曰：“心即理也。无私心即是当理，未当理便是私心。若析心与理言之，恐亦未善。”

又问：“释氏于世间一切情欲之私，都不染着，似无私心。但外弃人伦，却似未当理。”

曰：“亦只是一统事，都只是成就他一个私己的心。”

注释

①“不当”句：见《河南程氏遗书》卷十八，“若言求中于喜怒哀乐未发之前，则不可。”

②延平（1093—1163）：李桐，字愿中，世称延平先生。宋剑浦（今福建南平）人。朱熹曾从游其门。为学主“默坐澄心，以验夫喜怒哀乐未获之前气象为何如”。其语录由朱熹编为《延平答问》。

③大本、达道：见《中庸》，“中也者，天下之大本也；和也者，天下之达道也。”

④颜子没而圣学亡：语出《阳明全书》卷七《别湛甘泉序》。颜子（前521—前490），指颜渊，春秋末鲁国人，名回，字子渊。孔子的学生，以德行著称。

⑤"夫子"三句：见《论语·子罕》，"夫子循循然善诱人。博我以文，约我以礼。欲罢不能，既竭吾才，如有所立卓尔，虽欲从之，末由也已。"

⑥尚谦：薛侃（？—1545），字尚谦，号中离。王守仁弟子。广东揭扬人，正德进士，后获罪下狱。

⑦义袭而取：语出《孟子·公孙丑上》。

⑧无间：无关。

⑨必有事焉：语出《孟子·公孙丑上》。

⑩"仁者"句：语出《河南程氏遗书》卷二。

⑪虑而得：见《大学》，"知止而后有定，定而后能静，静而后能安，安而后能虑，虑而后能得。"

⑫墨氏：指墨子（约前468—前376），春秋战国之际思想家，墨家创始人，名翟，相传为宋国人，后长期住在鲁国。墨子主张兼爱、非乐、节用、尚贤等。其学说与儒家并称"显学"。

⑬当理而无私心：语出朱熹编《延平答问》。

译文 我问："程伊川先生说过'不当于喜怒哀乐未发之前

求中’，而李延平却教学生看未发之前的情况，两种说法如何?”先生说:“都对。伊川先生恐怕人在未发之前去寻求‘中’，把‘中’当成一个外物，就像我过去所说的把‘气定’看成‘中’一样，所以只让学生在涵养省察上下功夫。延平先生则担心学生没有入手的地方，所以让他们时时刻刻寻求未发前的情况，使他们正眼看去是这样，倾耳听去也是这样，这就是《中庸》所说‘戒慎不睹，恐惧不闻’的功夫。这些都是前人为引导学生，不得已的话语。”

我问:“喜、怒、哀、乐的中和，要求全面具备，一般人固然达不到，如果面临一件可以欢喜或发怒的小事，平时没有喜怒之心，事来临时也能发而中节，这也可算是中和吗?”先生答:“在一时一事上，当然也可以算是中和，但还不能算是‘大本’‘达道’。人性都是善的，这中和也是每个人原来就有的，哪里能说没有呢?但是，一般人的心都有所蒙蔽，这样，心的本体虽然也时时闪现，终究是时明时暗，并非心的全体大用了。无所不中，才可以叫作‘大本’；无所不和，才可以叫作‘达道’。只有天下最诚挚的人，才能确立天下的大本。”我说:“我对‘中’字的含义还不太明白。”先生说:“这必须从自己的心里体悟和认识，不是言语所能说清的。中就是天理。”我又问：“什么是天理呢？”先生说：“去除人欲，就能认识天理。”又问：“天理为什么称为‘中’呢？”答：“因为它无所偏倚。”问：“无所偏倚是什么情况呢？”答：“就像明镜一样，通体晶莹透彻，全然没有丝毫灰尘沾染。”我又问：“有所偏倚是因为被沾染，比如沾染了好色、好利、好名等，才看得见是偏倚。如果心意未发之时，美色、名、利都还没有沾染，怎么会知道心有所偏倚呢？”先生答：“虽然还未被沾染，但平日里好色、好利、好名之心本来并非没有，既然并非没有，就是有，也就不能说是无所偏倚。譬如染上虐疾的人，虽然有时不犯病，但病根本来没有除去，那就不能算是没有病的人了。必须将平日好色、好利、好名等全部私心扫除荡涤，不再有丝毫粘附，从而自己的心彻底空阔坦荡，纯是天理，才可以叫作‘喜、怒、哀、乐未发之中’，才是天下之大本。”

我问：“‘颜子没而圣学亡’，这话并非没有可疑之处。”先生说：“能够全面窥见孔子之道的，只有颜回一个，只要听他那声深深的叹息就可以知道了。他所说的‘夫子循循然善诱人，博我以文，约我以礼’，这是看透彻后才发议论的。‘博文’‘约礼’怎么就是循循善诱呢？求学者应该思索。道全面的情况，孔子也难以用语言来表达，必须靠求学者自己修养，自己体悟。颜回说的‘虽欲从之，末由也已’，也就是文王所谓‘望道而未见’之意。望见道却感到还不能全面体悟道，这就是真知灼见。颜回死后，孔学的正宗就不能圆满地传承了。”

我问：“一身之主宰是心，心之灵明是知，知之发动是意，意所附着是物，是这样吗？”先生答：“也可以这样说吧。”

“只要经常存养自己的心，就是学。过去或未来之事，空想着有什么用？只会把自己的心放纵了而已。”

“语无伦次，也就足以发现此人的心还没有存养好。”

尚谦请教关于孟子的不动心与告子的不动心有何差异。先生说：“告子是人为地把持住自己的心，要心不动；而孟子却是蓄积道义，让心自然不动。”又说：“心之本体，原来是不动的。心之本体就是性，性也就是理。性原来不动，理原来也不动，蓄积道义就是恢复心的本体。”

“万象森然时，就是冲漠不朕；而冲漠不朕，也就是万象森然。所谓‘冲漠不朕’，乃是‘一’的父亲；‘万象森然’，乃是‘一’的母亲。‘一’之中有‘精’，

‘精’之中也有‘一’。”

“心外无物。如果我的心发出一个孝敬父母的念头，那孝敬父母就是物。”

先生说：“而今研治我所阐明的格物学说者，大多仍然停留在口耳之上，更何况那研治口耳之学者，能够反其道吗？存天理灭人欲学问的精深微妙之处，必须时时下功夫省察克治，才可以日益有所发现。如今一旦开口，哪怕只讲天理，但不知不觉地，在内心深处的一瞬之间已经有了多少私欲。还有暗暗发出而不知道的私欲，就是用力省察也不容易发现，何况只是嘴巴里谈谈，就能完全知道吗？如今有人只管讲存天理，但行动上却把它放在一边不遵循，只管讲灭人欲，也放在一边不克去，这哪里是我的格物致知之学呢？后人的学问，做到顶只做得个‘义袭而取’的功夫。”

我请教“格物”的含义。先生说：“格，就是正，就是纠正那不正之处，让它返归于正。”

我问：“‘知止’是指知道至善只在自己心上，原来就不在外面，然后志向才会坚定。”先生说：“对。”

我问：“格物是在动处下功夫吗？”先生说：“格物无关动静。静，也是所格之物。孟子说‘必有事焉’，可见动静都有事。”

“功夫的难点全在‘格物致知’上。这也就是之所以要‘诚意’的原因。意如果诚了，心大多也自然能正，身也就自然能修。但‘正心’‘修身’的功夫也各有用力之处。‘修身’是就已发之处用功，‘正心’是就未发之处用功。心正了，就有未发之中，身修了，就有中节之和。”

“从‘格物’‘致知’到‘平天下’，只是一个‘明明德’，即使‘亲民’也是‘明德’的事。‘明德’是明自己心中的德，也就是仁。‘仁者以天地万物为一体’，即使有一事一物失其所在，那也是我的仁修养得不到家。”

“如果只说‘明明德’而不说‘亲民’，就很像是老庄和佛教的思想。”

“至善，就是天性。天性原本没有一丝一毫的邪恶，所以叫‘至善’。‘止于至善’，只是恢复心的本然而已。”

我问：“知至善就是知自己的天性，而自己的天性就是自己的心，自己的心是至善的归宿。这样，就不必像过去那样忙忙乱乱地向外去寻求，从而志向就坚定了；坚定了就不会被烦恼事所困扰，就能静；静了就不妄动，就能安；安了就一心一意，只在至善处。千思万想，务必寻求到这至善的境界，这就能正确思虑而有所得。这样说对吗？”先生说：“大致就是这样。”

我问：“程先生说‘仁者以天地万物为一体’。既然如此，为什么墨子的‘兼爱’反而不能称为‘仁’呢？”先生说：“这也很难说，必须由诸君自己体会出来才行。仁是造化生生不息之理，虽然弥漫遍布，无处不存，但它的流行发生，也只能逐渐进行，所以才能生生不息。如像冬至的一阳发生后，必须由一阳再渐渐到六阳。如果没有一阳的产生，哪里能有六阳？阴也是这样。因为有个逐渐的过程，所以就有个发端之处。也因为有个发端之处，所以才会生长。又因为会生长，所以不息。譬如树木，开始是抽芽，这是树木的发端之处。抽芽以后长树干，长树干以后生枝生叶，以后才生生不息。如果没有嫩芽，哪来的树干树叶？能够抽芽，必定是有个根柢，有这个根才生，没这个根就死。没有根从哪儿发芽？父子、兄弟的爱，就是人心生意发端之处，就像树抽芽一般。由此再仁民，再爱物，就像长树干生枝添叶。墨子的兼爱使人之间没有差别，将自家的父子、兄弟跟陌生人一样看待，这就没有了生意发端的根基。不能抽芽，就可知他没有根底，就不是生生不息的，怎能叫作仁呢？孝悌才是仁的根本，仁是理就是从孝亲中生发出来的。”我问：“延平说‘当理而无私心’。‘当理’和‘无私心’如何区分呢？”先生说：“心就是理。无私心就是当理，不当理就是私心。如果将‘心’和‘理’分开来说，怕是不恰当。”又问：“佛教对于世间一切私情欲念，统统不沾染，看似无私心，但对外却抛弃了人与人的伦常，似乎并不合理。”先生说：“佛教与世人是一回事，都只是成就他自己的一颗私心。”

薛侃录

原文 侃问：“持志如心痛，一心在痛上，安有工夫说闲话，管闲事？”

先生曰：“初学工夫如此用亦好，但要使知‘出入无时，莫知其乡’。心之神明原是如此，工夫方有着落。若只死死守着，恐于工夫上又发病。”

侃问：“专涵养而不务讲求，将认欲作理，则如之何?”

先生曰:“人须是知学,讲求只是涵养,不讲求只是涵养之志不切。”

曰:“何谓知学?”

曰:“且道为何而学?学个甚?”

曰:“尝闻先生教,学是学存天理。心之本体即是天理,体认天理,只要自心地无私意。”

曰:“如此则只须克去私意便是,又愁甚理欲不明?”

曰:“正恐这些私意认不真。”

曰:“总是志未切。志切,目视、耳听皆在此,安有认不真的道理?‘是非之心,人皆有之’①,不假外求。讲求亦只是体当自心所见,不成去心外别有个见。”

先生问在坐之友:“比来工夫何似?”

一友举虚明意思。先生曰:“此是说光景。”

一友叙今昔异同。先生曰:“此是说效验。”

二友惘然请是。

先生曰:“吾辈今日用功,只是要为善之心真切。此心真切,见善即迁,有过即改,方是真切工夫。如此,则人欲日消,天理日明。若只管求光景,说效验,却是助长外驰病痛,不是工夫。”

朋友观书，多有摘议晦庵者。先生曰：“是有心求异，即不是。吾说与晦庵时有不同者，为入门下手处有毫厘千里之分，不得不辨，然吾之心与晦庵之心未尝异也。若其余文义解得明当处，如何动得一字？”

希渊[②]问：“圣人可学而至，然伯夷、伊尹[③]于孔子才力终不同，其同谓之圣者安在？”[④]

先生曰：“圣人之所以为圣，只是其心纯乎天理而无人欲之杂。犹精金之所以为精，但以其成色足而无铜铅之杂也，人到纯乎天理方是圣，金到足色方是精。然圣人之才力，亦有大小不同，犹金之分两有轻重。尧、舜犹万镒[⑤]，文王、孔子犹九千镒，禹、汤、武王犹七八千镒，伯夷、伊尹犹四五千镒。才力不同，而纯乎天理则同，皆可谓之圣人。犹分两虽不同，而足色则同，皆可谓之精金。以五千镒者而入于万镒之中，其足色同也。以夷、尹而厕之尧、孔之间，其纯乎天理同也。盖所以为精金者，在足色，而不在分两。所以为圣者，在纯乎天理，而不在才力也。故虽凡人，而肯为学，使此心纯乎天理，则亦可为圣人。犹一两之金，比之万镒，分两虽悬绝，而其到足色处，可以无愧。故曰‘人皆可以为尧舜’[⑥]者以此。学者学圣人，不过是去人欲而存天理耳。犹炼金而求其足色，金之成色所争[⑦]不多，则锻炼之工省，而功易成。成色愈下，则锻炼愈难。人之气质清浊粹驳，有中人以上、中人以下，其于道有生知安行、学知利行，其下者必须人一己百、人十己千，及其成功则一。后世不知作圣之本是纯乎天理，欲专去知识才能上求圣人，以为圣人无所不知，无所不能，我须是将圣人许多知识才能逐一理会始得。故不务去天理上着工夫，徒弊精竭力，从册子上钻研，名物上考察，形迹上比拟。知识愈广而人欲愈滋，才力愈多而天理愈蔽。正如见人有万镒精金，不务锻炼成色，求无愧于彼之精纯，而乃妄希分两，务同彼之万镒，锡、铅、铜、铁杂然而投，分两愈增而成色愈下，既其梢末，无复有金矣。"

时曰仁在旁，曰："先生此喻，足以破世儒支离之惑，大有功于后学。"

先生又曰："吾辈用功，只求日减，不求日增。减得一分人欲，便是复得一分天理，何等轻快脱洒，何等简易？"

注释

①是非之心，人皆有之：语出《孟子·公孙丑上》。

②希渊：指蔡宗兖，字希渊，号我斋。浙江山阳人。王守仁

学生。

③伯夷：商末孤竹君长子。初孤竹君以次子叔齐为继承人，孤竹君死后，叔齐让位，伯夷不受。后二人投奔到周，反对周武王伐商。武王灭商后，他们又逃避到首阳山，不食周粟而死。

伊尹：商初大臣。帮助汤攻灭夏桀。太甲即位，因破坏商汤法制，不理国政，被他放逐，三年后太甲悔过，又接回复位。

④"其同"句：见《孟子·万章下》，"孟子曰：'伯夷，圣之清者也；伊尹，圣之任者也；柳下惠，圣之和者也；孔子，圣之时者也。'"

⑤镒（yì）：古代重量单位，合二十两，一说二十四两。

⑥人皆可以为尧舜：语出《孟子·告子下》。

⑦争：相差。

译文

薛侃我问："秉持志向如同心痛，一心只在疼痛上，哪有工夫说闲话，管闲事呢？"先生说："求学者开头像这样用功也好，但要让他知道'出入无时，莫知其乡'这话，要知道心的神明原来就是这样，功夫才有落实处。如果只是一味死守持志，恐怕在下工夫时又有毛病。"

我问："一味讲内心涵养而不注重讲习求学，从而将人欲认作天理，该怎么办呢？”先生说：“人必须先懂得求学。讲习求学只是为了涵养自己，不讲习求学，是因为涵养的志向不真切。”问：“什么叫懂得求学呢？”答：“你先说说为什么要学，学个什么？”我说：“曾经听先生说过：学的对象是存天理。心的本体就是天理，体会和认识天理，只要自己心中没有私意就行。”先生说：“既然如此，你只需要克去私意就行了，又担忧什么天理和人欲分不清呢？”答：“我就是担忧这些私意分得不清晰。”先生说：“都是因为你的志向还不真切。志向真切，眼睛所视、耳朵所听都符合于天理，哪有分得不清晰的？‘是非之心，人皆有之’，不必借助于向外寻求。讲习求学也只是体会、认识自己心中所发现的，莫非在心外还有个见解吗？”

一次，先生问在座的朋友：“近来功夫如何？”一个朋友谈些空灵的意思。先生说：“这是说的表面风光。”另一朋友谈了今昔的异同。先生说：“这只是讲了结果。”两个朋友都茫然不解，请求解答。先生说：“我们这些人今天下功夫，只是因为行善的心真切。只要这种心真切，见了善就学习，见了过就改正，才是真功夫。这样，人欲日益消减，天理日益明朗。如果只是寻求些表面风光之事，讨论些结果，倒是助长了在心外下功夫的毛病，不算得功夫。”

朋友们看书后，常有人指摘朱熹先生。先生说：“这种刻意求异的做法就不对。我的说法间或与朱晦庵不同，是因为我们在做学问入门下手之处有毫厘千里的差异，不能不辩驳。但我的心与晦庵先生的心并没有什么不同。至于其他文义解释得明白精当之处，晦庵的说法怎么能动他一个字？”

希渊问：“虽说圣人的境界可以通过学习达到，但伯夷、伊尹的才力与孔子始终不同，怎么能与孔子同称圣人呢？”先生说：“圣人之所以是圣人，只因为他们的心纯然天理而没有人欲的混杂，犹如纯金之所以为纯金，只由于它的成色足而没有铜铅的混杂一样。人到纯然天理时才是圣人，金到成色饱足时才是纯金。但圣人的才力，也有个大小的差异，就像金子的分量有轻重一样。尧、舜好比一万镒，文王、孔子好比九千镒，禹、汤、武王好比七八千镒，伯夷、伊尹好比四五千镒。才力不同，但纯然天理的道理相同，就都可以称为圣人。好比金子的分量虽然不同，但只要成色足，就都可以称为纯金。拿五千镒黄金放入一万镒之中，那成色是相同的。拿伯夷、伊尹放进尧、孔子之间，他们纯然天理之点相同。这样，之所以叫纯金，是因为成色足，而不在分量。之所以为圣人，在纯然天理，而不在才力。所以，哪怕是平凡之人，只要肯学，使自己的心纯然天理，就也可以算圣人。就像一两黄金与一万镒黄金相比，分量上虽然悬殊但比到成色时，可以无愧。所以孟子才说‘人皆可以为尧舜’，就是因为这个缘故。求学者效法圣人，不过是去人欲而存天理而已，就好比炼黄金就追求那成色饱足。所炼金与纯金如果相差不多，那么锻炼的功夫就少，而成功就容易；成色越差的，锻炼就越难。人们的气质有清有浊，有纯有杂。有超出中等人的，也有不如中等人的。对于求道而言，就有生知安行的人，也有学知利行的人。那素质低下的人，必须做到狠下功夫，别人一分力，我下百分力；别人十分力，我下千分力。等到最后，成功都是一样的。后人不知道做圣人的根本是纯然天理，想一味地在学知识上追求做圣人。他们认为圣人无所不知，无所不能，自己必须把圣人的许多知识和才能一一懂得才行，所以，不去致力在天理上下功夫，白白地浪费了精力，在书册上钻研，从名物上考求，在行为上模仿。知识越多而人欲越盛，才力越强而天理越昏。正好比看见别人有一万镒纯金，不去尽力锻炼自己金子的成色，以求无愧于别人的精纯，反而妄想在分量上与别人的一万镒对等，于是将锡、铅、铜、铁等杂物乱丢进去。其结果是分量越多而成色越差，炼到最后，不再有真金了。”当时徐爱在旁边，说：“先生这个比喻，足以破除俗儒们带来的支离破碎的迷惑。对后来的学者大有功劳！”先生又说：“我们用功，只求日减，不求日增。减去一分人欲，就能恢复一分天理，多么轻快洒脱，多么简易！”

原文

士德①问曰：“格物之说，如先生所教，明白简易，人人见得。文公②聪明绝世，于此反有未审，何也？”

先生曰：“文公精神气魄大，是他早年合下便要继往开来，故一向只就考索著述上用功。若先切己自修，自然不暇及此。到得德盛后，果忧道之不明。如孔子退修六籍，删繁就简，开示来学，亦大段不费甚考索。文公早岁便著许多书，晚年方悔，是倒做了。”

士德曰：“晚年之悔，如谓‘向来定本之误’，又谓‘虽读得书，何益于吾事’，又谓‘此与守旧籍，泥言语，全无交涉’，③是他到此方悔从前用功之错，方去切己自修矣。”

曰：“然。此是文公不可及处。他力量大，一悔便转。

可惜不久即去世，平日许多错处，皆不及改正。”

侃去花间草，因曰：“天地间何善难培，恶难去？”

先生曰：“未培未去耳。”少间，曰：“此等看善恶，皆从躯壳起念，便会错。”

侃未达。

曰：“天地生意，花草一般。何曾有善恶之分？子欲观花，则以花为善，以草为恶。如欲用草时，复以草为善矣。此等善恶，皆由汝心好恶所生，故知是错。”

曰：“然则无善无恶乎？”

曰：“无善无恶者理之静，有善有恶者气之动。不动于气，即无善无恶，是至善。”

曰：“佛氏亦无善无恶，何以异？”

曰：“佛氏着在无善无恶上，便一切都不管，不可以治天下。圣人无善无恶，只是‘无有作好’，‘无有作恶’④，不动于气。然‘遵王之道，会其有极’，便自一循天理，便有个裁成辅相。”

曰：“草既非恶，即草不宜去矣。”

曰：“如此却是佛、老意见。草若有碍，何妨汝去？”

曰：“如此又是作好作恶。”

曰：“不作好恶，非是全无好恶，却是无知觉的人。谓之不作者，只是好恶一循于理，不去又着一分意思。如此，即是不曾好恶一般。”

曰：“去草如何是一循天理，不着意思？”

曰：“草有妨碍，理亦宜去，去之而已。偶未即去，亦不累心。若着了一分意思，即心体便有贻累，便有许多动气处。”

曰：“然则善恶全不在物？”

曰：“只在汝心，循理便是善，动气便是恶。”

曰：“毕竟物无善恶。”

曰：“在心如此，在物亦然。世儒惟不知此，舍心逐物，将格物之学错看了，终日驰求于外，只做得个‘义袭而取’，终身‘行不著，习不察’⑤。”

曰：“如好好色，如恶恶臭，则如何？”

曰：“此正是一循于理，是天理合如此，本无私意作好作恶。”

曰：“如好好色，如恶恶臭，安得非意？”

曰：“却是诚意，不是私意。诚意只是循天理。虽是循天理，亦着不得一分意。故有所忿懥好乐，则不得其正。须是廓然大公，方是心之本体。知此，即知未发之中。”

伯生⑥曰：“先生云‘草有妨碍，理亦宜去’。缘何又是躯壳起念？”

曰:“此须汝心自体当,汝要去草,是甚么心?周茂叔[⑦]窗前草不除,是甚么心?”

先生谓学者曰:“为学须得个头脑,工夫方有着落。纵未能无间,如舟之有舵,一提便醒,不然,虽从事于学,只做个‘义袭而取’,只是行不著,习不察,非大本达道也。”

又曰:“见得时,横说竖说皆是。若于此处通,彼处不通,只是未见得。”

或问:“为学以亲故,不免业举之累。”

先生曰:“以亲之故而业举为累于学,则治田以养其亲者,亦有累于学乎?先正云‘惟患夺志’[⑧],但恐为学之志不真切耳。”

崇一[⑨]问:“寻常意思多忙,有事固忙,无事亦忙,何也?”

先生曰:“天地气机,元无一息之停。然有个主宰,故不先不后,不急不缓,虽千变万化,而主宰常定,人得此而生。若主宰定时,与天运一般不息,虽酬酢万变,常是从容自在,所谓‘天君泰然,百体从令’[⑩]。若无主宰,便只是这气奔放,如何不忙?”

先生曰:“为学大病在好名。”

侃曰:“从前岁,自谓此病已轻。比来精察,乃知全末。岂必务外为人？只闻誉而喜，闻毁而闷，即是此病发来。”

曰：“最是。名与实对，务实之心重一分，则务名之心轻一分。全是务实之心，即全无务名之心。若务实之心如饥之求食，渴之求饮，安得更有工夫好名？”

又曰：“‘疾没世而名不称’⑪，‘称’字去声读，亦‘声闻过情，君子耻之’⑫之意。实不称名，生犹可补，没则无及矣。‘四十五十而无闻’⑬，是不闻道，非无声闻也。孔子云‘是闻也，非达也’。⑭安肯以此望人？”

侃多悔。先生曰：“悔悟是去病之药，然以改之为贵。若留滞于中，则又因药发病。”

注释

①士德：指杨骥，字士德。先从游于湛若水，后受学于王阳明。为粤中王学代表人物。

②文公：指朱熹。朱熹死后谥号为文，故名。

③上述所引三段话，出自《朱子晚年定论》的第一书《答黄直卿书》、第六书《与只子约》、第三书《答何叔京》。王守仁从朱熹给学人和友人信中收集三十四封，定为朱子晚年思想，作为朱熹悔早年之非的根据，此即《朱子晚年定论》的由来。由于王守仁先入为主，断章取义，曲为饰说，引起学者普遍

不满。

④无有作好，无有作恶：语出《尚书·洪范》，“无有作好，遵王之道。无有作恶，遵王之路。无偏无党，王道荡荡。无党无偏，王道平平。无反无侧，王道正直，会其有极，归其有极。”下引“遵王之道，会其有极”亦出于此。

⑤行不著，习不察：语出《孟子·尽心上》，“行之而不著焉，习矣而不察焉，终身由之而不知其道者，众矣。”

⑥伯生：即孟源，字伯生。余不详。

⑦周茂叔（1017—1073）：周敦颐，字茂叔，人称濂溪先生。道州营道（今湖南道县）人，曾知南康军。其学说对理学发展有重大影响。著作有《太极图说》《通书》等。《河南程氏遗书》卷三：“周茂叔窗前草不除去。问之，曰：‘与自家意思一般。’”表达顺应自然，天人一体的境界。

⑧惟患夺志：见《河南程氏外书》卷十一，“故科举之事，不患妨功，惟患夺志。”

⑨崇一：欧阳德（1495—1554），字崇一，号南野。江西泰和人，王守仁学生。官至礼部尚书，谥文庄。

⑩天君泰然，百体从令：语出宋范浚《香溪集》卷五的《心箴》。天君，指心。

⑪疾没世而名不称：见《论语·卫灵公》。

⑫声闻过情，君子耻之：见《孟子·滕文公下》。

⑬四十五十而无闻：语出《论语·子罕》，“子曰：‘后生可畏，焉知来者之不如今也？四十五十而无闻焉，斯亦不足畏也已’。”

⑭是闻也，非达也：语出《论语·颜渊》。

译文

士德问道：“格物的学问，就像先生所教导的，明白简易，人人都学得到。而朱文公绝代聪明，反而对此不太明白，这是为什么呢？”先生说：“朱文公精神气魄宏大，年轻时就立下继往开来的志向，所以他一直在考证著述上下功夫。如果早年在切磋自己上下功夫，自然没闲暇考证著述。等到品德高明以后，他果然担忧儒道不明，就效法孔子，退修六籍，删繁就简，启示后来学者，大体上用不着什么考证功夫。朱文公早年就写了很多书，到晚年才后悔自己功夫做倒了。”士德说：“朱文公晚年后悔，就说了‘向来定本之误’，又说‘虽读得书，何益于吾事’，又说‘此与守书籍，泥言语，全无交涉’等话。说明他到此时才悔悟从前用功用错了，才去下功夫切己自修了。”先生说：“对。这就是朱文公让人望尘莫及之处。他功力深，一旦悔悟就能转过来。只可惜他不久就去世了，平时的许多错误，都来不及改正。”

我除掉花间的杂草时，顺势问：“天地之间，为什么善很难培养而恶很难除去?”先生说：“因为人还没有去培养，还没有去根除。”一会儿，又说：“这样理解善恶，是从表皮上去想，所以会错。”我不太懂。先生又说：“天地中一团生气，有如花草一般，何尝有什么善恶之分？你想观赏花，就认为花善，认为草恶。如果注意草时，又认为草是善的了。这种善恶观，都是由于你心中好恶所产生，所以说是错的。”我说：“这样说来，不是无所谓善与恶了吗?”先生说：“无善无恶，乃是理的静态表现；有善有恶，乃是由气之动态产生。不为气动，无所谓善恶，这就称为‘至善’。”我问道：“佛教也讲无善无恶，与先生说的有何差别呢?”先生说：“佛教着意于无善无恶上，就一切事都不管，所以不能用来治理天下。圣人无善无恶，只是不着意去为善，不着意去除恶。不为气动，这样去遵循先王之道，达到最高境界，就自然完全遵循天理，就能‘裁成天地之道，辅相天地之宜’。”我说：“草既然无所谓恶，就没必要除去了。”先生说：“这样，就还是佛教、老庄的意见了。草既然成为障碍，你除去又有何妨呢?”我说：“这样不是着意于为善除恶了吗?”先生说：“不着意去为善除恶，并非说善恶全无区别，不然，就是没有知觉的人了。我说的‘不着意’，只是说善恶完全遵徭天理，不必又着一丝区分善恶的意。能不着意，就与不曾好恶一般了。”我说：“就以除草为例，怎样才是完全遵循天理而不着意呢?”先生说：“草有了妨碍，理当除去，那就除去就是。如果偶然没有除去掉，也不要挂心。如果着了一分意，就会给心体带来累赘，就会有许多动气的事情。”我说：“既然如此，善恶就全然与事物无关了。”先生说道：“善恶只在你的心中，遵循理就是善，动气就是恶。”我说：“毕竟事物本身没有善恶。”先生说：“在心上如此，在事物上也如此。世间俗儒不懂这一点，舍弃内心去追逐外物，错误地看待格物的学问，成天在心外忙忙碌碌，只做得个‘义袭而取’，做到终生‘行不著，习不察’。”我又问道：“至于‘好好色，恶恶臭’，又怎么解释呢?”先生答：“这正是完全遵循天理，而天理本该如此，它本来没有私意去为善去恶。”我又问：“好好色，恶恶臭，怎么会不着意呢?”先生又答：“这意乃是诚意。不是那私意。诚意只是遵循天理，而且，哪怕是遵循天理，也不能有一分着意。所以，有一点忿恨好乐，就不能得到正体。必须是廓然大公，才是心的本体。懂得这一点，就懂得未发之中。”伯生说：“先生刚才讲，草如果成了妨碍，理当除去，为什么又说是从表皮上着想呢？”先生说：“这必须由你自己的心去体会。除草的心念是什么，而周茂叔为什么不除掉窗前的草？”

先生对学生说：“治学必须有个根底的功夫，学问才有着落。纵然不能不间断，但像船有舵一样，一经提醒，马上觉悟。不然，虽然从事学习，也只能做个‘义袭而取’，只是‘行不著，习不察’，并非主干大道。”又说：“有了根底以后，无论横说竖说都对。如果说这个道理还通，说到那个道理又不通，只说明还没有懂得这个根底。”

有人请教先生时问道：“为父母而学习，就不免有科举的拖累。”先生说：“因为父母而考科举，拖累了自己的学业，为供养父母而耕田地，是否也拖累了自己的学业呢？前贤说‘惟患夺志’，只担心治学的志向不真切而已。”

崇一问：“平时，心里感到忙乱，有事时当然忙，无事时也感到忙，这是为什么呢？”先生说：“天地间的气机，本来就没有一刻停息过。但天地有个主宰，所以不先不后，不急不慢，哪怕千变万化，主宰却不变。人就靠着这点生存。人的主宰如果坚定，就与天地一样运转不停。虽然要应酬的事有万般变化，却常常从容自在。这就是所谓‘心地泰然，百体从令’。如果没有这主宰，就只是任凭气奔腾放纵，怎么会不忙?”

先生说:“治学最大的毛病在于好名。”我说:“从去年以来，我自以为这种毛病已经减轻了。近来认真体察，才知道完全不是这样。这毛病岂止是为别人而做表面功夫?只要听到赞扬就高兴，听到批评就苦闷，其实也都是这种毛病发作。”先生说:“很对。名与实相互对立。务实的心重一分，求名的心就轻一分。全都是务实的心，也就全无求名的心。如果务实之心如饥时求食，似渴时求饮，哪里还有求名的功夫呢?”先生又说:“‘疾没世而名不称’的‘称’字，该读去声。也就是‘声闻过情，君子耻之’的意思。实、名不符，活着还可弥补，如果死去，就追悔莫及了。孔子说的‘四十五十而无闻’的‘闻’，是说还没有听闻道，并非指声誉。孔子说‘是闻也，非达也’，他怎么会单用名声来评价某人呢?”

我经常后悔。先生说:“后悔是治病的药，贵在能改正。如果让后悔留滞在心中，那就是因为用药不当而生病。”

原文 德章[①]曰："闻先生以精金喻圣，以分两喻圣人之分量，以锻炼喻学者之工夫，最为深切；惟谓尧、舜为万镒，孔子为九千镒，疑未安。"

先生曰："此又是躯壳上起念，故替圣人争分两。若不从躯壳上起念，即尧、舜万镒不为多，孔子九千镒不为少。尧、舜万镒，只是孔子的。孔子九千镒，只是尧、舜的，原无彼我。所以谓之圣，只论'精一'，不论多寡。只要此心纯乎天理处同，便同谓之圣。若是力量气魄，如何尽同得？后儒只在分两上较量，所以流入功利，若除去了比较分两的心，各人尽着自己力量精神，只在此心纯天理上用功，即人人自有，个个圆成，便能大以成大，小以成小，不假外慕，无不具足。此便是实实落落，明善诚身的事，后儒不明圣学，不知就自己心地良知良能上体认扩充，却去求知其所不知，求能其所不能，一味只是希高慕大，不知自己是桀、纣心地，动辄要做尧、舜事业，如何做得？终年碌碌，至于老死，竟不知成就了个甚么，可哀也已！"

侃问："先儒以心之静为体，心之动为用，如何？"[②]

先生曰："心不可以动静为体用。动静，时也。即体而言，用在体。即用而言，体在用。是谓'体用一源’，若说静可以见其体，动可以见其用，却不妨。”

问：“上智下愚[③]，如何不可移？”

先生曰：“不是不可移，只是不肯移。”

问“子夏门人问交”[④]章。

先生曰：“子夏是言小子之交，子张[⑤]是言成人之交。若善用之亦俱是。”

子仁[⑥]问：“‘学而时习之，不亦说乎？’[⑦]先儒以学为效先觉之所为，[⑧]如何？”

先生曰：“学是学去人欲，存天理。从事于去人欲，存天理，则自正诸先觉，考诸古训，自下许多问辨思索存省克治工夫。然不过欲去此心之人欲、存吾心之天理耳。若曰‘效先觉之所为’，则只说得学中一件事，亦似专求诸外了。‘时习’者，‘坐如尸’，非专习坐也，坐时习此心也。‘立如斋’，非专习立也，立时习此心也。‘说’是‘理义之说我心’[⑨]之‘说’。人心本自说理义，如目本说色，耳本说声。惟为人欲所蔽所累，始有不说。今人欲日去，则理义日洽浃，安得不说？”

国英[⑩]问：“曾子[⑪]三省虽切，恐是未闻一贯时工夫[⑫]？”

先生曰：“一贯是夫子见曾子未得用功之要，故告之。学者果能忠恕上用功，岂不是一贯？‘一’如树之根本，‘贯’如树之枝叶。未种根，何枝叶之可得？体用一源，体未立，用安从生？谓‘曾子于其用处，盖已随事精察而力行之，但未知其体之一’[13]。此恐未尽。”

黄诚甫问“汝与回也，孰愈”章。[14]

先生曰：“子贡[15]多学而识，在闻见上用功，颜子在心地上用功，故圣人问以启之。而子贡所对又只在知见上，故圣人叹惜之，非许之也。”

“颜子不迁怒，不贰过[16]，亦是有未发之中始能。”

“种树者必培其根，种德者必养其心。欲树之长，必于始生时删其繁枝，欲德之盛，必于始学时去夫外好。如外好诗文，则精神日渐漏泄在诗文上去。凡百外好皆然。”

又曰：“我此论学是无中生有的工夫。诸公欲要信得及，只是立志。学者一念为善之志，如树之种，但勿助勿忘，只管培植将去，自然日夜滋长，生气日完，枝叶日茂。树初生时，便抽繁枝，亦须刊落，然后根干能大。初学时亦然，故立志贵专一。”

因论先生之门，某人在涵养上用功，某人在识见上用功，先生曰：“专涵养者，日见其不足；专识见者，日见其有余。日不足者，日有余矣。日有余者，日不足矣。”

梁日孚[17]问：“居敬、穷理是两事，先生以为一事，何如？”

先生曰：“天地间只有此一事，安有两事？若论万殊，礼仪三百，威仪三千，又何止两？公且道居敬是如何？穷理是如何？”

曰：“居敬是存养工夫，穷理是穷事物之理。”

曰：“存养个甚？”

曰：“是存养此心之天理。”

曰：“如此，亦只是穷理矣。”

曰：“且道如何穷事物之理？”

曰：“如事亲便要穷孝之理，事君便要穷忠之理。”

曰：“忠与孝之理在君、亲身上，在自己心上？若在自己心上，亦只是穷此心之理矣。且道如何是敬？”

曰：“只是主一。”

“如何是主一？”

曰：“如读书便一心在读书上，接事便一心在接事上。”

曰：“如此，则饮酒便一心在饮酒上，好色便一心在好色上，却是逐物，成甚居敬功夫？”

日孚请问。

曰:“一者,天理。主一是一心在天理上。若只知主一,不知一即天理,有事时便是逐物,无事时便是着空。惟其有事无事,一心皆在天理上用功,所以居敬亦即是穷理。就穷理专一处说,便谓之居敬。就居敬精密处说,便谓之穷理。却不是居敬了,别有个心穷理,穷理时别有个心居敬,名虽不同,功夫只是一事。就如《易》言‘敬以直内,义以方外’。[18]敬即是无事时义,义即是有事时敬。两句合说一件。如孔子言‘修己以敬’[19],即不须言义。孟子言‘集义’,即不须言敬。会得时,横说竖说,工夫总是一般。若泥文逐句,不识本领,即支离决裂,工夫都无下落。”

问:“穷理何以即是尽性?”[20]

曰:“心之体,性也。性即理也。穷仁之理,真要仁极仁。穷义之理,真要义极义。仁、义只是吾性,故穷理即是尽性。如孟子说‘充其恻隐之心,至仁不可胜用’,这便是穷理工夫。”

日孚曰:“先儒谓‘一草一木皆有理,不可不察’[21],何如?”

先生曰:“夫我则不暇,公且先去理会自己性情,须能尽人之性,然后能尽物之性。”

日孚悚然有悟。

注释

①德章：姓刘，余不详。

②“先儒”三句：见《河南程氏文集》卷九，“心，一也。有指体而言者（自注：寂然不动是也）；有指用而言者（自注：感而遂通天下之故是也）。”

③上智下愚：见《论语·阳货》，“子曰：‘唯上知与下愚不移。’”

④子夏门人问交：见《论语·子张》，“子夏之门人问交于子张。子张曰：‘子夏云何？’对曰：‘子夏曰，可者与之，其不可者拒之。’子张曰：‘异乎吾所闻，君子尊贤而容众，嘉善而矜不能。我之大贤与，于人何所不容？我之不贤与，人将拒我，如之何其拒人也？’”

⑤子张（前503—？）：春秋末陈国人，颛孙氏，名师。孔子学生。

⑥子仁：冯思，字子仁，号南江。江苏华亭人，明正德进士，王守仁学生。

⑦学而时习之，不亦说乎：语出《论语·学而》。

⑧“先儒”句：见朱熹《论语集注·学而》，“学之为言效也，人性皆善，而觉有先后，后觉者必效先觉之所为，乃可以明善而复其初也。”

⑨理义之说我心：语出《孟子·告子上》。

⑩国英：陈桀，字国英。福建莆田人。

⑪曾子（前505—前436）：春秋末鲁国武城（今山东费县）人，名参、字子舆。孔子学生。相传为《大学》著者。“三省”，语出《论语·学而》，“曾子曰：‘吾日三省吾身。为人谋而不忠乎？与朋友交而不信乎？传不习乎？’”

⑫一贯时工夫：语出《论语·里仁》，“子曰：‘参乎！吾道一以贯之。’曾子曰：‘唯。’子出，门人问曰：‘何谓也？’曾子曰：‘夫子之道，忠恕而已矣。’”

⑬“曾子”三句：见朱熹《论语集注·里仁》。

⑭黄诚甫（？—1536）：名宗贤，号致斋，宁波人。明正德进士，官至兵部右侍郎。王守仁学生。引语见《论语·公冶长》。“汝”，原文“女”。愈，强。

⑮子贡（前520—？）：春秋末卫国人。端木氏，名赐。孔子学生，善于辞令。

⑯不迁怒，不贰过：语出《论语·雍也》。

⑰梁日孚：梁焯，字日孚。广东南海人。进士，官至职方主事。王守仁学生。

⑱敬以直内，义以方外：语出《易·坤·文言》。

⑲修己以敬：语出《论语·宪问》。

⑳穷理句：语出《易·说卦》，“穷理尽性以至于命。”

㉑“一草”二句：语出《河南程氏遗书》卷十八，“一草一木皆有理，须是察。”

译文 德章说："听先生用纯金来比喻圣人的质，用分量来比喻圣人的量，用锻炼来比喻求学者的功夫，这些都非常深刻贴切。只有所说的尧、舜为一万镒，孔子为九千镒的比方，可能不太妥当。"先生说："这只是从表皮上着想，所以才替圣人争斤两。如果不从表皮上着想，那么，尧、舜的一万镒不算多，孔子的九千镒不算少。因为尧、舜的一万镒也是孔子的，孔子的九千镒也是尧、舜的。原本不分彼此。之所以称其为'圣'，只是从质的精深、纯一上看，不是从量的多少上看。只要心纯然天理，归为一类，就同称为'圣'。如果是说各人的力量气魄之类，哪里会完全相同呢？后来的儒生只在分量上区分，所以沦入功利。如果除去了比较分量的心，各人尽着自己的力量精神，只就心中纯然天理下功夫，那么每个人都有自己的圆满成功，也就能大者成就其大，小者成就其小，不必羡慕外人，无不充实。这就是实实在在地明善诚身的事业。后代儒生不明白圣人之学，不懂得在自己心地良知良能上去体悟、去充实自己，反而去寻求自己不知道的知识，追求自己不具备的能力，一味地好高骛远，不了解自己本来是桀、纣的心地，动辄要做尧、舜的事业，这怎么可能做得到呢！其结果是终年忙忙碌碌，到老至死，竟然一直不知道自己做成个什么？真是可悲呀！”

我问：“程颐先生认为，心之静为体，心之动为用。这话对吗？”先生说：“心不能以动、静来区分体、用。动与静，只是在某时体现更充分些。就本体而言，作用取决于本体；就作用而言，本体体现于运用。从这个角度说，就叫‘体用一源’。当然，如果说静时可以更好地看见本体，动时可以更好地看见作用，倒也不妨。”

我请教上智和下愚为什么不可移。先生说：“并非不可移，只是不肯去移。”

有人请教“子夏之门人问交”这一章。先生说：“子夏在这里说的只是小孩间的交往，而子张说的是成人之间的交往。如果善于运用，都有道理。”

子仁问：“‘学而时习之，不亦说乎’一句，朱熹先生认为其间的‘学’，是效法先觉者的行为。您认为对吗？”先生说：“这里的‘学’，是学习去人欲、存天理的意思。从事于去人欲、存天理就自然会以先觉者为榜样，会考验诸多的古训，也自然会下很多问辨思索、存省克治的功夫。但这不过是想要去自己心中的人欲，存思自己心中的天理而已，如果只说效法先觉者的行为，就只说清了学习的一件事，还给人一味寻求于外的意思。'时习'时的'坐如尸'，并非一味练习打坐，是在坐时修习自己的心。'立如斋'，并非一味练习站立，是在站时修习自己的心。'说'指'理义之说我心'的'说'。人心本来就喜欢理义，就像眼睛本来就喜欢美色，耳朵本来就喜欢美声一样。只不过是被人欲所蒙蔽，所拖累了，才有不悦之感。如果人欲日益减少，理义就日益周遍润泽，怎么会不感到喜悦呢？"

国英问："曾子'三省吾身'虽然恳切，恐怕是还没有听到'吾道一以贯之'时下的功夫。"先生说："一以贯之，是孔子见曾子用功不得要领才告诉他的。求学者真能在忠恕上用功，岂不就是'一以贯之'了？'一'就像树的根本，'贯'就像树的枝叶。根都没扎下去，何来枝叶呢？体、用一源，体都未立，用从何来呢？朱子说'曾子于其用处，盖已随事精察而力行之，但未知其体之一'。这意思可能还没说完。"

黄诚甫请教"汝与回也，孰愈"这一章。先生说："子贡博学多识，在见闻上下功夫，颜回在内心里下功夫，所以孔子用提问来启发他。但子贡所回答的内容还是在见识上，所以孔子为他叹惜，而不是赞许他。"

“颜回不迁怒于人，不重犯错误，这也是未发之中的人才能做到的。”

“种树的人一定要树根培土，修养道德的人一定要修养自己的心。想让树生长，一定要在它初生时删去旁枝；想让品德高尚，一定要在学习之初放弃旁门的爱好。比如爱好文学，就会在学业上减少精力，将其泄漏在诗文上去。其余各种爱好也都如此。”又说：“我这次谈治学，是所谓无中生有的功夫。诸君必须要坚信的，只是立志。求学者向善的志向哪怕只有一念，就像树种一样，不要人为助长，也不要忘记培养，只管培植就是，自然日夜都在生长。活气日益完备，枝叶日益茂盛。树木初生时，有了繁枝就需要修剪，这样根、干才能粗大。初学时也是这个道理，所以我说：立志贵在专一。”

顺便谈到了先生的门下，某人在涵养上用功，某人在见识上用功。先生说：“专攻涵养的人，日益看到自己的不足；专攻见识的人，日益看到自己的有余。日益看到自己不足的人，会一天比一天有余；日益看到自己有余的人，会一天比一天不足啦。”

梁日孚问：“居敬和穷理是两码事，先生却认为是一回事，为什么呢？”先生说：“天地之间只有这一回事，哪有两码事呢！如果谈到万物的差别，那么，礼仪就有三百，威仪就有三千，又何止两件？请你先给我说说，居敬是什么，穷理又是什么。”梁日孚说：“居敬是存养内心的功夫，而穷理是穷尽外物的道理。”先生问：“存养个什么呢？”答：“存养自己内心的天理。”先生说：“如此说来，还是穷理呀。”先生又问：“请你再说说如何穷尽外物的道理。”答：“比如，侍奉双亲，就要穷尽孝道之理；供奉国君，就要穷尽忠之理。”先生说：“忠与孝之理，究竟是在国君和双亲身上呢，还是在自己的心上呢？如果在自己心上，那也只是穷尽自己这颗心的理而已。请你再说说什么是‘敬’。”答：“就是主一。”问：“什么是主一？”梁日孚答：“比如读书，就一心在读书上。碰到事情，就一心放在处理事情上。”先生说：“既然如此，那么，饮酒时就一心在饮酒上，好色就一心在好色上就行了。但是，这却是追逐外物，算得什么居敬功夫呢？”梁日孚请教先生。先生说：“我们说的‘一’，就是天理。主一，是一心在天理上。如果只知道‘主一’，这句话，却不知一就是天理，碰到事时就会追逐外物，没有事时就是着意于虚空。只有在有事与无事时，都一心放在天理上用功，这样的居敬才是穷理。就穷理专一的角度说，就叫作‘居敬’；就居敬精密的角度说，就叫作‘穷理’。并不是在居敬之外还有个心去穷理，穷理时还有个心去居敬。两者叫法虽然不同，但功夫只是一回事。就像《易经》所说的‘敬以直内，义以方外’，‘敬’就是无事时的义，而‘义’就是有事时的敬。两句话是合着说一件事。像孔子说‘修己以敬’时，就不必再说‘义’字；孟子说集义，也不必再说‘敬’字。懂得这一点，横说竖说，功夫都是一样，而拘泥于文句却不懂本旨，就会支离破碎，功夫都没有着落。”梁日孚问：“为什么穷理就是尽性呢？”先生说：“心的本体就是性，性就是理。穷尽仁之理，就要真仁，而且要仁的终极；穷尽义之理，就要真理，而且要理的终极。仁义只是我的心性，所以穷理就是尽性，就像孟子所说的‘充其恻隐之心，至仁不可胜用’，这就是穷理的功夫了。”梁日乎又问：“程颐先生说‘一草一木皆有理，不可不察’。这话说得如何？”先生说：“我倒没有这种闲暇。你先去理解体会自己的性情，必须能够穷尽人的性，然后才能尽物之性吧。”梁日孚就此幡然猛醒了。

原文 惟乾[①]问：“知如何是心之本体？”

先生曰："知是理之灵处。就其主宰处说便谓之心，就其禀赋处说便谓之性，孩提之童，无不知爱其亲，无不知敬其兄。只是这个灵能不为私欲遮隔，充拓得尽，便完全是他本体，便与天地合德。自圣人以下，不能无蔽，故须格物以致其知。"

守衡问："《大学》工夫只是诚意，诚意工夫只是格物、修、齐、治、平。只诚意尽矣。又有正心之功，有所忿懥[②]好乐则不得其正，何也？"

先生曰："此要自思得之，知此则知未发之中矣。"

守衡再三请。

曰："为学工夫有浅深，初时若不着实用意去好善恶恶，如何能为善去恶？这着实用意便是诚意。然不知心之本体原无一物，一向着意去好善恶恶，便又多了这分意思，便不是廓然大公。《书》所谓'无有作好作恶'，方是本体。所以说有所忿懥好乐，则不得其正。正心只是诚意工夫。里面体当自家心体，常要鉴空衡平[③]，这便是未发之中。"

正之[④]问曰："戒惧是己所不知时工夫，慎独是己所独知时工夫，[⑤]此说如何？"

先生曰："只是一个工夫，无事时固是独知，有事时亦是独知。人若不知于此独知之地用力，只在人所共知处用功，便是作伪，便是‘见君子而后厌然’[6]。此独知处便是诚的萌芽。此处不论善念恶念，更无虚假。一是百是，一错百错。正是王霸、义利、诚伪、善恶界头。于此一立立定，便是端木澄源，便是立诚。古人许多诚身的工夫，精神命脉，全体只在此处，真是莫见莫显，无时无处，无终无始，只是此个工夫。今若又分戒惧为己所不知，即工夫便支离，便有间断。既戒惧，即是知，己若不知，是谁戒惧。如此见解，便要流入断灭禅定。”

曰：“不论善念恶念，更无虚假，则独知之地，更无无念时邪？”

曰：“戒惧亦是念。戒惧之念，无时可息。若戒惧之心稍有不存，不是昏聩，便已流入恶念。自朝至暮，自少至老，若要无念，即是己不知，此除是昏睡，除是槁木死灰。”

志道问：“荀子云‘养心莫善于诚’[7]，先儒非之[8]，何也？”

先生曰：“此亦未可便以为非。诚字有以工夫说者。诚是心之本体，求复其本体，便是思诚的工夫。明道说‘以诚敬存之’[9]，亦是此意。《大学》‘欲正其心，先诚其意’。荀子之言固多病，然不可一例吹毛求疵，大凡看人言语，若先有个意见，便有过当处。‘为富不仁’[10]之言，孟子有取于阳虎[11]，此便见圣贤大公之心。”

萧惠问：“己私难克，奈何？”

先生曰：“将汝己私来替汝克。”

又曰：“人须有为己之心。方能克己，能克己，方能成己。”

萧惠曰：“惠亦颇有为己之心，不知缘何不能克己？”

先生曰：“且说汝有为己之心是如何？”

惠良久曰：“惠亦一心要做好人，便自谓颇有为己之心。今思之，看来亦只是为得个躯壳的己，不曾为个真己。”

先生曰：“真己何曾离着躯壳，恐汝连那躯壳的己也不曾为。且道汝所谓躯壳的己，岂不是耳、目、口、鼻、四肢？”

惠曰：“正是为此，目便要色，耳便要声，口便要味，四肢便要逸乐，所以不能克。”

先生曰：“美色令人目盲，美声令人耳聋，美味令人口爽，驰骋田猎令人发狂，[12]这都是害汝耳、目、口、鼻、四肢的，岂得是为汝耳、目、口、鼻、四肢？若为着耳、目、口、鼻、四肢时，便须思量耳如何听，目如何视，口如何言，四肢如何动。必须非礼勿视、听、言、动，[13]方才成得个耳、目、口、鼻、四肢，这个才是为着耳、目、口、鼻、四肢。汝今终日向外驰求，为名、为利，这都是为着躯壳外面的物事。汝若为着耳、目、口、鼻、四肢，要非礼勿视、听、言、动时，岂是汝之耳、目、口、鼻、四肢自能勿视、听、言、动，须由汝心。这视、听、言、动皆是汝心。汝心之视，发窍于目；汝心之听，发窍于耳；汝心之言，发窍于口；汝心之动，发窍于四肢。若无汝心，便无耳、目、口、鼻、四肢。所谓汝心，亦不专是那一团血肉。若是那一团血肉，如今已死的人，那一团血肉还在，缘何不能视、听、言、动？所谓汝心，却是那能视、听、言、动的，这个便是性，便是天理。有这个性，才能生这性之生理，便谓之仁。这性之生理发在目便会视，发在耳便会听，发在口便会言，发在四肢便会动，都只是那天理发生。以其主宰一身，故谓之心，这心之本体，原只是个天理，原无非礼。这个便是汝之真己，这个真己是躯壳的主宰。若无真己，便无躯壳。真是有之即生，无之即死，汝若真为那个躯壳的己，必须用着这个真己，便须常常保守着这个真己的本体。戒惧不睹，恐惧不闻，惟恐亏损了他一些。才有一毫非礼萌动，便如刀割，如针刺，忍耐不过，必须去了刀，拔了针。这才是有为己之心，方能克己。汝今还是认贼作子⑭，缘何却说有为己之心不能克己？”

注释

①惟乾：冀元亨（？—1521），字惟乾，号闇斋，湖南武陵（今常德）人。王守仁学生。

②懥（zhì）：愤怒。

③鉴空衡平：语出朱熹《大学或问》，“人之一心，湛然虚明，如鉴之空，如衡之平，以为一身之主者，固其真体之本然。”

④正之：黄宏纲（1492—1561），字正之，号洛村，江西雩县人。王守仁学生。官至刑部主事。

⑤“戒惧”二句：见《中庸》，“是故君子戒慎乎其所不睹，恐惧乎其所不闻，莫见乎隐，莫显乎微。故君子慎其独也。”

⑥见君子而后厌然：见《大学》，“小人闲居为不善，无所不至，见君子而后厌然，掩其不善，而著其善。”“厌然”，躲闪貌。

⑦养心莫善于诚：语出《荀子·不苟》。

⑧先儒非之：语出《河南程氏遗书》卷二，“荀子言‘养心莫善于诚’，既诚矣，又何养？此已不识诚，又不知所以养。”未注明二程中何人所言。

⑨以诚敬存之：语出《河南程氏遗书》卷二，“仁者浑然与物同体，义礼知信，皆仁也，识得此理，以诚敬存之而已。”

⑩为富不仁：语出《孟子·滕文公上》，“阳虎曰：‘为富不仁矣，为仁不富矣。’”

⑪阳虎：又名阳货，春秋未鲁国人。季氏家臣。

⑫“美色”四句：源于《老子》十二章，略有出入。

⑬非礼勿视、听、言、动：语出《论语·颜渊》。

⑭认贼作子：源于《楞严经》卷一。大意为：把好美色看成真心的喜好，犹如把窃贼看成儿子。

译文 惟乾请教为什么知就是心的本体。先生说：“知是理的灵性的体现。就其主宰处而言，就叫作‘心’；就其禀赋处而言，就叫作‘性’。稚嫩的儿童，无不知道爱自己的父母，无不知道尊敬自己的兄长，是因为这灵性还没有被私欲所遮隔。如果能就此继续发展充实，就完完全全是心的本体，就与天地合德。圣人以下的人，不能没有遮隔，所以必须格物来获取知识。”守衡问：“《大学》的功夫就是诚意，而诚意的功夫就是格物、修身、齐家、治国、平天下，只用‘诚意’就能完全概括。但又有‘正心’的功夫，说是忿怒好乐，就不能得到中正。这是怎么一回事呢？”先生说：

“这就是靠自己思索才行了。懂得这一点，就懂了什么叫未发之中。”守衡再三请教。先生又说：“治学的功夫有深有浅，开始时如果不扎实用心地好善厌恶，又怎么能好善去恶？这扎实地用心就是诚意。但如果不懂心之本体原本无一物，一直着意去好善厌恶，就又多了一分做作，不再是廓然大公了。《尚书》中所谓‘无有作好作恶’，才是本体。所以说忿怒好乐，就不能得到中正。正心只是诚意里体悟摆正自己的心体的功夫，时常使心如明镜之空灵，如秤杆之平衡，这就是未发之中。”

正之问：“警戒是己所不知时的功夫，慎独是己所独知时的功夫。这种说法怎样？”先生说：“只是一个功夫，无事时本来是独知，有事时也是独知。学者如果不懂在这种独知的境遇处下功夫，只在人所共知处用力，就是作假，也就是所谓‘见君子而后厌然’。这独知处下功夫就是‘诚’的萌芽，这时无论是善念恶念，全无虚假。一对百对，一错百错。这正是王道与霸道、义与利、诚与伪、善与恶的界限。在此立稳脚跟，就是正本清源，就是立诚。古人许多诚身的功夫、精神、命脉，全都在这里。真是不见不现，无时无处，无终无始，只在这个功夫上。现在如果又从这里分出‘警戒为己所不知’的功夫，就支离破碎了，而且也有破绽。既然警戒了，就是知，自己如果不知，那又是谁在警戒？像这类见解，就会沦入佛教的断灭禅定中去。”正之说：“不论善恶之念，全无虚假，那么自己的独知，就没有无念的时候了吗？”先生说：“警戒也是念。警戒之念，没有什么时候可以停息，如果警戒之心稍有放弃，不是昏聩，就是沦入恶念。从早到晚，从小到老，如果要没有念，那就是自己麻木不仁了。这除非是昏睡时，或是形同枯木，心如死灰时。”

志道问：“荀子说‘养心莫善于诚’，程颐先生为什么要批评它呢？”先生说：“这话也不能说不对。‘诚’字有从功夫角度说的。诚是心的本体，追求回归本体，就是思诚的功夫。明道说‘以诚敬存之’，也是这个意思。《大学》也说‘欲正其心，先诚其意’。荀子的话固然毛病很多，但也不能一律吹毛求疵。一般说来，听人的话如果先入为主，就有过分的地方。‘为富不仁’这话，就是孟子引用阳虎的。从圣人引用小人的话，就能看到圣贤的大公之心。”

萧惠请教说：自己的私心难以克服怎么办。先生说：“把你的私心讲出来让我替你克服。”先生又说：“人必须有为自己的心，才能克己；能克己，才能使自己成功。”萧惠说：“我也颇有为己之心，不知为何却不能克己？”先生说：“你先讲讲是什么为己之心。”萧惠很久才说：“我也一心要做好人，就自认为颇有为己之心。现在一想，看来也只是为躯壳的自己，并不是为真正的自己。”先生说：“真正的自己又何曾离得开躯壳呢？只怕你连那躯壳的自己也不曾为过。你先说说你所谓的‘躯壳的自己’，莫不是指耳、目、口、鼻、四肢？”萧惠说：“正是为这些。眼睛要看美色，耳朵要听美声，嘴巴要尝美味，四肢要图安逸。所以不能克己。”先生说：“‘美色令人目盲，美声令人耳聋，美味令人口爽，驰骋田猎令人发狂’，这些都是危害你耳、目、口、鼻和四肢的，怎么是为你的耳、目、口、鼻、四肢？如果你真要为自己的耳、目、口、鼻、四肢着想，就应该考虑耳朵如何听，眼睛如何看，嘴巴如何说，四肢如何动。也就应该‘非礼勿视，非礼勿听，非礼勿言，非礼勿动’，这才算得是耳、目、口、鼻、四肢，也才是为耳、目、口、鼻、四肢着想。你而今成天向外追逐，为名为利，这都是为着躯壳外的事物。你如果为了自己的耳、目、口、鼻、四肢，要非礼勿视、勿听、勿言、勿动时，难道是你的耳、目、口、鼻、四肢自己能勿视、勿听、勿言、勿动吗？还必须由你的心来指挥。这视、听、言、动都发自你的心。你心的视觉开窍于目，你心的听觉开窍于耳，你心的言论开窍于口，你心的运动开窍于四肢。如果没有你的心，就无所谓耳、目、口、鼻。我所说的‘你的心’，也不只是那一团血肉。如果是那团血肉的话，那么，现在已经死去的人那一团血肉还在，为何不能视、听、言、动？我所说的‘你的心’，只是那能视、能听、能言、能动的东西，这就是性，就是天理。有了这个性，才能生生不息。这性的生生不息之理，就叫作‘仁’。这性的生生之理，表现在眼睛，就会视；表现在耳朵，就会听；表现在嘴巴，就会说；表现在四肢，就会动。这一切，都只是由那天理所生发出来的。因为它主宰着全身，所以称之为‘心’。这心之本体，原来只是个天理，原来并不会‘非礼’。这个就是你真的自我。这个真的自我是你躯壳的主宰，如果没有真的自我，就没有躯壳。真是有之则生，无之则死。你如果真是为了那个躯壳的自己，就必须使用这个真的自我，就必须不断地保守着这个真自我的本体，在别人没看见处警戒，在别人没听到处恐惧，惟恐损害了真自我的一丝毫。

才有一丝非礼萌动，就如同被刀割、被针扎一般，忍耐不住，必须拔去刀，拔去针，这才是真有了为己之心，才能克己。你今天正是认贼作子，为什么却说‘有为己之心，不能克己’呢？”

原文 有一学者病目，戚戚甚忧。先生曰：“尔乃贵目贱心。”

萧惠好仙、释。先生警之曰：“吾亦自幼笃志二氏，自谓既有所得，谓儒者为不足学。其后居夷三载，见得圣人之学若是其简易广大，始自叹悔，错用了三十年气力。[①]大抵二氏之学，其妙与圣人只有毫厘之间，汝今所学，乃其土苴，辄自信自好若此，真鸱鸮窃腐鼠[②]耳。”

惠请问二氏之妙。

先生曰：“向汝说圣人之学简易广大，汝却不问我悟的，只问我悔的。”

惠惭谢，请问圣人之学。

先生曰：“汝今只是了人事问，待汝辨个真要求为圣人之心，来与汝说。”

惠再三请。

先生曰：“已与汝一句道尽，汝尚自不会！”

刘观时[③]问："未发之中是如何？"

先生曰："汝但戒慎不睹，恐惧不闻，养得此心纯是天理，便自然见。"

观时请略示气象。

先生曰："哑子吃苦瓜，与你说不得，你要知此苦，还须你自吃。"时曰仁在旁，曰："如此才是真知，即是行矣。"一时在座诸友皆有省。.

萧惠问死生之道。

先生曰："知昼夜即知死生。"

问昼夜之道。

曰："知昼则知夜。"

曰："昼亦有所不知乎？"

先生曰："汝能知昼？懵懵而兴，蠢蠢而食，行不著，习不察，终日昏昏，只是梦昼。惟'息有养，瞬有存'[④]，此心惺惺明明，天理无一息间断，才是能知昼。这便是天德，便是通乎昼夜之道而知，便有甚么死生？"

马子莘问："'修道之教'[⑤]，旧说谓圣人品节吾性之固有，以为法于天下，若礼、乐、刑、政之属，此意如何？"

先生曰："道即性即命。本是完完全全，增减不得，不假修饰的。何须要圣人品节？却是不完全的物件。礼、乐、刑、政是治天下之法，固亦可谓之教，但不是子思本旨。若如先儒之说，下面由教入道的，缘何舍了圣人礼、乐、刑、政之教，别说出一段戒慎恐惧工夫？却是圣人之教为虚设矣。”

子莘请问。

先生曰：“子思性、道、教皆从本原上说。天命于人，则命便谓之性；率性而行，则性便谓之道；修道而学，则道便谓之教。率性是‘诚者’事，所谓‘自诚明谓之性’[⑥]也。修道是‘诚之者’事，所谓‘自明诚谓之教’也。圣人率性而行即是道。圣人以下未能率性，于道未免有过不及，故须修道，修道则贤知者不得而过，愚不肖者不得而不及，都要循着这个道，则道便是个教，此‘教’字与‘天道至教’，‘风雨霜露，无非教也’[⑦]之‘教’同。‘修道’字与‘修道以仁’同。人能修道，然后能不违于道，以复其性之本体，则亦是圣人率性之道矣。下面‘戒慎恐惧’，便是修道的工夫，‘中和’便是复其性之本体。如《易》所谓‘穷理尽性以至于命’，‘中和’‘位育’便是尽性至命。”

黄诚甫问：“先儒于孔子告颜渊为邦之问，是立万世常行之道，如何？”[⑧]

先生曰："颜子具体圣人，其于为邦的大本大原都已完备。夫子平日知之已深，到此都不必言，只就制度文为上说。此等处亦不可忽略，须要是如此方尽善。又不可因自己本领是当了，便于防范上疏阔，须是'放郑声，远佞人'。盖颜子是个克己向里、德上用心的人，孔子恐其外面末节或有疏略，故就他不足处帮补说。若在他人，须告以'为政在人，取人以身，修身以道，修道以仁'，'达道''九经'及'诚身'许多工夫，方始做得。⑨这个方是万世常行之道。不然只去行了夏时，乘了殷辂，服了周冕，作了韶舞，天下便治得？后人但见颜子是孔门第一人，又问个为邦，便把做天大事看了。"

蔡希渊问："文公《大学》新本，先格致而后诚意工夫，⑩似与首章次第相合。若如先生从旧本之说，即诚意反在格致之前，于此尚未释然。"

先生曰："《大学》工夫即是'明明德'。'明明德'只是个'诚意'。'诚意'的工夫只是'格物''致知'。若以'诚意'为主，去用'格物''致知'的工夫，即工夫始有下落。即为善去恶无非是'诚意'的事，如新本先去穷格事物之理，即茫茫荡荡，都无着落处，须用添个'敬'字，方才牵扯得向身心上来。然终是没根源。若须用添个'敬'字，缘何孔门倒将一个最要紧的字落了，直待千余年后要人来补出？正谓以'诚意'为主，即不须添'敬'字。所以提出个'诚意'来说，正是学问的大头脑处。于此不察，真所谓毫厘之差，千里之谬，大抵《中庸》工夫只是'诚身'，'诚身'之极，便是'至诚'。《大学》工夫只是'诚意'，'诚意'之极，便是'至善'。工夫总是一般。今这里补个'敬'字，那里补个'诚'字，未免画蛇添足。"

注释

①"错用"句：王阳明十七岁始与道士论养生，中间经过信佛、老至怀疑佛、老的过程，最后于三十九岁贵州龙场悟道，前后持续二十二年。《年谱》说："譬王嘉秀与萧惠，并谓悔错用工二十年。"拟《年谱》为是。

②鸱鸮窃腐鼠：源于《庄子·秋水》。鸱鸮（chìxiāo），猫头鹰一类的鸟。

③刘观时：武陵（今湖南常德）人。余不详。

④息有养，瞬有存：语出张载《张子全书》卷三《正蒙·有德》。

⑤修道之教：语出《中庸》，"天命之谓性，率性之谓道，修道之谓教。"

⑥自诚明谓之性：语出《中庸》，“自诚明谓之性。自明诚谓之教。诚则明矣。明则诚矣。”

⑦风雨霜露，无非教也：语出《礼记·孔子闲居》，“天有四时，春夏秋冬，风雨霜露，无非教也。”教，规律、法则。

⑧“先儒”三句：见《论语·卫灵公》，“颜渊问为邦。子曰‘行夏之时，乘殷之辂，服周之冕，乐则《韶》《舞》。放郑声，远佞人。郑声淫，佞人殆’。”

“立万世常行之道”：见朱熹《论语集注》，“程子曰‘问政多矣，惟颜渊告子以此。盖三代之制，皆因时损益，及其久也，不能无弊。周衰，圣人不作，故孔子斟酌先王之礼，立万世常行之道，发此以为之兆尔’。”朱熹所引，不见于《二程集》，注者多疑为朱熹综述程意。

⑨“为政在人”六句：语出《中庸》二十章。原文从略。

⑩“文公”二句：朱熹《大学章句》与《礼记·大学》次序不同。原本二、三章改为五、六章，并在五章补上二、三章的传，由此，格致便在诚意之前。

译文

有一位求学者眼睛有病，就忧虑难解。先生说：“你这是珍视眼睛而轻视心体。”

萧惠爱好道教、佛教。先生告诫他说：“我自幼也曾深信两教，自认为有所收获，以为儒家不值得学习。

之后在蛮夷之地过了三年，才发现了孔子的学问是如此简易博大，才后悔自己下了三十年错误的功夫。大体上，佛、道精妙之处与儒学只有毫厘的差别。你现在学的不过是他们的糟粕，就如此自信，自我欣赏，这真好比鸱鸮弄到个死老鼠一样可笑。”萧惠请教佛、道两教的精妙处。先生说：“刚才给你说孔子之学简易恢宏，你却不问我所领悟的，只问我所后悔的。”萧惠惭愧地请教孔子的学问。先生说：“现在你只是不得已才问，等你真有了要追求孔学的心时，我再给你说。”萧惠再三地求教。先生说：“我已经一句话给你说尽了，但你自己还不体悟。”

刘观时请教“未发之中”是什么。先生说：“你只要在别人看见处自我警戒，在别人没听到处自我恐惧，修养自己的心纯然天理，就自然会发现。”刘观时请先生大致谈谈这种情况。先生说：“哑子吃苦瓜，跟你说不清。你要知道有多苦，还必须你自己亲口尝一尝。”当时徐爱在旁，说：“只有像这样才是真知，也就是行了。”当时在座的各位朋友都得到了启发。

萧惠请教生死之道。先生说：“懂得了白天夜晚，也就明白了生死。”萧惠又请教白天夜晚的道理。先生说：“懂得了白天，也就懂得了夜晚。”萧惠问：“难道有谁不懂得白天吗?”先生说:“你所知道的白天,不过是懵懵懂懂起床,糊糊涂涂进食,行为不自觉,习焉不察,成天昏昏沉沉过日子,这是梦幻的白天。只有那‘息有养,瞬有存’,让自己的心清清醒醒、明明白白,天理不会间断一刻的,才算是懂得白天。这就是天德,就是通晓白天夜晚之道,然后才能知道什么是生死。”

马子莘向:“‘修道之教’,朱熹先生认为是指圣人按我们固有的品级而节制其性,以此为天下之法则,比如礼、乐、刑、政之类。这话对吗?”先生说:“道就是性,就是命,本来是完完全全,不能增减,不假修饰的,又何必要由圣人来按品级而节制呢?那就变成不完全的东西了。礼、乐、刑、政,乃是治理天下的法则,固然也可称之为‘教’,但不是子思本来的意思。如果像朱先生所说,那么《中庸》下面的由教入道,为什么又舍弃了圣人的礼、乐、刑、政之教,另外说出一段戒慎恐惧的功夫呢?那就说明圣人之教为虚设的了。”子莘又请教。先生说:“子思的性、道、教,都是从原本上说的。天命体现在人身上,命就叫作‘性’;率性而行,性就叫作‘道’;修道而学,道就叫作‘教’。率性是诚意者的事,即《中庸》中所谓‘自诚明，谓之性’。修道是‘诚之者’的事，即《中庸》中所谓‘自明诚，谓之教’。圣人率性而行，就是道。不及圣人者，不能做到率性而行于道，不免会有过分或不及之处，所以必须修道。修道后，贤者智者不会过分，而愚者不肖者不会不及。他们都要遵循着这个道，道就成了教。这个‘教’字与‘天道至教’‘风雨霜露，无非教也’的‘教’意义相同。‘修道’，与《中庸》的‘修道以仁’相同。人能够修道，这样才能不违背道，从而恢复性之本体。这里说的就是圣人率性的道。《中庸》下面所谓‘戒慎戒惧’，就是说修道的功夫。‘中和’说的就是恢复性的本体。有如《易经》中所谓‘穷理尽性，以至于命’。达中和，正天地，育万物，就是尽性而至命。”

黄诚甫问：“程朱认为孔子回答颜回治理国家的提问，是确立了万代常行之道。这个看法对吗?”先生说：“颜回已经具备了孔学的大体，对于治理国家的根本理论，都已经完全掌握了。孔子平时了解他已经很深入，此时便没有必要再说，而只就典章制度上讲。这些知识也不能忽略。必须这样，才算尽善尽美。又不能因为自己的根基已经正当了，就疏忽了防微杜渐。必须还要‘放郑声，远佞人’。大概因为颜回是个克己的，向内心的品德用功的人，孔子担心他对心外的次要知识可能有疏漏，所以就他的不足处帮一把。如果换个人，孔子一定会告诉他‘为政在人，取人以身，修身以道，修道以仁’，以及‘达道’‘九经’‘诚身’等许多的功夫。这样，才能去治国，才是万世常行之道。不然，只去使用夏代的历法，乘坐殷代的辂车，穿着周代的冠冕，操练舜时的《韶》舞，天下就能治得好？后人只见颜回是孔子最好的弟子，又问了个治国的问题，就把这看成个天大的事了。”

蔡希渊问：“朱文公的《大学》新本把‘格物’‘致知’放在前，而把‘诚意’功夫放在后，似乎也与首章的次序相吻合。如果像先生那样，依从旧本的说法，‘诚意’反而放在‘格物’‘致知’之前。对此，我的心里还有点疙瘩。”先生说：“《大学》的功夫就是‘明明德’，而‘明明德’只是一个‘诚意’，‘诚意’的功夫又在‘格物’‘致知’。如果以‘诚意’为主旨，去下‘格物’‘致知’的功夫，这样，功夫才有下落，这样，为善去恶无非是‘诚意’的事。像新本那样，先去穷尽事物的理，就迷迷茫茫的，全无着落。只有再添上个‘敬’字，才能往身心上牵扯，但终究没有根源。如果必须添上个‘敬’字，为什么孔子门下倒将一个最要紧的字丢失了，直到千把年后要人来补上呢？而以‘诚意’为主，就不必再添这个‘敬’字。所以，提出个‘诚意’来讲，正是学问的核心之处。对这一点不明察，真是所谓‘差之毫厘，失之千里’了。大体说来,《中庸》的功夫只是‘诚身’，而‘诚身’的极点是‘至诚’;《大学》的功夫只是‘诚意’，诚意的极点是‘至善’。功夫都是一样。而今在这里补上个‘敬’字，在那里又补上个‘诚’字，未免画蛇添足!”

传习录 中

钱德洪[1]序

原文 德洪曰：昔南元善[2]刻《传习录》于越，凡二册，下册摘录先师手书，凡八篇[3]。其答徐成之二书，吾师自谓“天下是朱非陆，论定既久，一旦反之为难”。[4]二书姑为调停两可之说，使人自思得之。故元善录为下册之首者，意亦以是欤！今朱、陆之辨明于天下久矣。洪刻先师《文录》，置二书于外集者，示未全也，故今不复录。其余指知行之本体，莫详于答人论学与答周道通、陆清伯、欧阳崇一四书。而谓格物为学者用力日可见之地，莫详于答罗整菴一书，平生冒天下之非诋推陷，万死一生，遑遑然不忘讲学。惟恐吾人不闻斯道，流于功利机智以日堕于夷狄禽兽而不觉。其一体同物之心，浇浇终身，至于毙而后已。此孔孟以来贤圣苦心，虽门人子弟未足以慰其情也。是情也，莫见于答聂文蔚之第一书。此皆仍元善所录之旧。而揭“必有事焉”即“致良知”功夫，明白简切，使人言下即得入手，此又莫详于答文蔚之第二书，故增录之。元善当时汹汹，乃能以身明斯道，卒至遭奸被斥，油油然惟以此生得闻斯学为庆，而绝无有纤芥愤郁不平之气。斯录之刻，人见其有功于同志甚大，而不知其处时之甚艰也。今所去取，裁之时义则然，非忍有所加损于其间也。

注释 ①钱德洪（1496—1574）：字洪甫，号绪山。浙江余姚人，王守仁学生。官至刑部郎中。后在各地讲学三十年，传播阳明心学。著作有《绪山会语》。

②南元善（1487—1541）：名大吉，字元善，号瑞泉。陕西渭南人。官至郎中知府。王守仁弟子。后罢官归乡，以讲学为生。

③八篇：王守仁的八封信。即《答徐成之》二封和《答人论学书》《答周道通书》《答陆元静书》《答欧阳崇一书》《答罗整庵书》，以及《答聂文蔚》的第一封。

④"天下"三句：见《阳明全书》卷二十一《答徐成之》。

译文 钱德洪称：当初南元善在浙江绍兴刻《传习录》，一共两册。下册摘录了王阳明先生的八封信。其中的《答徐成之》有两封，我们的先生自己说："天下褒朱熹而贬陆九渊的定论已经很久了，一旦要翻案，很难。这两封信姑且调停其间，以示两说皆可。让人们自己去思考，去判断正误。"所以南元善收录在下册的开头，这是有道理的。但是，现在朱、陆之辩已经大白于天下了，我翻刻先生的《文录》，就把这两封信放入《外集》之中，表示它们反映先生思想还不太全面，因而现在不再录入正集。其余，谈到知行之本体，没有比《答人论学书》《答周道通书》《答陆清伯书》《答欧阳崇一书》这四封信更详尽了的。谈到格物是求学者计日程功的途径，没有比《答罗整庵书》这封信更详尽的了。先生一生敢冒天下之非议，沦落于万死一生之地，遑遑然不忘记讲习求学，仍担心我们不懂正道，流于功名利禄而去耍弄机心巧智，从而不自觉地逐渐堕落为与野蛮人和禽兽为伍。先生与万物为一体的公心，耿耿终身，死而后已。这种孔孟以后圣贤的苦心，哪怕是门人子弟，也不足以安慰他。以上情怀，没有比第一封《答聂文蔚书》更详尽的了。以上各信，南元善都已收录。至于揭示出“必有事焉”就是“致良知”的功夫，明白简易而真切，让人听了就能入门，没有比第二封《答聂文蔚书》更详尽的。所以我增录了它。南元善当时激昂慷慨，才能以身行道，最终横遭奸佞小人的贬斥。但仍激情充沛，认为学习了王阳明先生的学问是自己一生的幸运，因而绝无丝毫郁闷不平。人们都知道他刻的《传习录》

对同志们很有功德，却未必知道他处世的艰辛。我取舍剪裁，是因为符合当今对其中义理的新理解，并不忍心在他编的《传习录》中妄加增减。

答顾东桥[①]书

原文 来书云：“近时学者，务外遗内，博而寡要。故先生特倡‘诚意’一义，针砭膏肓，诚大惠也！”

吾子洞见时弊如此矣，亦将何以救之乎？然则鄙人之心，吾子固已一句道尽，复何言哉？复何言哉？若诚意之说，自是圣门教人用功第一义，但近世学者乃作第二义看，故稍与提掇紧要出来，非鄙人所能特倡也。

来书云：“但恐立说太高，用功太捷，后生师传，影响谬误，未免坠于佛氏明心见性、定慧顿悟之机，无怪闻者见疑。”

区区格、致、诚、正[②]之说，是就学者本心、日用事为间，体究践履，实地用功，是多少次第、多少积累在！正与空虚顿悟之说相反。闻者本无求为圣人之志，又未尝讲究其详，遂以见疑，亦无足怪。若吾子之高明，自当一语之下便了然矣。乃亦谓立说太高，用功太捷，何邪？

来书云："所喻知行并进，不宜分别前后。即《中庸》'尊德性而道问学'之功，交养互发，内外本末，一以贯之之道。然工夫次第，不能无先后之差，如知食乃食，知汤乃饮，知衣乃服，知路乃行，未有不见是物，先有是事。此亦毫厘倏忽之间，非谓有等今日知之，而明日乃行也。"

既云"交养互发，内外本末一以贯之"，则知行并进之说无复可疑矣。又云"工夫次第，不能不无先后之差"。无乃自相矛盾已乎？知食乃食等说，此尤明白易见；但吾子为近闻障蔽，自不察耳，夫人必有欲食之心，然后知食，欲食之心即是意，即是行之始矣。食味之美恶，必待入口而后知，岂有不待入口而已先知食味之美恶者邪？必有欲行之心，然后知路，欲行之心即是意，即是行之始矣。路岐之险夷，必待身亲履历而后知，岂有不待身亲履历而已先知路岐之险夷者邪？知汤乃饮，知衣乃服，以此例之，皆无可疑，若如吾子之喻，是乃所谓不见是物而先有是事者矣。

吾子又谓"此亦毫厘倏忽之间，非谓截然有等今日知之，而明日乃行也"。是亦察之尚有未精。然就如吾子之说，则知行之为合一并进，亦自断无可疑矣。

注释

①顾东桥（1476—1545）：名鳞，字华玉，号东桥。上元（江苏江宁）人。官至南京刑部尚书。王守仁友人。

②格、致、诚、正：见《大学》，"物格而后知至。知至而后意诚。意诚而后心正。"

译文

来信说："近来求学者致力于外物而遗失了内心，博学多识但缺乏根基，所以先生才倡导'诚意'，针砭时弊，力挽狂澜。这实在是很大的恩德。"

您能如此洞察时弊，那该如何补救呢？既然我的意见您已经一语道尽，又能再说什么呢，能再说什么呢！您提到"诚意"的学说，本来就是孔门教人下功夫的首要教义，但是，近代的学者却看成次要的教义。所以，我才稍微地提示强调出来，并非我所能首倡的。

来信说："只怕立论太高，用功太快，致使后来的师徒谬传，不免堕入佛教的明心见性、定学慧学、顿悟得道的机锋。也无怪：乎有人听到您的学说产生了怀疑。"

我的格物、致知、诚意、正心的学说，是从学者的本心和日常处事入手，通过体悟、穷究、实践、履行去实实在在地用功，这里有多少阶段，多少积累啊！这正好与空虚顿悟的学说相反。那道听途说的人，既没有成为圣人的志向，也从来没有详细了解过我的意见，就产生怀疑，本来不足为奇。但像您这样高深聪明的人，本该用一句话就能了然的，竟然也说什么“立论太高”“用功太快”，这是为什么呢？

来信说：“您所宣扬的‘知行并进，不分前后’的说法，也就是《中庸》的‘尊德性’与‘道问学’两个功夫的交叉进行，互相促进，内外本末，一以贯之的道理。但功夫的顺序上不能没有先后的差别吧。如像先知食物然后吃，先知热水然后喝，先知衣服然后穿，先知道路然后走，不会不见这些东西就预先出现行为吧。当然，这知与行之间的差别不过丝毫与片刻之间，并非今天知了，明日才去行。”

您既然也说：“交叉进行，互相促进，内外本末，一以贯之。”那么知行并进的说法就是确定无疑的了。但又说“功夫的顺序上不能没有先后的差别”，岂不是自相矛盾的吗？您“先知食物然后吃”的比喻非常明白易懂，只是您被时下的看法所蒙蔽，自己不能觉察了。人们一定先有想进食的心，然后才能感知食物。想进食的心就是意，也就是行的开端。至于食物味道的好坏，必须等食品入口后才能知道，哪有不入口就已经预先知道味道的呢？一定要先有想走路的心，然后才能感知道路。想走路的心就是意，也就是行的开端。至于道路的艰难或平坦，必须到亲身经历后才能知道，哪有不亲身经历就预先知道难易的呢？像知道热水然后喝，知道衣服然后穿等，都可以照此推理而不会有疑难。像您所比喻的，正说明了“还没想见这些东西就预先出现行为”，而您又说两者差别“不过丝毫与片刻之间”，不是说截然有区别，“今天知了，明日才去行”，这也说明研究还不太精熟。即使像您所说的那样，知行合一并进的观点，自然也无可怀疑了。

原文 来书云：“真知即所以为行，不行不足谓之知。此为学者吃紧立教，俾务躬行则可。若真谓行即是知，恐其专求本心，遂遗物理，必有暗而不达之处，抑岂圣门知行并进之成法哉？”

知之真切笃实处即是行，行之明觉精察处即是知。知行工夫，本不可离。只为后世学者分作两截用功，失却知行本体，故有合一并进之说。真知即所以为行，不行不足谓之知。即如来书所云知食乃食等说可见，前已略言之矣。此虽吃紧救弊而发，然知行之体本来如是，非以己意抑扬其间，姑为是说，以苟一时之效者也。专求本心，遂遗物理，此盖失其本心者也。夫物理不外于吾心，外吾心而求物理，无物理矣。遗物理而求吾心，吾心之何物邪？心之体，性也，性即理也。故有孝亲之心，即有孝之理；无孝亲之心，即无孝之理矣。有忠君之心，即有忠之理；无忠君之心，即无忠之理矣。理岂外于吾心邪？晦庵谓“人之所以为学者，心与理而已。心虽主乎身，而实管乎天下之理。理虽散在万事，而实不外乎一人之心”。[①]是其一分一合之间，而未免已启学者心、理为二之弊。此后世所以有专求本心，遂遗物理之患。正由不知心即理耳。夫外心以求物理，是以有暗而不达之处，此告子义外之说，孟子所以谓之不知义也。心一而已，以其全体恻怛而言谓之仁，以其得宜而言谓之义，以其条理而言谓之理。不可外心以求仁，不可外心以求义，独可外心以求理乎？外心以求理，此知行之所以二也，求理于吾心，此圣门知行合一之教，吾子又何疑乎？

注释 ①“人之”六句：语出朱熹《大学或问》。

译文 来信说：“真知就是用来指导行的，不行就不算得知。这种说法，如果是为了让求学的人抓住要点，确立教义，努力实践的话，倒可以这样说说。如果真的想说行就是知，恐怕他们一味寻求自己的心，从而遗弃万物之理，就一定有蒙昧而不通之处。这难道是孔门知行并进的一定之规吗？”

知的真切笃实处是行，而行的精明觉察处就是知，知与行的功夫本来就不可分离。只因后代的学者将它们分为两截用功，才失去了知和行的本体，所以才有“知行合一”“知行并进”的观点。真知就是用来指导行的，不行就不算得知。就用您来信所说的“先知食物然后吃”等比喻就可说明。前面，我已经大略地提到了。这虽然是为抓住要点，挽救时弊而说的，但知行的本体原来就是这样，并非我要用一己之见来妄加评论，或者即兴发挥来制造一时的轰动效应。一味地寻求本心而抛弃万物之理，这本来就是失去本心的。万物之理，并不在自己心外，于自己心外寻求万物之理，也就没有物理了。抛弃物理而寻求自己的心，心又是什么东西呢？心的本体，是性。性，也就是理。

所以有孝敬双亲的心，也就有孝道这理；没有孝敬双亲之心，也就没有孝道这理了。有忠于国君的心，也就有忠君的理；没有忠于国君的心，也就没有忠君这理了。理，难道在我的心外吗？朱晦庵告诉人说："人之所以为学者，心与理而已。心虽主乎一身，而实管乎天下之理。理虽散在万事，而实不外乎一人之心。"这样，在心与理的一分一合之间，就不免已经开启了学者将心与理分为两半的弊病，这就是后人之所以有一味寻求本心而抛弃物理的弊端，他们正是由于不懂得心就是理而已。在心之外去寻求万物之理，所以有蒙昧而不通之处。这就是告子认为义在外，而孟子批评他不懂义的原因。心，只有一个。从它整体恻隐而言叫作"仁"，从它能忖度适宜而言叫作"义"，从其思索有条理而言叫作"理"。所以，不能从心外去寻求仁，不能从心外去寻求义，难道唯独能从心外去寻求理吗？到心外去求理，这就是知与行被判为二的原因。到自己的心中去寻求理，这是孔门知行合一的教诲。您又有什么可怀疑的呢？

原文 来书云："所释《大学》古本，谓致其本体之知，[①]此固孟子尽心之旨。朱子亦以虚灵知觉[②]为此心之量，然尽心由于知性，致知在于格物。”

尽心由于知性，致知在于格物，此语然矣。然而推本吾子之意，则其所以为是语者，尚有未明也。朱子以“尽心、知性、知天”为格物、知致，以“存心、养性、事天”为诚意、正心、修身，以“夭寿不贰，修身以俟”为知至、仁尽，圣人之事。若鄙人之见，则与朱子正相反矣。夫“尽心、知性、知天”者，生知安行，圣人之事也；“存心、养性、事天”者，学知利行，贤人之事也；“夭寿不贰，修身以俟”者，困知勉行，学者之事也。岂可专以“尽心知性”为知，“存心养性”为行乎？吾子骤闻此言，必又以为大骇矣。然其间实无可疑者，一为吾子言之。夫心之体，性也；性之原，天也。能尽其心，是能尽其性矣。《中庸》云：“惟天下至诚为能尽其性。”又云：“知天地之化育，质诸鬼神而无疑，知天也。”此惟圣人而后能然。故曰：此生知安行，圣人之事也。存其心者，未能尽其心者也，故须加存之之功；必存之既久，不待于存而自无不存，然后可以进而言尽。盖“知天”之“知”，如“知州”“知县”之“知”，知州则一州之事皆己事也，知县则一县之事皆己事也，是与天为一者也。“事天”则如子之事父，臣之事君，犹与天为二也。天之所以命于我者，心也，性也，吾但存之而不敢失，养之而不敢害，如“父母全而生之，子全而归之”[③]者也。故曰：此学知利行，贤人之事也。至于“夭寿不贰”，则与存其心者又有间矣。存其心者虽未能尽其心，固已一心于为善，时有不存，则存之而已。今使之“夭寿不贰”，是犹以夭寿贰其心者也，犹以夭寿贰其心，是其为善之心犹未能一也，存之尚有所未可，而何尽之可云乎？今且使之不以夭寿贰其为善之心，若曰死生夭寿皆有定命，吾但一心于为善，修吾之身以俟天命而已，是其平日尚未知有天命也，事天虽与天为二，然已真知天命之所在，但惟恭敬奉承之而已耳。若俟之云者，则尚未能真知天命之所在，犹有所俟者也，故曰“所以立命”[④]，立者创立之“立”，如“立德”“立言”“立功”“立名”之类。凡言立者，皆是昔未尝有今始建立之谓，孔子所谓“不知命，无以为君子”[⑤]者也。故曰：此困知勉行，学者之事也。今以“尽心、知性、知天”为格物致知，使初学之士尚未能不贰其心者，而遽责之以圣人之生知安行之事。如捕风捉影，茫然莫知所措其心，几何而不至于“率天下而路”[⑥]也？今世致知格物之弊，亦居然[⑦]可见矣。吾子所谓务外遗内，博而寡要者，无乃亦是过欤？此学问最紧要处，于此而差，将无往而不差矣。此鄙人之所以冒天下之非笑，忘其身之陷于罪戮，呶呶[8]其言其不容已者也。

注释

①“所释”二句：见《阳明全书》卷七《大学古本序》。

②虚灵知觉：语出《朱子文集》卷七十六《中庸章句序》，曰“心之虚灵明觉，一而已”。

③“父母”二句：语出《礼记·祭义》。

④所以立命：语出《孟子·尽心上》，曰“夭寿不贰，修身以俟之，所以立命也”。

⑤不知命，无以为君子：见《论语·尧曰》。

⑥率天下而路：语出《孟子·滕文公上》。

⑦居然：昭然。

⑧呶呶（náonáo）：说话没完没了。

译文

来信说：“您所解释的《大学》古本中说‘致其本体之知’，这固然是《孟子》中‘尽心’的本旨。朱熹先生也认为虚灵知觉是心的本体，但又认为尽心是由于知性，致知全靠格物。”

“尽心是由于知性，致知全靠格物”，这话说得不错。然而追溯您说这话的深意，是因为还不太明白我的观点。朱熹先生把“尽心、知性、知天”当作格物、致知，“存心、养性、事天”当作诚意、正心、修身，“夭寿不贰，修身以俟”当作知至而仁尽。而我的见解，恰好与朱先生的相反。那“尽心、知性、知天”，乃是所谓生知安行，属圣人的事功；“存心、养性、事天”，乃是所谓学知利行，属贤人的事功；“夭寿不贰，修身以俟”，乃是所谓困知勉行，属一般学者的事功。哪能简单地以“尽心、知性”为知，“存心、养性”为行呢？您乍一听到这种说法，想必又会非常惊奇吧？但其实无可怀疑。让我一一为您道来：心之体，乃是性。性之源，乃是天。能够“尽心”，也就是能尽其性了。《中庸》道：“惟天下至诚，为能尽其性”，又说：“知天地之化育、质诸鬼神而无疑，知天也”。这些，只有圣人才能做到，所以我说这是“生知安行，属圣人的事功”。而“存心”，说明还不能尽其心，所以还需要加“存”的功夫。一定得存念其心很久，等到不须存而自然能存的时候，才能进而言“尽心”。此外，“知天”的“知”字，就如知州、知县的“知”字。知州指一州的事都是自己的事；知县指一县的事都是自己的事。知天，就是与天合一。而“事天”的“事”，就像孩子事父，臣下事君的“事”，还是与天相分离为二的。天给我带来生命的，乃是心，是性。我只能存养着而不敢丧失，养育着而不敢损害，如同“父母全而生之，子全而归之”一样。所以我说这是“学知利行，属贤人的事功”。至于“夭寿不贰”，则与“存心”者又有区别。存其心者虽然不能尽其心，但显然已经一心向善了，只是不时地有“不存”的情况，所以要有意识地“存”而已。现在说让学者“夭寿不贰”，说明他们还会因为夭折、长寿而三心二意。因为夭折或长寿而不一心一意，就说明他们向善的心还做不到专一。这就连“存心”都没做到，又怎么能谈得上“尽心”呢？眼下姑且让他们不因为夭折、长寿动摇其向善之心。好比说：死生夭寿都有定数，自己只要一心行善，修养自身，以待上天安排而已。这说明他们平时还不知道有天命。“事天”虽然将自己与天分隔为二，但已经真正地知道了天命之所在，只是恭敬地事奉天而已。至于“修身以俟”，则还不能真正地知道天命之所在，还有所等待。所以说：“所以立命”。这里的“立”，是指创立的“立”，义同于“立德”“立言”“立功”“立名”的“立”字。凡是谈到这立字的，都是指过去没有，从现在开始建立的意思，就像孔子所谓“不知命，无以为君子”。所以我说这是“困知勉行，属一般学者的事功”。假如用“尽心”“知性”“知天”为格物、致知，使得初学者还不能做到坚定不移，就急切地用圣人生知安行的事功来苛求他，这就如同捕风捉影一样，令人茫然不知所措，这岂能不造成“率天下而路”的后果呢！现在，朱子提倡的“致知格物”的弊病，已经昭然可见。您所说的“致力于外物而遗失了内心，博学多识但缺乏根基”的人，岂不是就错在这儿吗？这是做学问最要紧的地方，在这里错了，就处处都错了。这就是我之所以要冒天下之非难讥笑，忘记自身可能陷入罪网，啰啰嗦嗦，不容中止的原因。

原文

来书云：“闻语学者，乃谓即物穷理之说亦是玩物丧志，又取其‘厌繁就约’‘涵养本原’数说标示学者，[①]指为晚年定论、此亦恐非。”

朱子所谓格物云者，在即物而穷其理也。即物穷理是就事事物物上求其所谓定理者也，是以吾心而求理于事事物物之中，析心与之理为二矣。夫求理于事事物物者，如求孝之理于其亲之谓也。求孝之理于其亲，则孝之理其果在于吾之心邪？抑果在于亲之身邪？假而果在于亲之身，则亲没之后，吾心遂无孝之理欤？

见孺子之入井，必有恻隐之理。[②]是恻隐之理果在于孺子之身欤？抑在于吾心之良知欤？其或不可以从之于井欤？[③]其或可以手而援之[④]欤？是皆所谓理也。是果在于孺子之身欤？抑果出于吾心之良知欤？是以例之，万事万物之理莫不皆然，是可以知析心与理为二之非矣。夫析心与理而为二，此告子义外之说，孟子之所深辟也。务外遗内，博而寡要，吾子既已知之矣，是果何谓而然哉？谓之玩物丧志，尚犹以为不可欤？若鄙人所谓致知格物者，致吾心良知天理于事事物物也。吾心之良知，即所谓天理也。致吾心良知之天理于事事物物，则事事物物皆得其理矣。致吾心之良知者，致知也。事事物物皆得其理也，格物也。是合心与理而为一者也。合心与理而为一，则凡区区前之所云，与朱子晚年之论，皆可以不言而喻矣。

注释

①“厌繁就约”与“涵养本原”分别源于朱熹的两封信《与刘子澄》和《答吕子约书》，收入王守仁《朱子晚年定论》。

②“见孺子”二句：见《孟子·公孙丑上》，“今人乍见孺子将入于井，皆有怵惕恻隐之心。”

③“其或”句：见《论语·雍也》，“宰我问曰：‘仁者，虽告之曰，井有仁焉，其从之也？’子曰：‘何为其然也？君子可逝

也，不可陷也；可欺也，不可罔也。'"

④以手而援之：语出《孟子·离娄上》："嫂溺不援，是豺狼也。男女授受不亲，礼也；嫂溺，援之以手者，权也。"

译文

来信说："听到学生们说，您讲即物穷理之说也是玩物丧志。又编取了朱子'厌繁就约'，'涵养本原'等几封书信教导学生，说是朱子晚年的定论。这恐怕不对吧？"

朱子的所谓"格物"，就是"即物而穷理"。"即物穷理"，是从所有事物上寻求所谓定理，是用自己的心在所在事物上去寻求理。这就将心和理分析为二了。到所有事物上去求理，就好比说到父母身上去寻求孝的理。到父母身上去求孝理，那么孝理到底是在自己心上呢，还是在父母身上呢？假如的确在父母身上，那么，当父母逝世后，自己心中就没有孝理了。看见小孩落井，一定会产生恻隐之理。这恻隐之理到底在小孩的身上呢，还是在自己心中的良知呢？或许不能跟着他落入井中，或许可以用手去拉他，这都是所谓理。这理到底是在小孩的身上呢，还是出于自己心中的良知呢？以此来衡量，万事万物之理，概莫能外。这就可以懂得将心与理分析为二的错误了。将心与理分析为二，这就是告子的“义在外”的学说，而遭到孟子坚决反对的。“致力于外物而遗失了内心，博学多识但缺乏根基”，您心里也知道这是错误，那么您究竟认为是怎样造成这样错误的呢？称之为“玩物丧志”，您还认为不对吗！至于我所说的“致知格物”，是指将自己心中的良知推及到所有事物，则所有事物就都有天理了。将自己心中的良知推物，就是“致知”；所有事物都得其天理，就是“格物”。这样，就把心与理统一起来了。把心与理相统一，则但凡我前面所言，与《朱子晚年定论》的观点，都可以不言而喻了。

原文 来书云：“人之心体，本无不明，而气拘物蔽，鲜有不昏。非学、问、思、辨以明天下之理，则善恶之机，真妄之辨，不能自觉，任情恣意，其害有不可胜言者矣。”

此段大略似是而非，盖承沿旧说之弊，不可以不辨也。夫学、问、思、辨、行皆所以为学，未有学而不行者。如言学孝，则必服劳奉养，躬行孝道，然后谓之学。岂徒悬空口耳讲说，而遂可以谓之学孝乎？学射则必张弓挟矢，引满中的。学书则必伸纸执笔，操觚染翰。尽天下之学，无有不行而可以言学者。则学之始，固已即是行矣。笃者，敦实笃厚之意。已行矣，而敦笃其行，不息其功之谓尔。盖学之不能以无疑，则有问，问即学也，即行也。又不能无疑，则有思，思即学也，即行也。又不能无疑，则有辨，辨即学也，即行也。辨即明矣，思既慎矣，问既审也，学既能矣，又从而不息其功焉，斯之谓笃行。非谓学问思辨之后，而始措之于行也。是故以求能其事而言谓之学，以求解其惑而言谓之问，以求通其说而言谓之思，以求精其察而言谓之辨，以求履其实而言谓之行。盖析其功而言则有五，合其事而言则一而已。此区区心理合一之体，知行并进之功，所以异于后世之说者，正在于是。今吾子特举学、问、思、辨以穷天下之理，而不及笃行，是专以学、问、思、辨为知，而谓穷理为无行也已。天下岂有不行而学者邪？岂有不行而遂可谓之穷理者邪？明道云："只穷理，便尽性至命。"[①]故必仁极仁而后谓之能穷仁之理，义极义而后谓之能穷义之理。仁极仁则尽仁之性矣，义极义则尽义之性矣。学至于穷理至矣。而尚未措之于行，天下宁有是邪？是故知不行之不可以为学，则知不行之不可以为穷理矣。知不行之不可以为穷理，则知知行之合一并进，而不可以分为两节事矣。夫万事万物之理，不外于吾心。而必曰穷天下之理，是殆以吾心之良知为未足，而必外求于天下之广，以裨补增益之，是犹析心与理而为二也。夫学、问、思、辨、笃行之功，虽其困勉至于人一己百，而扩充之极，至于尽性知天，亦不过致吾心之良知而已。良知之外，岂复有加于毫末乎？今必曰穷天下之理，而不知反求诸其心，则凡所谓善恶之机，真妄之辨者，舍吾心之良知，亦将何所致其体察乎？吾子所谓气拘物蔽者，拘此蔽此而已。今欲去此之蔽，不知致力于此，而欲以外求，是犹目之不明者，不务服药调理以治其目，而徒伥伥然求明于其外。明岂可以自外而得哉？任情恣意之害，亦以不能精察天理于此心之良知而已。此诚毫厘千里之谬者，不容于不辨。吾子毋谓其论之太刻也。

注释

①只穷理，便尽性至命：见《河南程氏遗书》卷二上。

译文

来信说："人之心体原本没有不清明的，但各人受到禀气的束缚和外物的蒙蔽，就很少有不昏暗的了。如果不通过博学、审问、慎思、明辨来明了天下的事理，那么，就不能自然觉察到善、恶的来由，真、假的区别，就会纵情恣意，其危害说也说不尽。”

这段话，大体上似是而非，因为它承袭了旧说的错误，不能不辨明。所谓博学、审问、慎思、明辨等行为，都属于“学”，没有学而不行的。比如学孝道，就一定要服侍奉养、躬行孝道，才能称之为“学”。难道只要空口说白话就能称为“学孝”吗？学射箭，就一定要张弓搭箭，拉满中的；学书法，就一定要铺纸握笔，执简掭墨……天下所有的学问，没有不实行就可以称为“学”的。可见，学从一开始就已经包含了行。“笃行”的“笃”，是实实在在的意思，也就是指已经行了，而且切切实实地行，绝不中止地下苦功的意思。学，不会没有疑问，所以就有“审问”。问，也就是学，也就是行。之后还不会没有疑问，所以就有“慎思”。思，也就是学，也就是行。之后还不会没有疑问，所以就有“明辨”。辨，也就是学，也就是行。分辨得明白了，思考得谨慎了，问得清楚了，学有收获了，再坚持不断地下功夫，这就叫“笃行”。并非说学、问、思、辨之后，才开始行。所以，从追求能做某事的角度说，叫作“学”；从寻求解除疑惑的角度说，叫作“问”；从希望弄通某学说的角度说，叫作“思”；从力图精确地明察角度说，叫作“辨”；从要求落实到实践的角度来说叫作“行”。从分析其不同目的说，有五件事，但合其五者而言，却只是一回事而已。这就是我的“心、理合一”的本体，“知行并进”的功夫。与朱子不同之处，也正在于此。现在，您只举出博学、审问、慎思、明辨来穷尽天下之理，却不提及“笃行”，这是只以学、问、思、辨为知，而穷理并不需要行了。天下哪有不行而学的呢？哪有不行就可以称为穷理的呢？程明道先生说：“只穷理，便尽性至命。”所以，只有施行化，并达到仁之终极，然后才能称为能“穷尽仁理”；施行义，达到义之终极，然后才能称为能“穷尽义理”。施行仁，达到仁之终极，就穷尽了仁的性了；施行义，达到义之终极，就穷尽了义的性了。求学者达到了穷理，就认为成功了，却还没有付诸于行，天下难道有这样的穷理吗？所以，知而不行，不能认为是治学；知而不行，不能认为是穷理。可知“知行合一”“知行并进”，而不能将知、行分成两回事。万事万物的理，并不在自己的心外啊。如果一定要认为，穷尽天下之理，恐怕光凭自己心的良知还不行，而一定要在心外去寻求天下广大的事理，来补足充实内心的不足，这仍然是将心与理分为两件事。那学、问、思、辨、笃行的功夫，哪怕是“困而知之”的人，只要下超过别人一百倍的笨功夫去扩充自己，最终达到尽性知天，也不过是了解到自己内心的良知而已。良知之外，难道还能增加一丝一毫吗？现在的人开口必说：要穷尽天下之理，却不知道反求自己的心，那么，所谓善、恶的来由，真、假的区别之类，离开自己心的良知，又用什么来体察呢？您所说的“禀气的束缚，外物的蒙蔽”，其实不过是束缚于、蒙蔽于“穷天下之理”而已。假如想摆脱这种蔽障，却不知致力于自己的心，却想从外物去追求，这就犹如眼睛失明的人，不致力于服药调理去治好眼睛，反而茫茫然到身外去追求视力一样，视力难道可以从身外去求得吗？纵情恣意的危害，也是因为不能仔细体察天理就在自己心的良知中而已。这的确是差之毫厘，失之千里的谬误。不容我不辩论，您不要怪罪我的言辞太尖刻。

原文 来书云：“教人以致知、明德，而戒其即物穷理，诚使昏暗之士，深居端坐，不闻教告，遂能至于知致而德明乎？纵令静而有觉，稍悟本性，则亦定慧无用之见。果能知古今，达事变而致用于天下国家之实否乎？其曰：‘知者意之体，物者意之用’[①]，‘格物如格君心之非之格’[②]。语虽超悟，独不得踵陈见，抑恐于道未相吻合？”

区区论致知格物，正所以穷理，未尝戒人穷理，使之深居端坐而一无所事也。若谓即物穷理，如前所云务外而遗内者，则有所不可耳。昏暗之士，果能随事随物精察此心之天理，以致其本然之良知，则虽愚必明，虽柔必强。大本立而达道行，九经之属，可一以贯之而无遗矣。尚何患其无致用之实乎？彼顽空虚静之徒，正惟不能随事随物精察此心之天理，以致其本然之良知，而遗弃伦理，寂灭虚无以为常，是以要之不可以治家国天下。孰谓圣人穷理尽性之学，而亦有是弊哉！心者，身之主也，而心之虚灵明觉，即所谓本然之良知也。其虚灵明觉之良知应感而动者，谓之意。有知而后有意，无知则无意矣。知非意之体乎？意之所用，必有其物，物即事也。如意用于事亲，即事亲为一物，意用于治民，即治民为一物，意用于读书，即读书为一物，意用于听讼，即听讼为一物。凡意之所用，无有无物者。有是意即有是物，无是意即无是物矣。物非意之用乎？“格”字之义，有以“至”字训者，如“格于文祖”[③]，“有苗来格”[④]，是以“至”训者也。然“格于文祖”，必纯孝诚敬，幽明之间，无一不得其理，而后谓之“格”，有苗之顽，实以文德诞敷而后格，则亦兼有“正”字之义在其间，未可专以“至”字尽之也。如“格其非心”[⑤]，“大臣格君心之非”[⑥]之类，是则一皆“正其不正以归于正”之义，而不可以“至”字为训矣。且《大学》“格物”之训，又安知其不以“正”字为训，而必以“至”字为义乎？如以“至”字为义者，必曰“穷至事物之理”[⑦]，而后其说始通。是其用功之要，全在一“穷”字，用功之地，全在一“理”字也。若上去一“穷”，下去一“理”字，而直曰“致知在至物”，其可通乎？夫“穷理尽性”，圣人之成训，见于《系辞》者也。苟格物之说而果即穷理之义，则圣人何不直曰“致知在穷理”，而必为此转折不完之语，以启后世之弊邪？盖《大学》“格物”之说，自与《系辞》“穷理”大旨虽同，而微有分辨。穷理者，兼格、致、诚、正而为功也。故言穷理，则格、致、诚、正之功皆在其中。言格物，则必兼举致知、诚意、正心，而后其功始备而密。今偏举格物而遂谓之穷理，此所以专以穷理属知，而谓格物未常有行。非惟不得格物之旨，并穷理之义而失之矣。此后世之学所以析知行为先后两截，日以支离决裂，而圣学益以残晦者，其端实始于此。吾子盖亦未免承沿积习，则见以为于道未相吻合，不为过矣。

注释

①知者意之体，物者意之用：此句不见于《阳明全书》，日本注释家认为出于已佚的《大学旁释》。“体”“用”为中国哲学术语。“体”，指本体、本源、根据；“用”，指作用、表现、功能。一般而言，唯心论以“天”“心”“理”为体，唯物论以“有”“气”“物”为体。

②“格物”句：参见徐爱录有关内容。

③格于文祖：语出《尚书·舜典》，“归，格于艺祖，用特。”大意为“（舜）归来后，到尧的太庙祭祀，用一头牛作祭品”。“艺祖”，即“文祖”。

④有苗来格：语出《尚书·大禹谟》，“七旬，有苗格。”“苗”，苗人。

⑤格其非心：语出《尚书·冏命》。

⑥大臣格君心之非：原文为“惟大人惟能格君心之非”。（《孟子·离娄上》）

⑦穷至事物之理：见朱熹《大学章句》。

译文

来信说："您教别人致知、明德，却又不准他们即物穷理。这的确会使那昏庸之辈深居端坐，不听教诲，这样就能致其知，明其德吗？即使静中能觉，稍微省悟自己的本性，那也是佛门定、慧之类无用的见解，难道能博古通今，明达事变，对国家、天下的实事派上点用场吗？您说：'知者，意之体；物者，意之用'，'格物如"格君心之非"之格'等等，话虽然说得高超有悟、独辟蹊径，但似乎与儒道不相吻合。"

我谈论致知、格物，正是为了穷理，从来没有不准别人穷理，而让他们深居端坐，无所事事。至于把"即物穷理"理解成前面所谈的，致力于外物而遗失内心的行为，则我并不赞同。昏庸的人，如果能随事随物上仔细体察自己心的天理，从而找到固有的良知，那么，即使愚昧者也一定会聪明，柔弱者也一定会强大，就能确立根本而踏上大道。"九经"之类，可以一以贯之而没有遗漏了，又何必担忧不能在实事上派用场呢？至于那些空洞虚静的佛教徒，正是由于不能随事随物仔细体察自己心的天理，从而找到固有的良知，又抛弃了伦理，以寂灭虚无为常，所以要他们来也不能治理国家天下，谁说圣人穷理尽性的学问也有这种弊病呢？心，乃是一身之主。而心的虚灵明觉，就是所谓固有的良知。良知顺应感受而触动，就叫意。有知，然后有意；无知，也就无意了。知不是意的本体吗？意要作用，必定有相应之物。物，就是事。比如意作用于侍奉父母，侍奉父母就是一物；意作用于治理百姓，治理百姓就是一物；意作用于读书，读书就是一物；意作用于听讼，听讼就是一物。但凡意的作用，不会没有相应之物的。有这种意就有这种物，没有这种意也就没有这种物。物不是意的作用吗？“格”字的含义，有用“至”来解释的，比如“格于文祖”“有苗来格”等，就是用“至”来训释的。然而“格于文祖”，一定要纯孝诚敬，阴间阳世之间的道理，无一不知，这样才能称“格”；“有苗来格”中，有苗氏顽钝不化，着实要用文德去同化，而后才能“格”。可见“格”字中兼有“正”的意义，还不能简单地用“至”义完全涵盖它。至于“格其非心”“大臣格君心之非”之类，都是“纠正其不正确，而使之归于正确”的意义，更不能用“至”来解释了。既然如此，《大学》中“格物”的“格”，又怎么确知不能用“正”字来解释，而一定要用“至”的含义呢？如果要用“至”来解释，“格物”，必定是指“穷至事物之理”，然后上下文才通顺。这样，用功的关键，完全在“穷”字上，用功的目标，完全在“理”字上。如果上文去一个“穷”字，下文去一个“理”字，直接说“致知”在于“至物”，难道通顺吗？说到那“穷理尽性”，乃是圣人的习惯用语，早就写在《易经·系辞》里。如果格物的概念当真就是穷理这意思，那么圣人为什么不直接说“致知在穷理”，而一定要用曲折而不完全的话，造成后人的弊病呢？《大学》的“格物”，与《易经·系辞》的“穷理”，主要意义相同而略有差异，“穷理”，包涵了格物、致知、诚意、正心等功夫，所以一说“穷理”，格、致、诚、正的功夫都在其中了。而说“格物”，就一定要同时提出致知、诚意、正心，然后功夫才齐备和严密。现在，单独提出“格物”，并且认为就是“穷理”，这就是只把穷理划归“知”，而认为格物中不包括“行”。这就不但没懂格物的本旨，而且把穷理的意义也丢失了。后代的学者，之所以把知、行分为先后两截，造成孔学日益支离破碎，日益残破晦涩，其根源发端于此。大约您也未免因袭陈说，所以听到我的观点，就认为与儒道并不吻合。这也难怪了。

原文 来书云：“谓致知之功，将如何为温清，如何为奉养，即是诚意，非别有所谓格物，此亦恐非。”

此乃吾子自以己意揣度鄙见而为是说，非鄙人之所以告吾子者矣。若果如吾子之言，宁复有可通乎？盖鄙人之见，则谓意欲温凊，意欲奉养者，所谓意也，而未可谓之诚意。必实行其温凊奉养之意，务求自慊而无自欺，然后谓之诚意。知如何而为温凊之节，知如何而为奉养之宜者，所谓知也，而未可谓之致知。必致其知如何为温凊之节者之知，而实以之温凊，致其知如何为奉养之宜者之知，而实以之奉养，然后谓之致知。温凊之事，奉养之其，所谓物也，而未可谓之格物。必其于温凊之事也，一如其良知之所知当如何为温凊之节者而为之，无一毫之不尽；于奉养之事也，一如其良知之所知当如何为奉养之宜者而为之，无一毫之不尽，然后谓之格物。温凊之物格，然后知温凊之良知始致；奉养之物格，然后知奉养之良知始致。故曰“物格而后知至”。致其知温凊之良知，而后温凊之意始诚；致其知奉养之良知，而后奉养之意始诚。故曰“知至而后意诚”。此区区诚意、致知、格物之说盖如此。吾子更熟思之，将亦无可疑者矣。

来书云：“道之大端，易于明白，所谓良知良能，愚夫愚妇可与及者。至于节目时变之详，毫厘千里之谬，必待学而后知。今语孝于温凊定省，孰不知之。至于舜之不告而娶[①]，武之不葬而兴师[②]，养志、养口[③]，小杖、大杖[④]，割股[⑤]、庐墓[⑥]等事，处常处变，过与不及之间，必须讨论是非，以为制事之本。然后心体无蔽，临事无失。”

道之大端易于明白，此语诚然。顾后之学者忽其易于明白者而弗由，而求其难于明白者以为学，此其所以“道在迩而求诸远，事在易而求诸难”[⑦]也。孟子云：“夫道若大路然，岂难知哉？人病不由耳。”[⑧]良知良能，愚夫愚妇与圣人同。但惟圣人能致其良知，而愚夫愚妇不能致，此圣愚之所由分也。节目时变，圣人夫岂不知，但不专以此为学。而其所谓学者，正惟致其良知，以精审此心之天理，而与后世之学不同耳。吾子未暇良知之致，而汲汲焉顾是之忧，此正求其难于明白者以为学之弊也，夫良知之于节目时变，犹规矩尺度之于方圆长短也。节目时变之不可预定，犹方圆长短之不可胜穷也，故规矩诚立，则不可欺以方圆，而天下之方圆不可胜用矣；尺度诚陈，则不可欺以长短，而天下之长短不可胜用矣；良知诚致，则不可欺以节目时变，而天下之节目时变不可胜应矣。毫厘千里之谬，不于吾心良知一念之微而察之，亦将何所用其学乎？是不以规矩而欲定天下之方圆，不以尺度而欲尽天下之长短，吾见其乖张谬戾，日劳而无成也已。吾子谓“语孝于温清定省，孰不知之”。然而能致其知者鲜矣。若谓粗知温清定省之仪节，而遂谓之能致其知，则凡知君之当仁者，皆可谓之能致其仁之知，知臣之当忠者，皆可谓之能致其忠之知，则天下孰非致知者邪？以是而言可以知致知之必在于行，而不行之不可以为致知也，明矣。知行合一之体，不益较然[⑨]矣乎？夫舜之不告而娶，岂舜之前已有不告而娶者为之准则，故舜得以考之何典，问诸何人，而为此邪？抑亦求诸其心一念之良知，权轻重之宜，不得已而为此邪？武之不葬而兴师，岂武之前已有不葬而兴师者为之准则，故武得以考之何典，问诸何人，而为此邪？抑亦求诸其心一念之良知，权轻重之宜，不得已而为此邪？使舜之心而非诚于为无后，武之心而非诚于为救民，则其不告而娶与不葬而兴师，乃不孝不忠之大者。而后之人不务致其良知，以精察义理于此心感应酬酢[⑩]之间，顾欲悬空讨论此等变常之事，执以为制事之本，以求临事之无失，其亦远矣。其余数端，皆可类推，则古人致知之学，从可知矣。

注释

①舜之不告而娶：语出《孟子·万章上》，“万章问曰：‘舜之不告而娶，何也？’孟子曰：‘告则不得娶，男女居室，人之大伦也；如告，则废人之大伦，对怼父母，是以不告也。’”

②武之不葬而兴师：指周武王未葬其父周文王，就讨伐商纣。事见《史记·伯夷列传》卷六十一。

③养志、养口：语出《孟子·离娄上》，“曾子养曾皙，必有酒肉；将彻，必请所与，问有余，必曰，‘有’。曾皙死，曾元养曾子，必有酒肉；将彻，不请所与，问有余，曰，‘亡矣’。将以复进也。此所谓养口体者也。若曾子，则可谓养志也，事亲若曾子者，可也。”“曾元”，曾参之子，曾皙之孙。

④小杖、大杖：事见《孔子家语·六本》，曰“曾子耘瓜，误斩其根。曾皙怒，建大杖以击其背。曾子仆地而不知人久之……退而就房，援琴而歌。欲令曾皙闻之，知其体康也。孔子闻之而怒曰：‘舜之事瞽叟，小杖则待过，大杖则逃走，姑瞽叟不犯不父之罪，而舜不失烝烝之孝。今参事父委身以待暴怒，殪而不避，既身死而陷父于不义，不孝孰大焉？’”

⑤割股：割股肉以治父母疾。此风盛行于唐宋，以为至孝。

⑥庐墓：古人于父母或老师死后，服丧期间在墓旁搭盖小房居住，守护坟墓，叫作“庐墓”。

⑦“道在”二句：语出《孟子·离娄上》。

⑧“夫道”三句：语出《孟子·告子下》。

⑨较然：明白的样子。

⑩酬酢（zuò）：交往。

译文

来信说："您认为致知的功夫，就是如何去善待父母，冬温夏凊，以及如何具体供奉，这也就是诚意，不是另外有个格物。这恐怕也不太正确。"

这是您用自己的理解，来推测愚见，才会有这种说法。并非我要对您说明的原意。如果像您所说的，难道还有可读通的地方吗？大致说来，鄙人愚见是：准备冬温夏凊，准备奉养父母的想法，是所谓"意"，并不能称为"诚意"。一定要实践了冬温夏凊、奉养父母之意，尽力做到心满意足、不自欺欺人，这样才叫"诚意"。知道如何实施冬温夏凊的礼节，知道如何恰到好处地奉养父母，才是所谓"知"，但还不能称为"致知"。一定要贯彻所知的冬温夏凊礼节，切实做到冬温夏凊；一定要贯彻所知的恰到好处的奉养方式，切实做到恰到好处的奉养，这样才能称为"致知"。冬温夏凊、奉养父母等事，就是所谓"物"，还不能称为"格物"。对于冬温夏凊的事，一定要完全依照自己良知所指示的具体方法去做，没有一丝遗憾；对于奉养父母的事，一定要完全依照自己良知所指示的具体方法去做，没有一丝遗憾。这样才可以称为“格物”。冬温夏凊的“物”被“格”了，然后冬温夏凊的“良知”才算“致”；奉养父母的“物”被“格”了，然后奉养父母的“良知”才算“致”。所以《大学》说“物格而后知致”。“致”了懂得冬温夏凊的“良知”，然后冬夏温凊的“意”才会“诚”；“致”了懂得奉养父母的“良知”，然后奉养父母的“意”才会“诚”。所以《大学》又说“知至而后意诚”。我对诚意、致知、格物的观点大致如此。您再深入思索一下，也就会没有怀疑之处了。

来信说：“儒道的总旨，容易明白。像您所说的‘良知良能’，就连愚夫愚妇都能懂。至于周详的细节项目，会随着时间而变化。领会起来，往往就会差之毫厘，失之千里。这一定需要学习，然后才能知晓。现在您举的诸如冬温、夏凊、昏定、晨省之类，谁人不知？而像舜没有禀告父母而娶亲，武王没有埋葬文王就起兵，曾子养志而曾元养口，小杖受而大杖走，割股疗亲，守墓三年等事情，或处于常规，或处于变例，或过分，或不及，必须经过研讨、评析其是非曲直，才能制定出处事的标准。这样，心体才不受蒙蔽，临事才没有过失。”

儒道的总旨，容易明白。这话说得很对。只可惜后代的学者忽略了容易明白的总旨不去继承，偏偏要寻求那难以明白地去学习。这就是所谓道在近处却到远方去寻找；事情容易却到难处去追求。孟子说过："夫道若大路然，岂难知哉？人病不由耳。"良知良能，愚夫愚妇与圣人共同具有，但只有圣人才能意识并保持自己的良知，而愚夫愚妇却做不到。这就是圣人与凡人的区别。细节项目之类，圣人难道不懂？只不过他们不一味地学习这些，他们的"学"，正在于只致良知，从中仔细体察自己心的天理，从而与后代的学者不同罢了。您没空去致良知，却反倒忙忙碌碌地去忧心细节项目，这正是犯了"把追求难以明白的作为学问"的弊病。良知与细节项目的随时变化相比，就像是规矩尺度与方圆长短相比一样；细节项目的随时变化不能预先确定，就像方圆长短无穷无尽一样。所以规矩一旦确立，方形圆形便不能作假，而天下的方形圆形也就画也画不尽了；尺度一旦确立，长的短的便不能作假，而天下长的和短的也就量也量不尽了；良知一旦确立，细节项目的随时变化便不能作假，而天下的细节项目等也就应对自如了。差之毫厘，失之千里的谬误，不从自己心中良知的一念细微之处去省察，那学问又用来干什么呢？这就好比不用规矩，就想定天下的方圆；不用尺度，就想量天下的长短。我料定它南辕北辙，成天穷忙却一事无成。您又说:“在冬温、夏凊、昏定、晨省上谈孝，谁人不知”，但能在此事上致知者太少了。如果说粗略地懂得一点温凊定省的礼节，就称之为在孝道上做到了致知，那么，但凡知道作君主应当仁的，都可以认为他能在仁方面做到致知了，而知道当臣子应当忠的，也都可以认为他能在忠方面做到致知。那么，天下有谁不是做到致知的人呢！就此而言，可以懂得，致知一定要落实到行动上，不行动的不能认为是致知，这是很明白的了。知行合一这个命题，不是更加清楚了吗？至于舜不禀告父母而娶亲，难道是在他之前已经有过不禀告而娶亲的标准，所以舜得以考察个什么典则，或者是请教过某人，才去这样做的吗？还是舜反求自己心中一念的良知，权衡适宜的轻重，不得已而为之的呢？武王不埋葬文王就起兵，难道是在武王之前就已经有了不葬而起兵的标准，所以他得以考察个什么典则，或者是请教过某人，才去这样做的吗？还是武王返求自己心中一念的良知，权衡适宜的轻重，不得已而为之的呢？假如舜的心不是诚挚地担心无后嗣，武王的心不是诚挚地要拯救百姓，那么，他们不禀告父母就结婚，不埋葬先人就起兵的做法，就是极大的不孝和不忠。而后人不努力地致良知，精细地在内心中省察应付处事时的天理，反而想凭空地去讨论这些偶然发生的事，仿效他们作为处事的法则，力求处理事件不犯错误，那就差得太远了！您举到的其余几件事，都可以类推。这样，古人致知的学问就可以知晓了。

原文 来书云："谓《大学》格物之说，专求本心，犹可牵合。至于《六经》《四书》所载多闻多见[①]，前言往行[②]，好古敏求[③]，博学审问[④]，温故知新[⑤]，博学详说[⑥]，好问好察[⑦]，是皆明白求于事为之际，资于论说之间者。用功节目固不容紊矣。"

格物之义，前已详悉，牵合之疑，想已不俟复解矣。至于多闻多见，乃孔子因子张之务外好高，徒欲以多闻多见为学，而不能求诸其心，以阙疑殆，此其言行所以不免于尤悔，而所谓见闻者，适以资其务外好高而已。盖所以救子张多闻多见之病，而非以是教之为学也。夫子尝曰："盖有不知而作之者，我无是也。"[⑧]是犹孟子"是非之心，人皆有之"[⑨]之义也。

此言正所以明德性之良知非由于闻见耳。若曰“多闻，择其善者而从之，多见而识之”[10]，则是专求诸闻见之末，而已落在第二义矣，故曰“知之次也”[11]。夫以见闻之知为次，则所谓知之上者果安所指乎？是可以窥圣门致知用力之地矣。夫子谓子贡曰：“赐也，汝以予为多学而识之者欤？非也，予一以贯之。”[12]使诚在于多学而识，则夫子胡乃谬为是说，以欺子贡者邪？一以贯之，非致其良知而何？《易》曰：“君子多识前言往行，以畜其德。”夫以畜其德为心，则凡多识前言往行者，孰非畜德之事。此正知行合一之功矣。好古敏求者，好古人之学，而敏求此心之理耳。心即理也。学者，学此心也。求者，求此心也。孟子云：“学问之道无他，求其放心而已矣。”[13]非若后世广记博诵古人之言词，以为好古，而汲汲然惟以求功名利达之具于外者也。博学审问，前言已尽。温故知新，朱子亦以温故属之尊德性矣。[14]德性岂可以外求哉？惟夫知新必由于温故，而温故乃所以知新，则亦可以验知行之非两节矣。“博学而详说之”者，将以反说约也。若无反约之云，则博学详说者，果何事邪？舜之好问好察，惟以用中而致其精一于道心耳。道心者，良知之谓也。君子之学，何尝离去事为而废论说。但其从事于事为论说者，要皆知行合一之功，正所以致其本心之良知，而非若世之徒事口耳谈说以为知者，分知行为两事，而果有节目先后之可言也。

注释

①多闻多见：语出《论语·为政》，“多闻阙疑，慎言其余，则寡尤。多见阙疑，慎行其余，则寡悔。”

②前言往行：语出《易·大畜》，“君子多识前言往行，以畜其德。”

③好古敏求：语出《论语·述而》，“我非生而知之者，好古，敏以求之者也。”

④博学审问：语出《中庸》，“博学之，审问之，慎思之，明辨之，笃行之。”

⑤温故知新：语出《论语·为政》，“温故而知新，可以为师矣。”

⑥博学详说：语出《孟子·离娄下》，“博学而详说之，将以反说约也。”

⑦好问好察：语出《中庸》，“舜好问，而好察迩言。”

⑧“盖有”二句：语出《论语·述而》，“子曰：‘盖有不知而作之者，我无是也。多闻，择其善者而从之，多见而识之，知之次也。’”

⑨是非之心，人皆有之：语出《孟子·告子上》。

⑩“多闻”三句：见注⑧。

⑪知之次也：见注⑧。

⑫“赐也”四句：语出《论语·卫灵公》。

⑬学问之道无他，求其放心而已矣：语出《孟子·告子上》。

⑭“朱子”句：语出《朱子语类》卷六十四，“温故只是存得这道理在，便是尊德性。”

译文 来信说：“您认为《大学》中的‘格物’，只指寻求自己的内心，还可牵强说通。至于《六经》《四书》中所讲的‘多闻多见前言往行’‘好古敏求’‘博学’‘审问’‘温故知新’‘博学详说’‘好问好察’等，都明明白白地说明，要在处事中寻求，要在论说中得益。下功夫的礼节项目，不容混淆。”

我的格物观点，前面已经详尽地表明了，你“牵强说通”的疑问，想来我也不必再解释了。至于所引的“多闻多见”，乃是子张致力于外物，好高骛远，以为只有多闻多见才是学问，不能反求内心而存疑，孔子因此而担心他的言行不免带来悔恨。子张的所谓“见闻”，只是他致力外物，好高骛远的资本而已。孔子说“多闻多见”，是为了救治他的这个毛病，而不是以此来教导他做学问。孔子曾经说过：“盖有不知而作之者，我无是也”，这与孟子“是非之心，人皆有之”的意思一样，这正好用来说明：德性的良知并不由于见闻。至于说“多闻，择其善者而从之，多见而识之”，则是到见闻的末节去求善而已，已经落到第二等上去了。所以孔子又说“知之次也”。孔子把由见闻而来的知看成次要的，那么，所谓主要的知又指什么呢？就此可以看出孔门致知的用功之处。孔子曾对子贡说：“赐也，汝以予为多学而识之者欤？非也，予一以贯之。”求知假如的确在多学而识，那么孔子为什么要故意说错来欺骗子贡呢？“一以贯之”，不是致良知又是什么呢？《易经》说：“君子多识前言往行，以畜其德。”如果以“畜其德”为中心，那“多识前言往行”，怎么会不是畜德的事呢？这正是知行合一的功夫了。“好古敏求”，是指喜好古人的学问，敏求自己心中的理而已。心，就是理。学习者，学习自己的心；寻求者，寻求自己的心。孟子说过：“学问之道无他，求其放心而已矣。”并不像后代的学者，以为好古就是广记博诵古人的言词，忙忙碌碌地追求功名利禄等身外的东西。“博学审问”，前面已经说得够多了。说到“温故知新”，就连朱熹先生也认为要在“温故”中“尊德性”，德性岂能从心外去寻求呢？只是“知新”必须从“温故”开始，而“温故”乃是“知新”的方法，这也可以验证知与行并非两段东西。至于“博学而详说”，是为了返回到简约。如果没有返回简约这一说，那博学详说到底又是怎么回事呢？舜好问好察，只是用未发之中，使道心达到精一而已。道心，就是良知的另一说法。君子做学问，何尝离开过处事、废弃过讨论呢？只是他们的处事和讨论，本旨都是在做知行合一的功夫，也正是以此致其本心的良知。并不像世人，只在口耳之中，说说听听，就认为是知，从而将知、行看成两件事了。这的确才有礼节项目先后可言。

原文 来书云：“杨[①]、墨之为仁义，乡愿[②]之辞忠信，尧、舜、子之之禅让，[③]汤、武、楚项之放伐，[④]周公、莽、操之摄辅，[⑤]漫无印证，又焉适从？且于古今事变、礼乐名物，未尝考识，使国家欲兴明堂[⑥]，建辟雍[⑦]，制历律，草封禅[⑧]，又将何所致其用乎？故《论语》曰‘生而知之者，义理耳。若夫礼乐名物，古今事变，亦必待学而后有以验其行事之实’[⑨]。此则可谓定论矣。”

所喻杨、墨、乡愿、尧、舜、子之、汤、武、楚项、周公、莽、操之辨，与前舜、武之论，大略可以类推。古今事变之疑，前于良知之说，已有规矩尺度之喻，当亦无俟多赘矣。至于明堂、辟雍诸事，似尚未容于无言者。然其说甚长，姑就吾子之言而取正焉，则吾子之惑将亦可少释矣。夫明堂、辟雍之制，始见于吕氏之《月令》，[10]汉儒之训疏。《六经》《四书》之中，未尝详及也。岂吕氏、汉儒之知，乃贤于三代之贤圣乎？齐宣[11]之时，明堂尚有未毁，则幽、厉[12]之世，周之明堂皆无恙也。尧、舜茅茨土阶，明堂之制未必备，而不害其为治。幽、厉之明堂，固犹文、武、成、康之旧，而无救于其乱。何邪？岂能"以不忍人之心，而行不忍人之政"[13]，则虽茅茨土阶，固亦明堂也；以幽、厉之心，而行幽、厉之政，则虽明堂，亦暴政所自出之地邪？武帝肇讲于汉，而武后盛作于唐，[14]其治乱何如邪？天子之学曰辟雍、诸侯之学曰泮宫[15]，皆象地形而为之名耳。然三代之学，其要皆所以明人伦，非以辟不辟，泮不泮为重轻也。孔子云："人而不仁，如礼何？人而不仁。如乐何？"[16]制礼作乐，必具中和之德，声为律而身为度者，然后可以语此。若夫器数之末，乐工之事，祝史[17]之守，故曾子曰："君子所贵乎道者三，笾豆之事，则有司存也。"[18]尧"命羲和，钦若昊天，历象日月星辰"，其重在于“敬授人时”也。[19]舜“在璇玑玉衡”，其重在于“以齐七政”也。[20]是皆汲汲然以仁民之心而行其养民之政，治历明时之本，固在于此也。羲和历数之学，皋[21]、契未必能之也，禹、稷未必能之也，尧、舜之知而不偏物，虽尧、舜亦未必能之也。然至于今循羲和之法而世修之，虽曲知小慧之人，星术浅陋之士，亦能推步占候而无所忒[22]。则是后世曲知小慧之人，反贤于禹、稷、尧、舜者邪？封禅之说尤为不经，是乃后世佞人谀士所以求媚于其上，倡为夸侈，以荡君心而靡国费。盖欺天罔人无耻之大者，君子之所不道，司马相如[23]之所以见讥于天下后世也。吾子乃以是为儒者所宜学，殆亦未之思邪？夫圣人之所以以为圣者，以其生而知之也。而释《论语》者曰：“生而知之者，义理耳。若夫礼乐名物、古今事变，亦必待学而后有以验其行事之实。”夫礼乐名物之类，果有关于作圣之功也，而圣人亦必待学而后能知焉，则是圣人亦不可以谓之生知矣。谓圣人为生知者，专指义理而言，而不以礼乐名物之类。则是礼乐名物之类无关于作圣之功矣。圣人之所以谓之生知者，专指义理而不以礼乐名物之类，则是学而知之者，亦惟当学知此义理而已，困而知之者，亦惟当困知此义理而已。今学者之学圣人，于圣人之所能知者，未能学而知之，而顾汲汲焉求知圣人之所不能知者以为学，无乃失其所以希圣之方欤？凡此皆就吾子之所惑者而稍为之分释，未及乎拔本塞源之论也。

夫拔本塞源之论不明于天下，则天下之学圣人者，将日繁日难，斯人沦于禽兽夷狄，而犹自以为圣人之学。吾之说虽或暂明于一时，终将冻解于西而冰坚于东，雾释于前而云滃[24]于后，呶呶焉危困以死，而卒无救于天下之分毫也已。夫圣人之心，以天地万物为一体，其视天下之人，无外内远近。凡有血气，皆其昆弟赤子之亲，莫不欲安全而教养之，以遂其万物一体之念。天下之人心，其始亦非有异于圣人也，特其间于有我之私，隔于物欲之蔽，大者以小，通者以塞，人各有心，至有视其父、子、兄、弟为仇雠者。圣人有忧之，是以推其天地万物一体之仁以教天下，使之皆有以克其私，去其蔽，以复其心体之同然。其教之大端，则尧、舜、禹之相授受，所谓“道心惟微，惟精惟一，允执厥中”。而其节目，则舜之命契，所谓“父子有亲，君臣有义，夫妇有别，长幼有序，朋友有信”[25]五者而已。唐、虞、三代之世，教者惟以此为教，而学者惟以此为学。当是之时，人无异见，家无异习，安此者谓之圣，勉此者谓之贤，而背此者，虽其启明如朱，亦谓之不肖。下至闾井田野，农、工、商、贾之贱，莫不皆有是学，而惟以成其德行为务。何者？无有闻见之杂，记诵之烦，辞章之靡滥，功利之驰逐，而但使孝其亲，弟其长，信其朋友，以复其心体之同然。是盖性分之所固有，而非有假于外者，则人亦孰不能之乎？学校之中，惟以成德为事。而才能之异，或有长于礼乐，长于政教，长于水土播植者，则就其成德，而因使益精其能于学校之中。迨夫举德而任，则使之终身居其职而不易。用之者惟知同心一德，以共安天下之民，视才之称否，而不以崇卑为轻重，劳逸为美恶。效用者亦惟知同心一德，以共安天下之民，苟当其能，则终身处于烦剧而不以为劳，安于卑琐而不以为贱。当是之时，天下之人熙熙皞皞[26]，皆相视如一家之亲。其才质之下者，则安其农、工、商、贾之分，各勤其业，以相生相养，而无有乎希高慕外之心。其才能之异，若皋、夔、稷、契者，则出而各效其能。若一家之务，或营其衣食，或通其有无，或备其器用，集谋并力，以求遂其仰事俯育之愿，惟恐当其事者之或怠而重己之累也。故稷勤其稼，而不耻其不知教，视契之善教，即己之善教也；夔司其乐，而不耻于不明礼，视夷之通礼，即己之通礼也。盖其心学纯明，而有以全其万物一体之仁。故其精神流贯，志气通达，而无有乎人己之分，物我之间。譬之一人之身，目视、耳听、手持、足行，以济一身之用。目不耻其无聪，而耳之所涉，目必营焉。足不耻其无执，而手之所探，足必前焉，盖其元气充周，血脉条畅，是以痒疴呼吸，感触神应，有不言而喻之妙。此圣人之学所以至易至简，易知易从，学易能而才易成者，正以大端惟在复心体之同然，而知识技能非所与论也。

三代之衰，王道熄而霸术焻，孔孟既没，圣学晦而邪说横，教者不复以此为教，而学者不复以此为学。霸者之徒，窃取先王之近似者，假之于外以内济其私己之欲，天下靡然而宗之，圣人之道遂以芜塞。相仿相效，日求所以富强之说，倾诈之谋，攻伐之计，一切欺天罔人，苟一时之得，以猎取声利之术，若管、商、苏、张[27]之属者，至不可名数。既其久也，斗争劫夺，不胜其祸，斯人沦于禽兽夷狄，而霸术亦有所不能行矣。世之儒者慨然悲伤，蒐猎先圣王之典章法制，而掇拾修补于煨烬之余。盖其为心，良亦欲以挽回以先王之道。圣学既远，霸术之传，积渍已深，虽在贤知，皆不免于习染，其所以讲明修饰，以求宣畅光复于世者，仅足以增霸者之藩篱，而圣学之门墙，遂不复可睹。于是乎有训诂之学，而传之以为名；有记诵之学，而言之以为博；有词章之学，而侈之以为丽。若是者，纷纷籍籍，群起角立于天下，又不知其几家。万径千蹊，莫知所适。世之学者如入百戏之场，欢谑跳踉，骋奇斗巧，献笑争妍者，四面而竞出，前瞻后盼，应接不遑，而耳目眩瞀[28]，精神恍惑，日夜遨游淹息其间，如病狂丧心之人，莫自知其家业之所归。时君世主亦昏昏迷颠倒于其说，而终身从事于无用之虚文，莫自知其所谓。间有觉其空疏谬妄，支离牵滞，而卓然自奋，欲以见诸行事之实者，极其所抵，亦不过为富强功利，五霸[29]之事业而止。圣人之学日远日晦，而功利之习愈趋愈下。其间虽尝瞽惑于佛、老，而佛、老之说卒亦未能有以胜其功利之心。虽又常折衷于群儒，而群儒之论终亦未能有以破其功利之见。盖至于今，功利之毒沦浃于人之心髓，而习以成性也，几千年矣。相矜以知，相轧以势，相争以利，相高以技能，相取以声誉。其出而仕也，理钱谷者则欲兼夫兵刑，典礼乐者又欲与于铨轴[30]，处郡县则思藩臬[31]之高，居台谏则望宰执之要。

故不能其事则不得以兼其官，不通其说则不可以要其誉。记诵之广，适以长其敖也；知识之多，适以行其恶也；闻见之博，适以肆其辨也；辞章之富，适以饰其伪也。是以皋、夔、稷、契所不能兼之事，而今之初学小生皆欲通其说，究其术。其称名僭号，未尝不曰吾欲以共成天下之务，而其诚心实意之所在，以为不如是则无以济其私而满其欲也。呜呼，以若是之积染，以若是之心志，而又讲之以若是之学术，宜其闻吾圣人之教，而视之以为赘疣枘凿；则其以良知为未足，而谓圣人之学为无所用，亦其势有所必至矣！呜呼！士生斯世，而尚何以求圣人之学乎？尚何以论圣人之学乎？士生斯世，而欲以为学者，不亦劳苦而繁难乎？不亦拘滞而险艰乎？呜呼，可悲也已！所幸天理之在人心，终有所不可泯，而良知之明，万古一日，则其闻吾拔本塞源之论，必有恻然而悲，戚然而痛，愤然而起，沛然若决江河，而有所不可御者矣。非夫豪杰之士，无所待而兴起者，吾谁与望乎？

注释

①杨：指杨朱，战国初哲学家，魏国人，又称杨子、阳子居或阳生。其思想主张“贵生”“重己”“为我”。

②乡愿：指言行不符、欺世盗名的人。《论语·阳货》曰，“乡

原，德之贼也。”

③“尧、舜”句：尧让帝位给舜，舜让帝位给禹，即古代传说的禅（shàn）让。子之（？—前314），战国时燕王哙的相。公元前318年，哙让君位给子之。

④“汤、武”句：汤原为商族领袖，后通过积聚力量，消灭夏朝，流放夏桀，建立商朝。武王为文王之子，商纣无道，武王兴兵讨伐，最后灭亡商朝，建立周朝。楚项，指项羽（前232—前202），名籍，字羽。下相（今江苏宿迁）人，楚国贵族出身。秦二世元年（前209），从叔父项梁起义，领兵反秦。秦亡后自立为西楚霸王，与刘邦争天下，败走乌江、自杀。（见《史记·项羽本纪》）

⑤“周公”句：武王死，成王继位，因年幼，由周公摄政。莽：王莽（前45—公元23），字巨君，汉元帝皇后侄。以外戚掌握政权，平帝时为大司马。后毒死平帝，立孺子婴，摄政。汉初始元年（公元8年）称帝，改国号为新。（见《汉书·王莽传》）

操：曹操（155—220），字孟德，谯（今安徽亳州）人。三国时政治家、军事家、诗人。起兵讨董卓，迎献帝。逐步统北方，任丞相。

⑥明堂：古代天子宣明政教的地方，凡朝会及祭祀、庆赏、选士、养老、教学等大典，均在其中举行。

⑦辟雍：本为周天子所设大学。取四周有水，形如璧环为名。东汉以后，历代皆有辟雍，除北宋末年为太学之预备学校外，均仅为祭祀之所。

⑧封禅：帝王祭天地的典礼。登泰山筑坛祭天曰“封”，在山南梁文山上辟基祭地曰“禅”。司马迁《史记》有《封禅书》，可参阅。

⑨“生而”五句：见朱熹《论语集注·述而》。为朱熹引用尹焞的话。

⑩“始见”句：吕氏，指吕不韦（？—前235），战国末政治家。卫国濮阳（今河南濮阳）人，庄襄王时任相国。秦王嬴政（即秦始皇）即位，继任相国，称“仲父”。门下有宾客三千，曾命宾客编著《吕氏春秋》。后被免职，忧惧自杀。《月令》，记述每年夏历十二个月的时令及其相关事物，并归纳于五行相生系统中，见于《吕氏春秋》十二纪中。

⑪齐宣：指齐宣王（？—前301），田氏，名辟疆。战国时齐国君，齐威王之子。《孟子·梁惠王下》云，“齐宣王问曰：‘人皆谓我毁明堂，毁诸？已乎？’孟子对曰：‘夫明堂者，王者之堂也。王欲行王政，则勿毁之矣。’”

⑫幽、厉：指周幽王（？—前717）和周厉王（？—前828），均为西周暴君。

⑬“以不忍人”二句：语出《孟子·公孙丑上》，“孟子曰：‘人

皆有不忍人之心。先王有不忍人之心，斯有不忍人之政矣。以不忍人之心，行不忍人之政，治天下可运之掌上。'"

⑭“武帝”二句：据朱熹《通鉴纲目》载，汉武帝建元元年（前140），赵绾请立明堂，荐其师申公，武帝使使者迎之，始议改历服色等事。唐垂拱四年（688年），武则天毁乾元殿作明堂。

⑮泮（pàn）宫：西周诸侯所设大学。

⑯“人而”四句：语出《论语·八佾》。

⑰祝史：古代掌管祭祀的人。

⑱“君子”三句：语出《论语·泰伯》，“君子所贵乎道者三：动容貌，斯远暴慢矣；正颜色，斯近信矣；出辞气，期远鄙倍矣。笾豆之事，则有司存。”

⑲“尧命”四句：语出《尚书·尧典》，“乃命羲和，钦若昊天，历象日月星辰，敬授人时。”羲和：羲氏与和氏。相传都是重黎的后代，世掌天地四时之官。大意为：尧命令羲氏和氏，慎循天道，推算日月星辰运行规律，制定历法，把天时节令告诉人们。

⑳“舜在”二句：语出《舜典》，“正月上日，受终于文祖。在璇玑玉衡，以齐七政。”大意为：舜观察北斗七星，列出七项政事。

㉑皋：皋陶（yáo），相传被舜任为掌管刑法的官，后被禹选

为继承人，因早死，未继位。

㉒忒（tè）：差错。

㉓司马相如（前179—前117）：西汉辞赋家。字长卿，汉成都人。作品有《子虚赋》《上林赋》等。

㉔云滃（wěng）：云起。

㉕“父子有亲”五句：语出《孟子·滕文公上》。

㉖熙熙皞皞（hào）：和乐畅快。

㉗管、商、苏、张：管仲（？—前645），名吾夷，字仲。春秋初政治家。由鲍叔牙推荐，被齐桓公任命为卿，尊称“仲父”。实行改革，帮助齐桓公成为春秋第一个霸主。商鞅（约前390—前338），公孙氏，名鞅，亦称卫鞅。战国时政治家，卫国人。帮助秦孝公二次变法，奠定秦国富强基础。秦孝公死后，被贵族诬害，车裂而死。苏秦（？—前284），字季子，洛阳人。战国时游说家，主张合纵攻秦。后因反间活动暴露，车裂而死。张仪（？—前310），战国时魏国贵族后代，游说家，曾任秦相，主张各国服从秦国，后入魏为相，不久即死。

㉘眩瞀（mào）：昏乱不清。

㉙五霸：指春秋五霸主。通常指齐桓公、晋文公、秦穆公、楚庄王、宋襄公。但亦有持齐桓公、晋文公、楚庄王、吴王阖闾、越王勾践和齐桓公、晋文公、秦穆公、楚庄王、吴王

阛闾之说。

㉚铨轴：选拔官吏。

㉛藩臬：官名。藩司即布政使，臬司即按察使。

译文

来信说："杨朱、墨翟也行'仁义'，乡愿也谈'忠信'，尧、舜和子之都进行禅让，商汤、周武、项羽都流放和讨伐过敌人，周公、王莽、曹操都摄过政，如果糊里糊涂地无可印证，学者又将何所适从呢？另外，对于古今事变、礼乐名物等从不考证辨识，假如国家想要兴修古代的明堂，建筑旧时的辟雍，制定历法音律，草拟封禅文稿等，又将如何派上用场呢？所以《论语集注》说：'生而知之者，义理耳。若夫礼乐名物，古今事变，亦必待学而后有以验其行事之实也。'这话可以作为定论。"

您所提到的杨朱、墨翟、乡愿、尧、舜、子之、商汤、周武、项羽、周公、王莽、曹操等人的区别，跟前面提到的舜不禀告就娶亲、武王不埋葬就起兵的情况大致相同，可以类推。而所谈"古今事变"问题，前面在谈"良知"时已经作了规矩尺度的比喻，应当也毋须赘言了吧。至于提到的明堂、辟雍等事，似乎不说还不行。但说来话长，姑且就顺着的您的话头来理顺它，这样，您也容易理解一些。说到那明堂、辟雍的制度，最初见于《吕氏春秋》的《月令》，但无论是在汉儒的训释注疏，还是在《六经》《四书》之中，都没有详细论及。难道说吕不韦和汉代儒生的知识会比夏商周三代的贤圣还强吗？齐宣王的时候，明堂还有些没被毁弃，可见周幽王或周厉王时，周初的明堂仍然完好。尧、舜二王时建筑物还是茅草土台筑的，明堂的制度未必完备，却并不妨害天下大治；幽、厉二王时的明堂，肯定就像周文王、武王、成王、康王的旧制，却无补于混乱的世道。这是为什么？岂不是说明，用不忍人的心来施行不忍人的政策时，即使是茅草土台，的确也能起到明堂的作用；而用幽王、厉王的心来施行幽王、厉王的政策，即使是明堂，那也是暴政产生之地嘛！汉武帝在汉朝重议明堂之制，武则天在唐代大建其明堂，当时的治乱情况又如何呢？天子修的学校叫辟雍，诸侯的叫泮宫，都是因其地形而得名的。但三代的学校，其内容都在于教人明白人与人的伦常，并不把“辟”是否像玉璧、“泮”是否是环水看得很重要。孔子说：“人而不仁，如礼何？人而不仁，如乐何？”制礼作乐，一定要具备中和品德，他的声音符合音律，他的举动就是法度，这样才可以谈礼说乐。至于乐器、术数等末节，乃是乐工和祝史的职守。所以曾子说："君子所贵乎道者三，笾豆之事，则有司存也。"尧"命羲和，钦若昊天，历象日月星辰"，其目的在于"敬授民时"；舜"在璇玑玉衡"，其目的在于"以齐七政"。这都是勤勤恳恳地用爱民之心，施行养民之政。制定历法、明确时节的根本目的在于此。至于羲和推历算数的学问，皋陶、契未必就具备，夏禹、稷未必就具备。尧、舜虽明智，但也不是事事都知晓，就连他们也未必就精通推历算数。然而，今天学习羲和方术而世代相传的，哪怕是一知半解有点小聪明之人，懂得点占星术的浅陋之士，也能推算星历、占验节候，正确无误。这样说来，后代一知半解有点小聪明之人，反而倒比夏禹、稷、尧、舜等人要强吗？至于封禅的说法，尤其荒诞不经。这乃是后代的奸佞溜须小人讨好主上的手段。它夸张浮华，用来迷惑国君的心，浪费了国家财产，算得欺天骗人中最无耻的大骗术，为君子所不齿。而写作封禅文，也是司马相如之所以被后世人讥笑的原因。您竟然认为这是儒者所应该学习的内容，大概没有思考过吧？说到那圣人之所以成为圣人，是因为他们生而知之。而解释《论语》的人说:“生而知之者，义理耳。若夫礼乐名物、古今事变，亦必待学而后有以验其行事之实。”礼乐名物之类，如果真是有关成为圣人的功夫，那么圣人也一定要等到学了它们以后才能得知，就是说圣人也不能叫“生而知之”的了。我认为圣人生而知之的内容，专指义理而言，而不是指礼乐名物之类。这样，礼乐名物之类就与成为圣人的功夫无关了。圣人之所以被称为“生而知之”者，专指知道义理而言，而不是指礼乐名物之类。这样，学而知之者也只该去“学”去“知”义理而已，困而知之者也只应当“困”于义理，而“知”义理而已。现在的学者学习圣人，对圣人所能知晓的东西不去学而知之，反倒急切地求知于圣人所不能知晓的东西，还以为这才是学问，这岂不是与学习圣人背道而驰了吗？凡此种种，都是就您的疑点稍微作点分析，还没涉及拔去病根、堵塞病源的论点呢！

这拔本塞源之论不能显明于天下，则天下学习儒学的人将会感到日益繁杂，日益困难。这批人就是沦为禽兽野蛮人，还自以为是学到了圣人之学。这样，我的观点虽然一时明确了，但也会像西方解了冻，东边又结冰；前面散了雾，后面又遮了云。就是我唠唠叨叨地惹祸而死，也最终不能对救助天下有一丝一毫的用处。至于圣人的心，与天地万物都结成一个整体。他们看待天下的人，不论内外远近，凡是有血有气的，都是自己的兄弟儿女般的亲人，都想让他们安全并教养他们，以实现自己万物一体的心愿。而天下人的心，开始时并非与圣人之心有什么差别，只不过心中被“有我”的私心所离间，被物欲的蒙蔽所阻隔。广阔的心变狭小了，通达的心变堵塞了。人人各有私心，以至于有人竟然将父子兄弟当为仇敌。圣人又产生了忧虑，所以推阐他们以天地万物为一体的仁爱之心来教化天下，想让人们都能克服私心，扫除蒙蔽，恢复本来所共同的心体。这种教化的主要点，就是尧、舜、禹之间相互传承的所谓“道心惟微，惟精惟一，允执厥中”。而他们的细节条目就是舜命令契教化天下的“父子有亲，君臣有义，夫妇有别，长幼有序，朋友有信”这五点而已。唐尧、虞舜和夏、商、周三代时，教授者只是用这些来教，学习者只是向这些来学。在这时，人人没有不同的意见，家家没有不同的习惯。能自然而然地安心于此的叫“圣”，经过努力能达到于此的叫“贤”，而与此背戾的，哪怕是像丹朱那样的聪明人，也被称为“不肖”。直至里巷内、田野中的农、工、商等下层人，也没有不学习于此的，其求学的目的只是完善自己的德行。为什么呢？因为那时并没有庞杂的知识、烦琐的记诵、泛滥的辞章和令人追逐的功利，只是让他们孝敬双亲，尊重长者，取信朋友，以此恢复人们心体中的共同点。这本来是人们固有的天性，并非需要求助于外物的，这样，谁人做不到呢？学校之中，只以培养道德为目的，而学生才能是有差异的。有人对礼乐有特长？有人于政教有爱好，还有的人，长于治理水土、播植农艺……这样，就在道德育成的基础上，让他在学校里对自己的专长精益求精。等到根据其德行来任职以后，就让他们终身干这种工作而不变。任命他们的人，只要求他们同心同德地共同安定天下的百姓，只考察其才能的称职与否，不以其地位的高低分轻重，也不以其职业的劳逸分好坏。被任命的人也只知道同心同德地共同安定天下的百姓，如果胜任，就是终身干烦劳的工作而不以为苦，安于卑下繁琐而不以为贱。在这种时候，天下的人都乐乐陶陶，亲如一家。那才智低下的人，也都安于其农工商贾的职守。各自努力干好自己的工作，相互依存，相互给养，而没有好高骛远、羡慕外物之心。那有突出才能者，如皋陶、夔、稷、契等人，就脱颖而出，各自贡献自己的才能。就像一家人的家务，有人经营衣食，有人互通有无，有的生产器具，同心协力，以求实现他们仰事父母，俯事妻子的愿望。他们只担心从事于某事时不尽力，从而重视自己的职责。所以，后稷辛勤地种植着庄稼，不为不懂教化感到羞耻，并且把契善于教化看成自己的本领；夔主管他的音乐，不为不懂礼仪感到羞耻，并且把伯夷善于礼仪看成自己的本领。这是因为他们心体纯洁明澈，所以能保全万物一体的仁爱。因此，他们精神顺畅，志气通达，没有你我的区别、物我的隔阂。这就好比一个人的身体，眼睛看、耳朵听、手拿而脚行，用以协调全身的作用。眼睛不会因听不见声音而感到委屈，而耳朵在听时，眼睛也会参与；脚不会因为拿不住东西而感到委屈，而手在拿东西时，脚也会自觉走向前。这样，周身的元气充沛，血脉流畅，所以痒痛、呼吸、感触、反应等功能，有不言而喻的神妙。这就是圣人之学之所以极其明白、极其简洁，容易理解、容易执行的原因。容易学习，容易成才，正因为其主旨只在恢复内心中的共同义理，而不去顾及知识技能。

到夏、商、周三代以后，王道衰微而霸术倡盛。孔孟逝去，儒学隐晦而邪说横行，教师不再以此教授，学生不再向此求学。霸术的倡导者，窃取近似于先王的东西，借助于外在的知识来达到一己之私欲，天下都倒过去效法他们。于是，圣人之道因此而荒疏闭塞。人们相互模仿着，成天追求着所谓富国强兵的学说、欺诈倾轧的谋略、攻战讨伐的计策，以及所有欺天骗人的，哪怕一时得利的猎取功名的方法。如像管仲、商鞅、苏秦、张仪之流，多得数都数不清。时间一长，争斗劫夺，祸患难当。这种人沦落为禽兽野蛮人，而霸术也渐渐行不通了。世上的儒生感慨悲伤，收集和涉猎先圣、先王的典章法制，在灰烬之余去捡拾修补。究其用心，的确也是想要光复先王之道。但圣学已经远逝，霸术的流传已经影响很深，即使是圣人智者，都不免沾染上旧习。他们所讲习修饰而力求宣扬光复于世的，只不过增加了霸道的篱障，而圣学的门墙不可再现了。于是，有训诂学传播它们来邀取名声，有记诵学谈论它们来显示博学，有词章学浮夸它们来追求华丽。诸如此类，纷纷纭纭，群起蜂拥于天下，更不知道有多少学派，千蹊万径，令人无所适从。世上的学者，就像进入百戏的表演场地，只见有嘻笑跳跃的，有骋奇斗巧的，有买笑争妍的……从四面八方涌出来，前瞻后顾，令人应接不暇，直至耳聋眼花，精神恍惚，日夜遨游、逗留其间，就像个精神病人，简直就不知家门在哪边！而当时的君主，也都被这些学说弄得神魂颠倒，终身追求那些无用的空话，对这话的意思又不知所云。间或有人发觉了其说之空疏谬妄、破碎支离而且牵强附会，自己挺然奋起，想要做点实实在在的事业，但所作所为顶了天，也不过是富国强兵、追功逐利，以及五霸的事业而已。于是，圣人之学一天比一天遥远，一天比一天暗淡，而功利的积习，却越来越强盛。其间，虽然也曾流行过佛教道教，但佛、道的学说始终也没能战胜过功利之心。虽然也曾折衷过群儒，但群儒的观点始终也没能击破过功利之见。直到今天，功利的流毒浸淫人心，深入骨髓，习以成性，已经几千年了！人们以知识相互倾轧，以权势相互斗争，以利益相互攀比，以技能相互夸耀，以声誉出仕做官。管理钱粮的，妄图兼管军事刑律；掌管礼乐的，妄图兼管职官的任命；管郡县的，又想爬上省级高位；管谏议的，则又窥探着宰相的要职。本来，不能胜任某事务的人，就不能管理某职。不通晓圣学的人，就不能得到荣誉。但是，记诵得广，恰好用来助长了说教；知识很多，恰好用来推行了罪恶；见闻广博，恰好用来帮助了诡辨；辞章宏富，恰好用来掩饰了虚伪。所以，当初皋陶、夔、稷、契所不能兼有的能力，而今初学的小生却想统统精通。而且，还用着这样的名号：“我想以此来成就天下的大事！”但其真实的想法是：不这样，就无法实现自己的私心，满足自己的私欲。哎！凭着这样的积习污染，凭着这样的心胸志向，而且又讲习着这样的学术，当他们听到圣人教义后，将其视为多余的、格格不入的，就是理所当然的了。而他们认为良知还不够味，认为圣人之学没有用处，也是势所必至的了。哎！士人生活在这样的世道里，而想要追求圣学，岂不是劳苦而繁难的吗？岂不是晦涩而艰险的吗？哎，可悲呀！所可幸运的是：天理在心中，终究不灭；良知的光明，永世长存。这样，听到我这拔本塞源的论点，一定会恻然而悲，戚然而痛，愤然而起，像滔滔长江黄河崩了大堤样，不可抵御。豪杰壮士，没有私心的累赘，勇于挺身奋起，如果不寄希望于他们，我还能对谁寄予希望呢？

启问道通[1]书

原文 吴、曾两生至，备道道通恳切为道之意，殊慰相念。若道通真可谓笃信好学者矣。忧病中会不能与两生细论，然两生亦自有志向肯用功者，每见辄觉有进，在区区诚不能无负于两生之远来，在两生则亦庶几无负其远来之意矣。临别以此册致道通意，请书数语。荒愦无可言者，辄以道通来书中所问数节，略下转语。奉酬草草，殊不详细。两生当亦自能口悉也。

来书云："日用工夫只是立志，近来于先生诲言，时时体验，愈益明白。然于朋友不能一时相离。若得朋友讲习，则此志才精健阔大，才有生意。若三五日不得朋友相讲，便觉微弱，遇事便会困，亦时会忘。乃今无朋友相讲之日，还只静坐，或看书，或游衍经行。凡寓目措身，悉取以培养此志，颇觉意思和适。然终不如朋友讲聚，精神流动，生意更多也。离群索居之人，当更有何法以处之？"

此段足验道通日用工夫所得。工夫大略亦只是如此用，只要无间断，得到纯熟后，意思又自不同矣。大抵吾人为学，紧要大头脑，只是立志。所谓困、忘之病，亦只是志欠真切。今好色之人，未尝病于困忘，只是一真切耳。自家痛痒，自家须会知得，自家须会搔摩得。既自知得痛痒，自家须不能不搔摩得。佛家谓之“方便法门”，须是自家调停斟酌，他人总难与力，亦更无别法可设也。

注释 ①道通：指周道通，名衡，号静庵。江苏宜兴人。曾从学于王守仁，后又从学湛甘泉。

译文 吴、曾两位青年来这里，详细地介绍了你恳切追求道义的心意。听后非常欣慰，也非常想念你。像你这样，真可算得笃信好学的人了。不过，我正在守丧和患病期间，恰好不能与两位青年细说。当然，这两人也是有志向肯用功的人。每次见面，总发觉他们有长进。从我这儿来说，的确不敢说没辜负两位的远道来访。对他们来说，大概也没辜负远来求学的诚意。临别之时，我铺开这份册页，向你致意。他们要求我写上几句话。我荒疏昏愦，没多少可说的，只就你来信中所问的几个问题，略微地加上几句转引来的话，匆匆应付，很不详细。好在两位青年能够当面告诉你。

来信说：“平日里的功夫，只在立志上。近来时时体验先生的这个教诲，更加明白了。就是不能一时离开朋友。如果有朋友讨论，这种志向才精健宏大，才生意盎然。如果三五天没有朋友相互切磋，就觉得志向微弱，遇到情况就会困惑，也时时会忘记。现在没有朋友来讨论的时候，我就只是静坐，或者看看书，或者散步游目，只要入于目，触于身，都用来培养志向，也还觉得心情舒畅。但是，始终不如朋友来研讨时思维活跃，更有活气。那么，离群独居的人，应当采用什么方法来培养志向呢？”

这一段，足以证明你平日里下的苦工夫及所得到的功力。功夫大致也就是这样去下，只要没有间断，功夫下到纯熟后，体会就又不同了。一般说来，我们做学问最要紧、最核心的，只是立志。你所提到的困惑和忘记的毛病，只因为志向还欠真切。如今那些好色之徒，就从来没有过困惑和忘记，也不过就是真切而已。自己痛痒，自己一定会明白，自己痛痒自己一定会抚摸抓挠。这一点，佛教称“方便法门”。必须自己斟酌调整，别人都难以参与，也没有其他方法可想。

原文 来书云：“上蔡尝问天下何思何虑。[1]伊川云：‘有此理，只是发得太早。’[②]在学者工夫，固是‘必有事焉而勿忘’，然亦须识得‘何思何虑’底气象，一并看为是。若不识得这气象，便有正与助长之病；若认得‘何思何虑’，而忘‘必有事焉’工夫，恐又堕于无也。须是不滞于有，不堕于无。然乎否也？”

所论亦相去不远矣，只是契悟未尽。上蔡之问，与伊川之答，亦只是上蔡、伊川之意，与孔子《系辞》原旨稍有不同。《系》言“何思何虑”，是言所思所虑只是一个天理，更无别思别虑耳，非谓无思无虑也。故曰：“同归而殊途，一致而百虑，天下何思何虑？”云殊途，云百虑，则岂谓无思无虑邪？心之本体即是天理。天理只是一个，更有何可思虑得？天理原自寂然不动，原自感而遂通。学者用功，虽千思万虑，只是要复他本来体用而已，不是以私意去安排思索出来。故明道云：“君子之学，莫若廓然大公，物来而顺应。”[③]若以私意去安排思索便是用智自私矣。“何思何虑”正是工夫。在圣人分上，便是自然的；在学者分上，便是勉然的。伊川却是把作效验看了，所以有“发得太早”之说。既而云“却好用功”[④]，则已自觉其前言之有未尽矣。濂溪主静[⑤]之论亦是此意。今道通之言，虽已不为无见，然亦未免尚有两事也。

注释

①"上蔡"句:"上蔡"指谢良佐(1050—1103),字显道,河南上蔡人。程门四大弟子之一,著作有《上蔡语录》。"天下何思何虑",语出《易·系辞下》,曰"天下同归而殊途,一致而百虑,天下何思何虑"。

②有此理,只是发得太早:语出《河南程氏外书》卷十二《上蔡语录》,曰"是则足有此理,贤却发得太早在"。

③"君子"三句:见《河南程氏文集》卷二《答横渠张子厚先生书》。

④却好用功:原文见《河南程氏外书》卷十二《上蔡语录》,曰"恰好著工夫也"。

⑤主静:语出周敦颐《周子全书》卷一《太极图说》,曰"圣人定之以中正仁义而主静"。"主静"说是周敦颐强调道德修炼,从而达到"纯粹至善"之最高境界的基本功夫。

译文

来信说:"谢上蔡曾经问'天下何思何虑?'程伊川先生说'有此理,只是发得太早'。对学者的功夫看,固然是'必有事焉而勿忘',但也要知道这'何思何虑'的境界,结合着看才对。如果不知道这境界,就会产生'正'与'助长'的毛病;如果了解'何思何虑',但忘记了'必有事焉'的功夫,恐怕又堕入虚无。应该不凝滞于有,也不偏执于无,对吗?"

你所说的大致正确，只是领悟得不彻底。上蔡这一问与伊川这一答，也只是他们的意见，与孔子《系辞》的本义颇有不同。《系辞》的“何思何虑”，是说所思所虑只是一个天理，再没有别的思虑罢了，并不是说根本没有任何思虑。所以才说：“同归而殊途，一致而百虑，天下何思何虑?”说了“殊途”，说了“百虑”，哪里能说就无思无虑呢？心的本体就是天理，而天理只有一个，还有什么可思可虑的？获得天理原本就是寂然不动的，原本就是自己感悟才通晓的，所以学者用功，虽然千思万虑，只需要恢复天理本来体用而已。不是用私意去编派去思索出来的。所以，程明道先生说：“君子之学，莫若廓然大公，物来而顺应。”如果用私意去编派去思索，那就是自私地要小聪明了。“何思何虑”，正是功夫。这功夫，就圣人的天分而言，是自然达成的；就学者的天分而言，就是努力做到的。伊川先生却把它当作效验来看了，所以有“发得太早”的言论，但后来又补了句“却好用功”，说明他已经觉得自己前面的言论没说透。周濂溪先生所提的“主静”学说，也是这个意思。而今你所说的虽然已经不无见解，但也不免把功夫分成两件事了。

原文 来书云："凡学者才晓得做工夫，便要识得圣人气象。盖认得圣人气象，把做准的，乃就实地做工夫去，才不会差，才是作圣工夫。未知是否？"

先认圣人气象，昔人尝有是言矣，然亦欠有头脑，圣人气象自是圣人的，我从何处识认？若不就自己良知上真切体认，如以无星①之称而权轻重，未开之镜而照妍媸，真所谓以小人之腹，而度君子之心矣。圣人气象，何由认得？自己良知，原与圣人般。若体认得自己良知明白，即圣人气象不在圣人而在我矣。程子尝云："觑著尧，学他行事，无他许多聪明睿智，安能如彼之动容周旋中礼？"②又云："心通于道，然后能辨是非。"③今且说通于道在何处？聪明睿智从何处出来？

注释 ①星：秤杆上的刻度。

②"觑著尧"四句：语出《河南程氏遗书》卷十八。

③"心通"二句：语出《河南程氏文集》卷九。

译文 来信说："所有学者，刚准备下功夫，便想要懂得圣人境界。只有懂得圣人境界，并作为努力的目标，去对实事下功夫，才不会有偏差，才是下圣人的功夫。

不知对否？”

先要懂得圣人的境界，昔日虽也有人说过这话，但也缺少一个核心。圣人境界，乃是圣人自己的，我从何懂得？如果不从自己的良知上真真切切地体悟认识，就像用没有刻度的秤去称轻重，用没有磨过的镜子去照美丑一样，真是所谓“以小人之心度君子之腹”了。圣人境界从何处懂得呢？自己的良知原来与圣人的一样，如果清楚地体悟认识到自己的良知，那么，圣人的境界就不在圣人而在自己了。程伊川先生说过：“觑着尧，学他行事，无他许多聪明睿智，安能如彼之动容周旋中礼？”又说：“心通于道，然后能辨是非。”现在，请你再说说到哪里去通晓道。聪明睿智从哪里来的？

原文 来书云：“事上磨炼，一日之内，不管有事无事，只一意培养本原。若遇事来感，或自己有感，心上既有觉，安可谓无事？但因事凝心一会，大段觉得事理当如此，只如无事处之，尽吾心而已。然仍有处得善与未善？何也？又或事来得多，须要次第与处，每因才力不足，辄为所困，虽极力扶起而精神已觉衰弱。遇此未免要十分退省。宁不了事，不可不加培养。

如何?”

所说工夫，就道通分上也只是如此用，然未免有出入在。凡人为学，终身只为这一事。自少至老，自朝至暮，不论有事无事，只是做得这一件，所谓“必有事焉”者也。若说宁不了事，不可不加培养，却是尚为两事也。“必有事焉而勿忘勿助”，事物之来，但尽吾心之良知以应之，所谓“忠恕违道不远”[①]矣。凡处得有善有未善，及有困顿失次之患者，皆是牵于毁誉得丧，不能实致其良知耳。若能实致其良知，然后见得平日所谓善者未必是善，所谓未善者，却恐正是牵于毁誉得丧，自贼其良知者也。

注释

①忠恕违道不远：语出《中庸》。

译文

来信说：“在具体事情上磨炼，就是一天到黑，无论有事无事，只管一心一意地培养本原。如果遇到事情来打岔，或者自己心中冒出个念头，就是有了其他想法，那还能叫作‘无事’吗？只是，顺着这些事来聚精会神地一想，大都觉得事理本该如此，只像是无事时一样，尽到自己的心意就是了。但是，还有处理得当和不得当的区别，这是为什么呢？有时事情来得多，需要一个个去处理，每每因为能力不够而被事所困。虽然想打起精神来，但精力总觉得衰弱。碰到这种情况，不免要完全放下事情，反省自己。宁可不理事，也不能不修养。这样做对吗？”

你所说的功夫，是就自己而言。只要这样用功也行，但是，未免有点缺陷。对于普通人的治学，终身只是这一件事。从小到老，从早到晚，不论有事无事，只是做这一件事，就是所谓的“必有事焉”。如果说“宁可不理事，也不能不修养”，那就还是分为两件事了。“必有事焉，而勿忘勿助”，当事物来临，只要尽自己心的良知去应对，即所谓“忠恕违道不远”了。凡是处理事有得当和不得当，以及有困顿混乱的情况，都是被毁誉得失之心所牵累，不能实实在在地致良知的缘故。如果能实实在在地致良知，这时才发现平时以为善的未必是善，而平时以为是不善的，也许正是被毁誉得失所牵累，自己正在损害良知呢！

原文 来书云：“致知之说，春间再承诲益，已颇知用力，觉得比旧尤为简易。但鄙心则谓与初学言之，还须带格物意思，使之知下手处。本来致知格物一并下，但在初学未知下手用功，还说与格物，方晓得致知”

云云。

格物是致知功夫，知得致知便已知得格物。若是未知格物，则是致知工夫亦未尝知也。近有一书与友人论此颇悉，今往一通细观之，当自见矣。

译文

来信说:“关于‘致知’之说，春天里再次承蒙教诲，已经有点知道该怎样用功了。觉得比过去更加简易，只是愚心认为，对初学者谈致知，还应该说点‘格物’的内容，让他们懂得从何处下功夫。本来，格物致知应该一起用功，但初学者还不懂从何入手，还是与‘格物’一起说，他们才晓得什么叫‘致知’。”

格物是致知的功夫，懂得致知，就已经知道了格物。如果还不懂格物，那就连致知的功夫也不知道。新近我写了一封信，跟朋友谈到这个问题，比较详细。现在奉上一篇，你细细观看，自己就能明白了。

原文

来书云:“今之为朱、陆之辨者尚未已。每对朋友言，正学不明已久，且不须枉费心力为朱、陆争是非。只依先生‘立志’二字点化人。若其人果能辨得此志来，决意要知此学，已是大段明白了。朱、陆虽不辨，彼自能觉得。又尝见朋友中见有人议先生之言者，辄为动气。昔在朱、陆二先生所以遗后世纷纷之议者，亦见二先生工夫有未纯熟，分明亦有动气之病。若明道则无此也。观其与吴涉礼论介甫之学云[①]：‘为我尽达诸介甫，不有益于他，必有益于我也。’[②]气象何等从容？尝见先生与人书中亦引此言，愿朋友皆如此，如何？”

此节议论得极是极是。愿道通遍以告于同志，各自且论自己是非，莫论朱、陆是非也。以言语谤人，其谤浅。若自己不能身体实践，而徒入耳出口，呶呶度日，是以身谤也，其谤深矣。凡今天下之论议我者，苟能取以为善，皆是砥砺切磋我也，则在我无非警惕修省进德之地矣。昔人谓“攻吾之短者是吾师”[③]，师又可恶乎？

注释

①吴涉礼：陈荣捷先生认为，吴涉礼为吴师礼之误，字安仲，杭州人。

介甫：王安石（1021—1086），字介甫，号年山。江西临川人，宋庆历进士。北宋著名政治家、思想家、文学家。

②“为我”三句：见《河南程氏遗书》卷一。

③攻吾之短者是吾师：见《荀子·修身》，“非我而当者，吾师也。”

译文 来信说："而今，'朱、陆优劣'的辩论还在继续。我常常对朋友说儒学不显明已经很久了，暂且不要在朱陆之辩上枉费心力了，只依先生您的'立志'二字去开导人。如果其人果然能明辨这个志向，决心要明白这个学问，那就已经是大体明白了。虽然不去辨明朱陆是非，他也能自己体会出来孰是孰非。又曾经看见，朋友中碰到有讥议先生学说的，就会动怒。当初，朱陆两位先生将纷争遗留给后人，也可以发现两位先生的功夫还不纯熟分明，也有动怒的毛病。而程明道先生就没这毛病。看他与吴涉礼评价王安石的学说时讲'为我尽达诸介甫，不有益于他，必有益于我也'。这是多么从容的风度！曾经见先生给人的信中也引用过这句话，因此我也希望朋友都像这样。您说对吗！"

这段议论很对很对。希望你广泛告诉同志们，各人且评价自己的是非，别去谈什么朱、陆是非。用言语来诋毁人，这种诋毁还算浅。如果自己不能身体力行，只是从耳朵进去，再从嘴巴出来，唠唠叨叨过日子，这是用行为诋毁自己，这种诋毁就深了。现在天下凡是批评我的人，只要能因此而得善，那都是和我磨砺切磋。对于我来说，无非是警惕反省，增进德行的机会。前人说："攻吾之短者，是吾师。"对老师，难道会厌恶吗？

原文 来书云："有引程子'人生而静，以上不容说，才说性便已不是性'[①]。何故不容说？何故不是性？晦庵答云'不容说者，未有性之可言。不是性者，已不能无气质之杂矣'[②]。二先生之言皆未能晓，每看书至此，辄为一惑，请问。"

"生之谓性"，"生"字即是"气"字，犹言气即是性也。气即是性。人生而静，以上不容说，才说"气即是性"，即已落在一边，不是性之本原矣。孟子性善，是从本原上说。然性善之端，须在气上始见得，若无气亦无可见矣。恻隐、羞恶、辞让、是非即是气。程子谓"论性不论气，不备；论气不论性，不明"[③]。亦是为学者各认一边，只得如此说。若见得自性明白时，气即是性，性即是气，原无性气之可分也。

注释 ①"人生"三句：见《河南程氏遗书》卷一。

②"不容"四句：见朱熹《朱子文集》卷六十一。

③"论性"四句：见《河南程氏遗书》卷六。

译文

来信说："程先生的'人生而静，以上不容说，才说性，便已不是性'，为什么不容说，为什么不是性？有人以此请教朱晦庵先生。晦庵答'不容说者，未有性之可言；不是性者，已不能无气质之杂矣'。我还弄不懂以上两位先生的话，每次读书时，到这儿总有问题。请您指明。"

"生之谓性"的"生"，也就是"气"义，这话等于说"气就是性"。气就是性，所谓"人生而静以上"的境界是不能表达的，才说"气就是性"，就有点偏向天性了，不再是性的本原了。孟子的"性善论"是从本原上说的。但性善的根本还在气上，这才能看见；如果没有气，也就看不见了。恻隐、羞恶、辞让、是非，都是气。程先生说"论性，不论气不备；论气，不论性不明"。也是因为治学的人各自偏向一边，只得像这样表述。如果清楚地懂得了自己的天性时，可以说成"气就是性，性就是气"。本来就不存在性与气的区别。

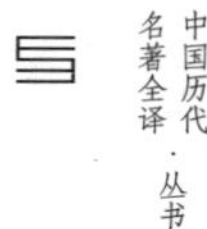

答陆原静书

原文 来书云："下手工夫，觉此心无时宁静，妄心固动也，照心亦动也。心既恒动，则无刻暂停也。"

是有意于求宁静，是以愈不宁静耳。夫妄心则动也，照心非动也。恒照则恒动恒静，天地之所以恒久而不已也。照心固照也。妄心亦照也。其为物不贰，则其生物不息，有刻暂停，则息矣。非至诚无息之学矣。

来书云："良知亦有起处"，云云。

此或听之未审。良知者，心之本体，即前所谓恒照者也。心之本体，无起无不起。虽妄念之发，而良知未尝不在，但人不知存，则有时而或放耳。虽昏塞之极，而良知未尝不明，但人不知察，则有时而或蔽耳。虽有时而或放，其体实未尝不在也，存之而已耳，虽有时而或蔽，其体实未尝不明也，察之而已耳。若谓良知亦有起处，则是有时而不在也，非其本体之谓矣。

来书云："前日精一之论，即作圣之功否？"

"精一"之"精"以理言，"精神"之"精"以气言。理者，气之条理；气者，理之运用。无条理则不能运用；无运用则亦无以见其所谓条理矣。精则精，精则明，精则一，精则神，精则诚。一则精，一则明，一则神，一则诚，原非有二事也。但后世儒者之说与养生之说各滞于一偏，是以不相为用。前日“精一”之论，虽为原静爱养精神而发，然而作圣之功，实亦不外是矣。

来书云：“元神、元气、元精，必各有寄藏发生之处。又有真阴之精，真阳之气”，云云。

夫良知一也，以其妙用而言谓之神，以其流行而言谓之气，以其凝聚而言谓之精，安可形象方所求哉？真阴之精，即真阳之气之母。真阳之气，即真阴之精之父。阴根阳，阳根阴，亦非有二也。苟吾良知之说明，即凡若此类，皆可以不言而喻。不然，则知来书所云三关、七返、九还[①]之属，尚有无穷可疑者也。

注释

①三关：各说不一。道教以头为天关，足为地关，手为人关。《淮南子·主术》认为耳目口为三关。

七返、九还：二者均为道教修炼术语，有外丹派与内丹派之别。依内丹说，七是火的成数，心属火，降心火于丹田下，养涵肾中真气，复返于心田，即为七返之功；九为金之成数，情属金，摄情归性，使先天真性浑然贯通，即为九还之功。

译文 来信说："在动手下功夫时，总觉得自己的心没有片刻宁静，所谓'妄心'固然是动的，但'照心'也在动。心既然一直在动，就不会有一刻的停息吧。"

这是你刻意去宁静，所以就越不宁静，至于说妄心，本来就是动的，而照心，却是不动的，恒照就能恒动恒静，这就是天地恒久不息的原因。照心固然是光明的，而妄心也是光明的，正是"其为物不二，则其生物不息"，如果无一刻的停息，生物就灭亡了，也就不是"至诚无息"的学问了。

来信问到，良知可有开端等。

也许因为你听得不认真，才提这样的问题。良知乃是心的本体。也就是前面的所谓"恒照"。心的本体无所谓开端不开端。即使是妄念产生时，良知也并非不在，只是人们不懂存念，所以有时会放弃掉罢了；即使是昏昧到极点的人，其良知也未尝不显示出来，只是人们不懂省察，所以有时会受蒙蔽罢了。哪怕有时放弃心的本体，但实际上并非不存在，只要存念它就是了，哪怕有时蒙蔽了心的本体，但实际上并非不存在，只要省察它就是了。如果说良知也有个开端，那也就有个开端处了，就说明有时候是不存在的，这就不是本体了。

来信问到:“前日关于精一的说法，是否就是作圣人的功夫呢?”

“精一”的“精”字，是从理而言的;精神的“精”字，是从气而言的。理是气的条理，气是理的运用。没有条理就不能运用，没有运用也就无法见所谓条理。掌握了“精”，就能精、能明、能一、能神、能诚。做到了“一”，也就能精、能明、能神、能诚。精和一，本来不是两回事。但是，后来儒生的学说，与养生家们的学说各执一端，所以不能综合运用“精”和“一”两者。过去我说的“精一”，尽管是从养生家的静养精神方面说的，儒家治圣学之功实际上也就是如此。

来信说:“元神、元气、元精等，势必各自有寄藏和发生的部位。此外，还有诸如‘真阴之精’‘真阳之气’……”

良知，只有一个。从其妙用而言，就叫“神”;从其流行而言，就叫“气”;从其凝聚而言，就叫“精”。哪里能从具体形象和部位来寻求呢?至于所谓真阴之精，也就是真阳之气的母亲;真阳之气，就是真阴之精的父亲。阴植根于阳，阳植根于阴，阴阳本来也不是两个东西。如果明白我说的良知，诸如此类，都可以不言而喻。不然，就像来信所列的，还有“三关”“七返”“九还”之类，可疑点就无穷无尽了。

原文 来书云:“良知，心之本体，即所谓性善也，未发之中也，寂然不动之体也，廓然大公也，何常人皆不能而必待于学邪？中也，寂也，公也，既以属心之体，则良知是矣。今验之于心，知无不良，而中、寂、大公实未有也，岂良知复超然于礼用之外乎？”

性无不善，故知无不良。良知即是未发之中，即是廓然大公，寂然不动之本体，人人之所同具者也。但不能不昏蔽于物欲，故须学以去其昏蔽。然于良知之本体，初不能有加损于毫末也。知无不良，而中、寂、大公未能全者，是昏蔽之未尽去，而存之未纯耳。体即良知之体，用即良知之用，宁复有超然于体用之外者乎？

来书云:“周子曰‘主静’，程子曰‘动亦定，静亦定’，先生曰‘定者，心之本体’，是静定也，决非不睹不闻、无思无为之谓。必常知、常存、常主于理之谓也。夫常知、常存、常主于理，明是动也，已发也，何以谓之静？何以谓之本体？岂是静定也，又有以贯乎心之动静者邪？”

理无动者也。常知、常存、常主于理，即不睹不闻、无思无为之谓也。不睹不闻、无思无为，非槁木死灰之谓也。睹闻思为一于理，而未尝有所睹闻思为，即是动而未尝动也。所谓“动亦定，静亦定”，体用一原者也。

来书云：“此心未发之体，其在已发之前乎？其在已发之中而为之主乎？其无前后、内外而浑然之体者乎？今谓心之动静者，其主有事无事而言乎？其主寂然，感通而言乎？其主循理、从欲而言乎？若以循理为静，从欲为动，则于所谓‘动中有静，静中有动’，‘动极而静，静极而动’[①]者，不可通矣。若以有事而感通为动，无事而寂然为静，则于所谓‘动而无动，静而无静’[②]者，不可通矣。若谓未发在已发之先，静而生动，是至诚有息[③]也，圣人有复也，又不可矣。若谓未发在已发之中，则不知未发、已发俱当主静乎？抑未发为静而已发为动乎？抑未发、已发俱无动无静乎？俱有动有静乎？幸教。”

未发之中，即良知也，无前后内外，而浑然一体者也。有事、无事可以言动、静，而良知无分于有事、无事也。寂然、感通可以言动、静，而良知无分于寂然、感通也。动静者，所遇之时。心之本体，固无分于动静也，理无动者也，动即为欲。循理则虽酬酢万变，而未尝动也；从欲则虽槁心一念，而未尝静也。“动中有静，静中有动”，又何疑乎？有事而感通，固可以言动，然而寂然者未尝有增也；无事而寂然，固可以言静，然而感通者未尝有减也。“动而无动，静而无静”，又何疑乎？无前后内外而浑然一体，则至诚有息之疑，不待解矣。未发在已发之中，而已发之中未尝别有未发者在，已发在未发之中，而未发之中未尝别有已发者存，是未尝无动、静，而不可以动、静分者也，凡观古人言语，在以意逆志而得其大旨。若必拘滞于文义，则“靡有孑遗”者，是周果无遗民也。④周子“静极而动”之说，苟不善观，亦未免有病。盖其意从太极“动而生阳，静而生阴”说来。太极生生之理，妙用无息，而常体不易。太极之生生，即阴阳之生生。就其生生之中，指其妙用无息者而谓之动，谓之阳之生，非谓动而后生阳也；就其生生之中，指其常体不易者而谓之静，谓之阴之生，非谓静而后生阴也。若果静而后生阴，动而后生阳，则是阴阳、动静，截然各自为一物矣。阴阳一气也，一气屈伸而为阴阳。动静一理也，一理隐显而为动静。春夏可以为阳为动，而未尝无阴与静也。秋冬可以为阴和静，而未尝无阳与动也。春夏此不息，秋冬此不息，皆可谓之阳、谓之动也。春夏此常体，秋冬此常体，皆可谓之阴、谓之静也。自元、会、运、世、岁、月、日、时以至刻、杪、忽、微，莫不皆然。所谓动静无端，阴阳无始，在知道者默而识之，非可以言语穷也。若只牵文泥句，比拟仿像，则所谓心从《法华》[5]转，非是转《法华》矣。

注释

①“动中”四句：见周敦颐《太极图说》。

②“动而”二句：见周敦颐《通书》。

③至诚有息：见《中庸》，“至诚无息。”

④“若必”三句：见《孟子·万章上》，“故说诗者，不以文害辞，不以辞害志。以意逆志，是为得之。如以辞而已矣，《云汉》之诗曰‘周余黎民，靡有孑遗’。信斯言也，是周无遗民也。”

⑤《法华》：指《法华经》，全称《妙法莲华经》，佛经名。后秦鸠摩罗什译。《坛经》曰“心行转《法华》，不行《法华》转。心正转《法华》，心邪《法华》转”。

译文

来信说：“良知是心的本体，也就是所谓‘性善’‘未发之中’‘寂然不动之体’和‘廓然大公’等。为什么一般人不能持守，而一定要学习呢？‘中’‘寂’‘公’

等，既然已经就是心的本体，也就是良知了，假如心中一体验，就应该知无不良，但‘中’‘寂’‘大公’等实际上却没有。莫非良知还超然于体用之外吗?”

性无不善，所以才知无不良。良知的确也就是未发之中，也就是廓然大公和寂然不动之本体。这一点，是人人所共同具备的，但不可能不被物欲所蒙蔽，所以必须通过学习除去蒙蔽。然而，这对良知的本体并不能有丝毫的减损。知无不良，而中、寂、大公之所以未能保全，是因为蒙蔽还没有完全除尽，存念还不纯正而已。心体之用就是良知之用，难道还有超然于体用之外的东西吗?

来信说:“周敦颐先生‘主静’，程颐先生说‘动亦定，静亦定’，先生也说‘定者心之本体’。说明静就是定，绝对不是指不视不闻，无思无为，而是指一定要常知、常存和常主于理。而常知、常存和常主于理，分明属于动，属于已发，怎么能叫作‘静’呢?怎么能叫作‘本体’呢?莫非这静定还能够贯穿心的动静吗?”

理是不会动的。常知、常存、常主于理，也就是不视不闻，无思无为。所谓“不视不闻，无思无为”，也并非说如同枯木死灰。视、闻、思、为成为理的统一体，就没有不当的视、闻、思、为。这就是动而不动。所谓动，也是定；静，也是定。其体和用都是一个源头。

来信说：“此心未发的本体，是在已发之前呢？还是在已发之中而且主宰着已发呢？还是没有前后内外而浑然一体的呢？现在所谓‘心之动静’主要是就有事无事而言呢？还是主要就寂然不动与感而遂通而言呢？还是主要就循理从欲而言呢？如果从循理为静，从欲为动而言，那么所谓‘动中有静，静中有动’，‘动极而静，静极而动’就说不通了；如果从有事而感通为动，无事而寂然为静而言，那么，所谓‘动而无动，静而无静’，就又说不通了；如果从未发在已发之先，静而生动而言，那么，至诚中就有息止了，而圣人也需要复归本性了，这又说不通了；如果说未发在已发之中，那么，就又不清楚未发和已发的特点是否都主要是静，还是未发为静，已发为动呢？还是未发和已发都无动静呢？还是都有动有静呢？希望您赐教。”

未发之中就是良知，是没有前后内外而浑然一体的。谈有事、无事时，可以分为动、静，但良知却不能分有事无事。谈寂然不动与感而遂通，可以分为动、静，但良知却不能分寂然与感通。动、静，是根据所逢遇时间的不同而言的。心的本体，本来就不分动静。理是不动的，要是动，就成为欲了。只要遵循着理，那么，即使是应酬达万变也不会动；只要从欲，那么，即使是枯心之一念，也不算静。动中有静，静中有动，又何必怀疑呢？有事时感而遂通，固然可以叫动，然而，寂然不动者未必有所增加；无事而寂然不动，固然可以叫静，然而，寂然不动者未必有所增加；无事而寂然不动，固然可以叫静，然而，感而遂通者未必有所减少。"动而不动，静而不静"，又何必怀疑呢？良知不分前后内外而浑然一体，则至诚有息止的疑问，便迎刃而解了。未发在已发之中，而已发之中并不存在另外的未发；已发也在未发之中，而未发之中，也并不存在另外的已发。这时未尝无动静，但不能用动静来区分。但凡体察了古人的话语，用心去体会了其中深意的，就能得到其中的主旨。如果一定要拘泥于文义，那么，"靡不孑遗"这句话，当真是指周王朝没有遗民吗？周先生"静极而动"的学说，如果不善于理解，也不免有缺点。大约他的意思是从太极"动而生阳，静而生阴"生发而来的。太极有生生不息之妙用，不会停止，而且其常体又无变易。太极的生生，也就是阴阳的生生。从其生生角度，来看它的妙用不止，就称为“动”，称为“阳之生”，并非说动以后才产生阳；从其生生角度，来看它的常体不易，就称为“静”，称为“阴之生”，并非说静以后才产生阴。如果说静而后才生阴，动而后才生阳，那就是阴与阳、动与静截然自成一块了。阴与阳，本来都是同一种气，由这种气的屈和伸而分为阴阳；动与静，本来都是一个理，由这一个理的隐和显而分为动静。春夏可以是归为阳、为动，但也并没有离开过阴和静；秋冬可以归为阴、为静。但也并没有离开过阳和动。春夏也好，秋冬也好，从生生不息的角度看，都可以称为阳、称为动；春夏也好，秋冬也好，从常体不易的角度看，都可以称为阴、称为静。从元、会、运、世、岁、月、时，以至于刻、杪、忽、微，没有不是这样的。这就是所谓“动静无端，阴阳无始”。这个道理，对于懂得道的人来说，可以不言而喻，不是用语言所能表达清楚的。但如果只是拘泥于文句，比拟模仿，就成了所谓“心随《法华》转，非是转《法华》了”。

原文 来书云：“尝试于心，喜、怒、忧、惧之感发也，虽动气之极，而吾心良知一觉，即罔然消阻，或遏于初，或制于中，或悔于后。然则良知常若居优闲无事之地而为之主，于喜、怒、忧、惧若不与焉者，何欤?”

知此，则知未发之中、寂然不动之体，而有发而中节之和、感而遂通之妙矣。然谓良知常若居于优闲无事之地，语尚有病。盖良知虽不滞于喜、怒、忧、惧，而喜、怒、忧、惧亦不外于良知也。

来书云:“夫子昨以良知为照心，窃谓良知，心之本体也。照心，人所用功，乃戒慎恐惧之心也。犹思也，而遂以戒慎恐惧为良知，何欤?”

能戒慎恐惧者，是良知也。

来书云:“先生又曰‘照心非动也’。岂以其循理而谓之静欤?‘妄心亦照也’。岂以其良知未尝不在于其中，未尝不明于其中，而视听言动之不过则者皆天理欤?且既曰妄心，则在妄心可谓之照，而在照心则谓之妄矣。妄与息何异?今假妄之照以续至诚之无息，窃所未明，幸再启蒙。”

“照心非动”者，以其发于本体明觉之自然，而未尝有所动也。有所动即妄矣。“妄心亦照”者，以其本体明觉之自然者，未尝不在于其中，但有所动耳。无所动即照矣。无妄、无照，非以妄为照，以照为妄也。照心为照，妄心为妄，是犹有妄、有照也。有妄、有照，则犹贰也。贰则息矣。无妄、无照则不贰，不贰则不息矣。

译文

来信说："我曾用内心来试验：每当喜、怒、忧、惧感发时，哪怕是生气到了极点时，只要自己心中良知一旦觉悟，一切就烟消云散了。有时在开始时觉悟，有时在中间，也有时在事后感到后悔。尽管如此，我发现，良知常常在悠闲无事时主宰于心，在喜、怒、忧、惧时似乎察觉不出。这是为什么呢？"

懂得了这些，就能知道在未发之中、寂然不动的本体中，有发而中节之和，感而遂通的妙处了。然而说"良知常常在悠闲无事时主宰于心"，则还有点语病。良知虽然不凝滞于喜、怒、忧、惧，但喜、怒、忧、惧也并不在良知之外呀。

来信说："先生您过去认为良知就是照心，愚见却以为良知就是心的本体，而照心就是人所下的功夫，就是戒慎恐惧之心，犹如思一样。而您却直接以戒慎恐惧为良知，这是为什么呢？"

能使人做到戒慎恐惧，就是良知。

来信说："先生您又说'照心非动也'，莫非以为照心遵循于理才称为'静'的吗？还说'妄心亦照也'，莫非以为人的良知不会不在妄心中，不会不在其中明察，而不过分的视、听、言、动都符合天理吗？既然叫'妄心'，那么天理在妄心上可叫'照'，而在照心上也可叫'妄'了？这样，妄与息有什么差异呢？现在您把'妄心有照'来接续'至诚无息'。这是鄙见所不明白的，希望您再次启发。"

"照心非动"，是因为它发自于本体天然的明察，而从来就不为所动，如果有所动就是妄了。"妄心亦照"，是因为它本体天然的明察从来就不会不在妄心中，只是有所动而已，如果无所动就是照了。"无妄无照"，并非以妄为照，以照为妄。照心被称为"照"，妄心被称为"妄"，就等于说妄和照是有区别的。既然有妄有照，这就有了两种心。既然有两种心，就有了止息了。而说"无妄无照"，就不会有两种心。不会有两种心，就不会止息了。

原文 来书云："养生以清心寡欲为要。夫清心寡欲，作圣之功毕矣。然欲寡则心自清，清心非舍弃人事而独居求静之谓也。盖欲使此心纯乎天理，而无一毫人欲之私耳。今欲为此之功，而随人欲生而克之，则病根常在，未免灭于东而生于西。若欲刮剥洗荡于众欲未萌之先，则又无所用其力，徒使此心之不清。且欲未萌而搜剔以求去之，是犹引犬上堂而逐之也。愈不可矣。”

必欲此心纯乎天理，而无一毫人欲之私，此作圣之功也，必欲此心纯乎天理，而无一毫人欲之私，非防于未萌之先而克于方萌之际不能也。防于未萌之先而克于方萌之际，此正《中庸》“戒慎恐惧”、《大学》“致知格物”之功，舍此以外，无别功矣。夫谓灭于东而生于西、引犬上堂而逐之者，是自私自利、将迎意必之为累，而非克治洗荡之为患也。今曰养生以清心寡欲为要，只“养生”二字，便是自私自利、将迎意必之根。有此病根潜伏于中，宜其有灭于东而生于西，引犬上堂而逐之之患也。

来书云：“佛氏于‘不思善不思恶时，认本来面目’[①]，于吾儒随物而格之功不同。吾若于不思善不思恶时用致知之功，则已涉于思善矣。欲善恶不思，而心之良知清静自在，惟有寐而方醒之时耳。斯正孟子‘夜气’之说。但于斯光景不能久，倏忽之际，思虑已生。不知用功久者，其常寐初醒而思未起之时否乎？

今澄欲求宁静，愈不宁静，欲念无生，则念愈生。如之何而能使此心前念易灭，后念不生，良知独显，而与造物者游乎？”

不思善不思恶时认本来面目。此佛氏为未识本来面目者设此方便。本来面目即吾圣门所谓良知。今既认得良知明白，即已不消如此说矣。随物而格，是致知之功，即佛氏之“常惺惺”，亦是常存他本来面目耳。体段工夫大略相似。但佛氏有个自私自利之心，所以便有不同耳。今欲善恶不思，而心之良知清静自在，此便有自私自利，将迎意必之心，所以有“不思善、不思恶时”，用致知之功，则已涉于思善之患。孟子说“夜气”，亦只是为失其良心之人，指出个良心萌动处，使他从此培养将去。今已知得良知明白，常用致知之功，即已不消说“夜气”。却是得兔后不知守兔，而仍去守株，兔将复失之矣。欲求宁静，欲念无生，此正是自私自利、将迎意必之病，是以念愈生而愈不宁静。良知只是一个良知，而善恶自辨，更有何善何恶可思？良知之体本自宁静，今却又添一个求宁静，本自生生，今却又添一个欲无生，非独圣门致知之功不如此，虽佛氏之学亦未如此将迎意必也。只是一念良知，彻头彻尾，无始无终，即是前念不灭，后念不生。今却欲前念易灭，而后念不生，是佛氏所谓“断灭种性”[2]，入于槁木死灰之谓矣。

注释 ①“不思”二句：语出《坛经》行由品第一，“不思善，不思恶，正与应时，那个是明止座本来面目。”

②断灭种性：见玄奘《成唯识论》卷五。

译文 来信说：“养生把清心寡欲作为要点。说到清心寡欲，这乃是修炼圣学的完整的功夫。当然人欲少了，心自然清明，清心并非说要舍弃人事而独居求静，只是想让自己的心纯然天理，而没有一丝人欲的私心而已。现在我想修炼这种功夫，但在人欲刚产生时就克制它，则病根常在，不免东边灭绝而西边萌生。如果想要在各种欲念还未萌生之前就刮削洗涤，就又没有用功的地方，结果徒然地使自己做不到清心。而且想在欲念还未萌生之前就搜寻刮洗，就好比牵狗上堂却又驱逐它，更加不合情理了。”

一定要让自己的心纯然天理而没有一丝人欲的私心，这是修炼圣学的功夫。一定要让自己的心纯然天理而没有一丝人欲的私心，在私欲还未萌生之前就防止，在刚刚萌芽时就克制它，非这样不可！在私欲还未萌生之前就防止，在刚刚萌芽时就克制它，这正符合《中庸》“戒慎恐惧”和《大学》“格物致知”功夫的精神。除此之外，别无功夫了。至于所谓“东边灭绝而西边萌生”和“牵狗上堂却又驱逐它”，是被自私自利和逢迎固执等所拖累，而不必担心什么刮削洗涤之类。如果说“养生把清心寡欲作为要点”的话，其实这“养生”二字就是自私自利和逢迎固执等的病根，有这病根潜伏在心中，有“东边灭绝而西边萌生”和“牵狗上堂却又驱逐它”的忧患，就是理所当然的了。

来信说：“佛教的‘不思善不思恶时，认本来面目’，与我们儒学随物而格的功夫不同。如果我在不思善不思恶时用致知的功夫，就已经涉及思善了。要善恶都不去思，让心的良知清静自在，就只能在睡觉初醒时，而这正是孟子的所谓‘存夜气’的说法。只是这种情况不会长久，片刻之间，思虑就袭来了。不知道用功很久的人，是否能常常处于初醒而思虑还没有起的时候？现在，我想寻求宁静却更不宁静，想让欲念不要产生却越加产生。到底要怎样，才能使自己心中的前念易灭而后念不生，良知独显而与造物者同游呢？”

“不思善不思恶时，认本来面目”，这是佛教为还不认识本来面目的人讲的口诀。所谓本来面目，也就是我们圣学所说的良知。现在既然已经明明白白地认清了良知，就不必这样去表述了。随物而格是致知的功夫，也就是佛教所说的“常惺惺”，也就是说要常存佛教的本来面目。从外表看，佛、儒的功夫大致相同，但佛教有个自私自利之心，所以两者就不同了。你现在想不思善恶而让心之良知清静自在，这本身就有自私自利和逢迎固执之心。所以，有不思善不思恶时用致知之功，就已经涉及思善的毛病。孟子所说的“存夜气”，也只是为失去自己良心的人指出个良心萌动的地方，让他们照这样去修养自己。如果已经知道了良知，明白了常用致知的功夫，就不必再说什么“存夜气”了。不然，就是守株待兔后，不懂去守兔，反倒去守株，而兔也将会再次失去了。想要寻求宁静，让欲念不产生，这正是自私自利和逢迎固执的毛病。所以才会欲念越加产生，更加不宁静。良知只是一个良知，而善恶自然明辨，还有什么善恶可思？良知之体，本来就宁静，现在却又添出一个寻求宁静来；本来就生生不息，现在却又添出一个欲念不生来。不光是圣学致知的功夫不像这样，就连佛教的学问也不如此逢迎固执。只要一个念头在良知上，彻头彻尾，无始无终，就是前念不灭，后念不生。现在你却想前念易灭而后念不生，这是佛教所说的“断灭种性”，沦入到所谓“槁木死灰”中去了。

原文 来书云：“佛氏又有常提念头之说，其犹孟子所谓‘必有事’，夫子所谓致良知之说乎？其即‘常惺惺’，常记得，常知得，常存得者乎？于此念头提在之时，而事至物来，应之必有其道。但恐此念头提起时少，放下时多，则工夫间断耳。且念头放失，多因私欲客气之动而始，忽然警醒而后提，其放而未提之间，心之昏杂多不自觉。今欲日精日明，常提不放，以何道乎？只此常提不放，即全功乎？抑于常提不放之中，更宜加省克之功乎？虽曰常提不放，而不加戒惧克治之功，恐私欲不去；若加戒惧克治之功焉，又为‘思善’之事，而于本来面目又未达一间也。如之何则可？”

戒惧克治即是常提不放之功，即是“必有事焉”，岂有两事邪？此节所问，前一段已自说得分晓，末后却是自生迷惑，说得支离，及有本来面目未达一间之疑，都是自私自利、将迎意必之为病，去此病自无此疑矣。

来书云："'质美者明得尽，渣滓便浑化。'[①]如何谓明得尽？如何而能便浑化？"

良知本来自明。气质不美者，渣滓多，障蔽厚，不易开明。质美者，渣滓原少，无多障蔽，略加致知之功，此良知便自莹彻，些少渣滓，如汤中浮雪，如何能作障蔽。此本不甚难晓，原静所以致疑于此，想是因一"明"字不明白，亦是稍有欲速之心。向曾面论明善之义，"明则诚矣"[②]，非若后儒所谓明善之浅也。

注释

①"质美"二句：见《河南程氏遗书》卷十一。

②明则诚矣：见《中庸》。

译文

来信说："佛教还有'常提念头'的说法，是否有点儿像孟子所说的'必有事'，以及先生您所说的'致良知'？也就是'常惺惺''常记得''常知得''常存得'吗？当这念头被提起时，事物纷至沓来，都能应付有道，只恐怕这念头提起时少，放下时多，功夫间断了。而且念头的放弃丢失，大多因为私欲和外气的萌动。忽然惊醒之后又可提起。在放与尚未提起之间，心中昏杂，一般都察觉不到。现在想要日益精进明澈，常提不放，该怎样做呢？只要这常提不放一点，就是全部功夫吗？还是应该在常提不放之中再加上省察克己的功夫呢？虽然做到常提不放了，但不加上戒惧克治的功夫，恐怕私欲仍不能去除；加上了戒惧克治的功夫又成了‘思善’这事，就又没有达成‘本来面目’，怎样做才对呢？”

“戒惧克治”就是“常提不放”的功夫，也就是“必有事焉”，哪里是两回事呢？这一节提的问题，前面一段已经说清楚了，往后就是你自己疑惑自己，把话说得支离破碎了，还产生了“没有达成本来面目”的疑问。这些都是自私自利、逢迎固执带来的毛病。除去这种病根，自然就没有这种疑问了。

来信说：“‘质美者明得尽，渣滓便浑化’，究竟什么叫‘明得尽’，怎样才能‘便浑化’呢？”

良知本来是明澈的。气质不美的人渣滓多，障蔽厚，不容易启迪其明澈；气质美好的人渣滓原来就少，没有多少障蔽，稍加致知的功夫，自己的良知就自然晶莹明澈，一点点渣滓，就像烫水中的浮雪，怎么能作为障蔽呢？这个道理本来并不很难懂，原静你之所以会产生这样的疑问，想来是因为对这个“明”字不了解，也因为略有急于求成之心。过去我曾经与你当面讨论过“明善”的含义。“明则诚矣”，并非像后来儒生们所谈的“明善”那般浅薄。

原文

来书云：“聪明睿知，果质乎？仁义礼智，果性乎？喜怒哀乐，果情乎？私欲客气，果一物乎？二物乎？古之英才，若子房[①]、仲舒[②]、叔度[③]、孔明[④]、文中[⑤]、韩[⑥]、范[⑦]诸公，德业表著，皆良知中所发也，而不得谓之闻道者，果何在乎？苟曰此特生质之美耳，则生知安行者，不愈于学知、困勉者乎？愚意窃云，谓诸公见道偏则可，谓全无闻，则恐后儒崇尚记诵训诂之过也。然乎否乎？”

性一而已。仁、义、礼、知，性之性也。聪、明、睿、知，性之质也。喜、怒、哀、乐，性之情也。私欲、客气，性之蔽也。质有清浊，故情有过不及，而蔽有浅深也。私欲、客气，一病两痛，非二物也。张、黄、诸葛及韩、范诸公，皆天质之美，自多暗合妙道，虽未可尽谓之知学，尽谓之闻道，然亦自有其学违道不远者也，使其闻学知道，即伊、傅[⑧]、周、召[⑨]矣。若文中子则又不可谓之不知学者。其书虽多出于其徒，亦多有未是处。然其大略，则亦居然可见。但今相去辽远，无有的然凭证，不可悬断其所至矣。夫良知即是道。良知之在人心，不但圣贤，虽常人亦无不如此，若无有物欲牵蔽，但循著良知发用流行将去，即无不是道。但在常人多为物欲牵蔽，不能循得良知。如数公者，天质既自清明，自少物欲为之牵蔽，则其良知之发用流行处，自然是多，自然违道不远。学者学循此良知而已。谓之良知，只是知得专在学循良知。数公虽未知专在良知上用功，而或滥于多岐，疑迷于影响，是以或离或会而未纯。若知得时，便是圣人矣。后儒尝以数子者尚皆是气质用事，未免于行不著，习不察。此亦未为过论。但后儒之所谓著、察者，亦是狃于闻见之狭，蔽于沿习之非，而依拟仿像于影响形迹之间，尚非圣门之所谓著、察者也。则亦安得以己之昏昏，而求人之昭昭也乎？⑩所谓生知安行，“知行”二字亦是就用功上说。若是知行本体，即是良知良能。虽在困勉之人，亦皆可谓之生知安行矣。“知行”二字更宜精察。

注释

①子房：张良（？—前186），字子房。城父（今安徽亳州东南）人。帮助刘邦消灭项羽，建立汉朝。封留侯。

②仲舒：董仲舒（前179—前104），广川（今河北枣强东）人，西汉哲学家、今文经学大师。其学以儒家思想为中

心，开两千余年儒学正统之先声，影响极大。著作有《春秋繁露》。

③叔度：黄宪（22—70），字叔度。东汉汝南（今河南平舆县）人。家境贫穷，年十四，有颜子（颜回）之称。周乘尝谓曰："时岁之间，不见黄生，则鄙吝之萌复存于心。"郭泰称黄宪曰："汪汪若千顷波，澄之不清，淆之不浊。"初举孝廉，又辟公府。固友人劝仕，暂游京师而还。年四十八卒，天下号回征君。

④孔明：诸葛亮（181—234），字孔明。琅琊阳都（今山东沂南南）人，隐居隆中（今湖北襄阳西）。三国蜀汉政治家、军事家。帮助刘备联孙攻曹，取得赤壁之战胜利，并占领荆益，建立蜀汉政权，任丞相。五次出兵伐魏，最后病死于五丈原军中。

⑤文中：指王通。

⑥韩：指韩琦（1008—1075），字稚圭。相州安阳（今属河南）人。宋仁宗时进士。曾出任陕西安抚史，与范仲淹共同防御西夏，时人称韩、范。在并州收回契丹冒占的土地。反对王安石变法。封魏国公。著有《安阳集》。

⑦范：指范仲淹（909—1052），字希文。苏州吴县（今属苏州市吴中区）人。北宋政治家、文学家。少时贫困力学，出仕后有敢言之名，任参知政事时，提出建立任官制度、注

重农桑、整顿武备、推行法制、减轻徭役等主张。因遭反对，未能实现。后在赴颍州途中病死。工于诗词散文，为世传诵。著有《范文正公集》。

⑧傅：指傅说（yuè），商王武丁的大臣。相传原是傅岩地方从事版筑的奴隶，后被武丁起用，治理国家。

⑨召：指召（shào）公，一作邵公、召康公，名奭（shì）。周文王之子，曾佐武王灭商。封于燕，为周代燕国始祖。

⑩“则亦”二句：见《孟子·尽心下》，“孟子曰：‘贤者以其昭昭使人昭昭，今以其昏昏使人昭昭。’”

译文

来信说：“聪明睿知当真是天生的品质吗？仁义礼智当真是人的天性吗？喜怒哀乐当真是人的真情吗？私欲和外气到底是一种东西呢？还是两种东西呢？古代的英才如张良、董仲舒、黄宪、诸葛亮、王通、韩琦、范仲淹等人，品德和功业都很显著，且都是发自于各人的良知，他们却不能称为闻道者，原因何在呢？如果说只不过因为他们的天性本质美好而已，那么，那些生知安行的人不是比学知困勉的人要强吗？愚见是：可以说他们理解圣道有偏差，但要说他们全然不懂圣道，就恐怕是后来的儒生崇尚记诵训诂带来的误解。这种理解对吗？”

天性，只有一种。仁、义、礼、智，是天性的性质；聪、明、睿、知，是天性的资质；喜、怒、哀、乐，是天性的情感；私欲、外气，是天性的障蔽。资质有清有浊，所以情感有过有不及。而障蔽有深有浅；私欲和外气是一个病根的两种痛法，并不是两种病。前面所说的张、黄、诸葛，以及韩、范诸位前辈，都是些天性资质美好的人，自然暗合圣道之妙，尽管还不能称为完满的知学，完满的闻道，但也都各自有其学问，距离圣道不远。假如让他们闻学知道的话，就是伊尹、傅说、周公、召公之类了。至于文中子王通，则不能认为他是不知学的人。他的著作虽然大多出自他的门徒，还多有不当之处，但其大体也能昭然可见。只是距今太远，没有准确的依据，不能凭空臆断他所达到的高度了。说到良知，那就是道。良知在人的心中，不但圣贤如此，就连一般人也无不如此。如果没有物欲的牵制蒙蔽，只要遵循着良知的自然生发流露去做，就没有不合道的。只不过一般人大多为物欲所牵制蒙蔽，不能遵循良知。至于刚才提到的诸位前辈，他们天生的资质本来就清明，自然物欲的牵制蒙蔽就少，良知的生发流露自然就多，自然就离道不远。所谓学者，不过是遵循这良知而已。称之为“知学”，只是知道专一地学习遵循良知。几位前辈，虽然还不知专在良知上用功，有的像在岔路上徘徊，有的像在影子和回声中迷惑。所以时而偏离圣道，时而又暗合，并不纯正。如果早明白的话，就是圣人了。后代儒生认为几位前辈只凭自己的气质行事，不免“行不著”而“习不察”，这话也并不过分。但后代儒生所谓“著”与“察”，也不过是受到狭隘的见闻局限，受到因袭的邪路障蔽，对圣人的影子、回声、身形、足迹之类的模拟仿照而已，并不就是圣门所说的“著”与“察”。又怎么能以其昏昏，使人昭昭呢？所谓“生知安行”中的“知行”二字，也是就用功而言，至于知行的本体，就是良知良能。从本体角度说，哪怕就是困知勉行的人，也都可以称作生知安行了。“知行”这两个字，还值得深入地体察。

原文

来书云：“昔周茂叔每令伯淳寻仲尼、颜子乐处。[①]敢问是乐也，与七情之乐同乎？否乎？若同，则常人之一遂所欲，皆能乐矣，何必圣贤？若别有真乐，则圣贤之遇大忧、大怒、大惊、大惧之事，此乐亦在否乎？且君子之心常存戒惧，是盖终身之忧也，恶得乐？澄平生多闷，未尝见真乐之趣，令切愿寻之。”

乐是心之本体，虽不同于七情之乐，而亦不外于七情之乐。虽则圣贤别有真乐，而亦常人之所同有，但常人有之而不自知，反自求许多忧苦，自加迷弃。虽在忧苦迷弃之中，而此乐又未尝不存，但一念开明，反身而诚，则即此而在矣。每与原静论，无非此意，而原静尚有何道可得之问，是犹未免于骑驴觅驴之蔽也。

注释

①周茂叔，即周敦颐。伯淳，即程颢。《河南程氏遗书》卷二上有言："昔受学于周茂叔，每令寻颜子、仲尼乐处，所乐何事。"孔颜乐处，指以孔子为代表的乐天、超然境界，儒家精神资源之一。其原出处见《论语·雍也》："子曰：'贤哉，回也！一箪食，一瓢饮，在陋巷，人不堪其忧，回也不改其乐。'"《论语·雍也》："知之者不如好之者，好之者不如乐之者。"《论语·述而》："子曰：'饭疏食饮水，曲肱而枕之，乐亦在其中矣。'"《论语·述而》："叶公问孔子于子路，子路不对。子曰：'女奚不曰，其为人也，发愤忘食，乐以忘忧，不知老之将至云尔。"

译文

来信说："当初，周敦颐常常让程明道寻找孔子与颜回的快乐。请问这种快乐与七情中的乐是否相同？如果相同，那么，就是平常人一旦遂心如愿都会快乐，何必要圣贤呢？如果另有纯真的快乐，那么，当圣贤们碰到大忧、大怒、大惊、大惧的事情时，这种快乐还存在吗？而且君子的心中常常保存着戒惧，可见是他们终身的忧患，怎么会有快乐呢？我一生都感到忧闷，从来没有看见纯真的乐趣。现在，我迫切地想找到这种乐趣。"

乐是心的本体，虽然与七情中的乐不是一回事，但也不外乎七情之乐。虽说圣贤另有纯真的快乐，这快乐与一般人也并无不同。只是一般人有了这种快乐而不能自我察觉，反而自己给自己寻来许多的忧苦，自己给自己加上不少的迷惘。即使在这忧苦迷惘之中，这种快乐也未必不存在。只要一个念头豁然开朗，反身内求，感到诚意，这种快乐就能体会到了，每次与你讨论，没有不是这个意思的，而你还问用什么方法可以得到真乐，这就不免像骑着驴找驴一样可笑了。

原文 来书云："《大学》以心有好乐、忿懥、忧患、恐惧为不得其正，而程子亦谓'圣人情顺万事而无情'①。所谓有者，《传习录》中以病疟譬之，极精切矣。若程子之言，则是圣人之情不生于心而生于物也，何谓邪？且事感而情应，则是是非非可以就格。事或未感时，谓之有则未形也，谓之无则病根在有无之间，何以致吾知乎？学务无情，累虽轻，而出儒入佛矣，可乎？”

圣人致知之功，至诚无息。其良知之体，皦如明镜，略无纤翳[②]，妍媸之来，随物见形，而明镜曾无留染，所谓情顺万物而无情也。“无所住而生其心”[③]，佛氏曾有是言，未为非也。明镜之应物，妍者妍，媸者媸，一照而皆真，即是生其心处。妍者妍，媸者媸，一过而不留，即是无所住处。病疟之喻，即已见其精切，则此节所问可以释然。病疟之人，疟虽未发，而病根自在，则亦安可以其疟之未发，而遂忘其服药调理之功乎？若必待疟发而后服药调理，则即晚矣。致知之功，无闲于有事无事，而岂论于病之已发未发邪？大抵原静所疑，前后虽若不一，然皆起于自私自利、将迎意必之为祟。此根一去，则前后所疑，自将冰消雾释，有不待于问辨者矣。

答原静书出，读者皆喜澄善问，师善答，皆得闻所未闻。师曰：“原静所问只是知解上转，不得已与之逐节分疏。若信得良知，只在良知上用工，虽千经万典无不吻合，异端曲学一勘尽破矣，何必如此节节分解？佛家有扑人逐块之喻，见块扑人，则得人矣，见块逐块，于块奚得哉？”[④]在座诸友闻之，惕然皆有惺悟。此学贵反求，非知解可入也。

注释

①“圣人”句：见《河南程氏文集》卷二《答横渠张子厚先生书》。

②翳（yì）：遮蔽。

③无所住而生其心：语出《金刚经》第十品。

④“佛家”五句：见《涅槃经》第二十六品，“凡一切凡夫，虽观于果，不观因缘，如犬逐块而不逐人，亦复如此。”

译文

来信说：“《大学》认为‘心有好乐、忿懥、忧患、恐惧，就不能算是平正’，而程明道先生也说‘圣人情顺万事而无情’。所谓有情，《传习录》中拿疟疾来比喻，非常精确。依照程先生的话，就是圣人之情不产生于心，而是产生于事物了。他为什么这样说呢？而且感受了事物就产生了相应的感情，这样，是是非非就可以去格。事物还没有感受到时，说是有情吧，又没有体现出来；说是无情吧，而情又像病根一样，在有无之间。那怎样去致知呢？学习应该致力于无情。这样，拖累虽然轻了，但却出于儒道而入于佛教了。

这样行吗?”

圣人致知的功夫是至诚无息的，圣人良知的本体皎洁如明镜，全无丝毫蒙蔽。当美的、丑的东西来到，镜子就应物现形，但镜子本身却不留污染，正是所谓“情顺万事而无情”。“无所住而生其心”，佛典曾这样说，这并不为过。明镜反映外物，美的就美，丑的就丑，一经映照就都显其真面目，这就叫“生其心”。而美的就美，丑的就丑，一经映照却并不留污染，这就叫“无所住”。疟疾的比喻，你既然已经感到精确了，那这一节的问题就应该清楚了。疟疾病人，病尽管还没有发作，但病根还在，怎么能因为病未发作就忘记服药调理的功夫呢！如果一定要等疟疾发作然后才服药调理，就太晚了！致知的功夫，与有事无事并无关系，就像病人服药调理一样，岂能细论病已经发作与还未发作呢！你所疑惑的事，前面跟后面虽然好像不一样，但大致都是由于自私自利逢迎固执在作祟。这种病根一旦除去，则你前后的疑问自然将冰消雾释，不必再去求教讨论了。

答陆原静的书信公诸于世后，读者都很高兴。原静善于提问，老师善于解答，而读者都获得了闻所未闻的知识。王阳明老师说:“原静所问的，都是在知解上绕弯子。我不得已，才为他逐节地解释。如果相信良知，只要在良知上用功，哪怕他千经万典，没有不吻合的，而那些异端邪说，一触即溃。何必像这样一节节地解释呢？佛经上有个狗被石块打后，不追人却去追石块的比喻。看见了石块，就应该能找到摔石头的人了，看见石块就追石块，岂能追到摔石块的人呢？”当时在座的朋友们听到后都豁然开朗，有所醒悟。这说明学习贵在返身自求，并不是从知解就可以悟其三昧境界的。

答欧阳崇一

原文 崇一来书云：“师云‘德性之良知，非由于闻见，若曰多闻择其善者而从之，多见而识之，则是专求之见闻之末，而已落在第二义’。窃意良知虽不由见闻而有，然学者之知，未尝不由见闻而发。滞于见闻固非，而见闻亦良知之用也。今曰落在第二义，恐为专以见闻为学者而言，若致其良知而求之见闻，似亦知行合一之功矣。如何?”

良知不由见闻而有，而见闻莫非良知之用。故良知不滞于见闻，而亦不离于见闻。孔子云:“吾有知乎哉？无知也。”[①]良知之外，别无知矣。故致良知是学问大头脑，是圣人教人第一义。今云专求之见闻之末，则是失却头脑，而已落在第二义矣。近时同志中，盖已莫不知有致良知之说，然其工夫尚多鹘突[②]者，正是欠此一问。大抵学问功夫只要主意头脑是当，若主意头脑专以致良知为事，则凡多闻多见，莫非致良知之功。盖日用之间，见闻酬酢，虽千头万绪，莫非良知之发用流行。除却见闻酬酢，亦无良知可致矣。故只是一事。若曰致其良知而求之见闻，则语意之间未免为二。此与专求之见闻之末者虽稍不同，其为未得精一之旨，则一而已。“多闻，择其善者而从之。多见而识之。”既云“择”，又云“识”，其良知亦未尝不行于其间。但其用意乃专在多闻多见上去择识，则已失却头脑矣。崇一于此等语见得当已分晓，今日之问，正为发明此学，于同志中极有益。但处意未莹，则毫厘千里，亦不容不精察之也。

注释

①吾有知乎哉？无知也：语出《论语·子罕》。

②鹘（hú）突：糊涂。

译文 崇一来信说："老师讲'德性的良知并不取决于见闻知识。如果要想多闻，就择其善者而从之；要想多知，就多见而识之。那就专求于见闻的末节而已，落入次要的意义上去了'。愚意以为良知虽然不产生于见闻，但学者所知未尝不由见闻而生发。滞留于见闻固然不对，但见闻也是良知的作用。现在却说是次要的意义，恐怕是针对专门以见闻为学问的人而言，如果是为致良知而去寻求见闻，似乎也就是知行合一的功夫了。这话对吗？"

良知并不由见闻而产生，而见闻没有不是良知的作用。所以，良知不束缚于见闻又离不开见闻。孔子说："吾有知乎哉？无知也。"可见良知之外，没有别的知。所以，致良知是学问的灵魂，是圣人教学生的第一教义。现在说专门寻求见闻的末节，就是失去灵魂，已经落到次要的意义上去了。近来，同志中没有不知道良知并有志于良知的了，但谈到下功夫，却还有不少糊涂观念，正是由于缺少像你这样的一个问题。大致说来，做学问下功夫只要抓主旨核心。如果主旨核心一心一意地致良知。那么多闻多见没有不是在下致良知功夫的。天地之间，见闻应酬，虽然千头万绪，却没有不是良知的生发运用和流行的，除去见闻应酬，也没有良知可致。所以说良知与见闻就是一回事。如果说致良知要先见闻，在表达上，就不免分为两回事了。这虽然与专门寻求见闻的末节者稍有不同，但在没有获得精一的本旨上，却是致的。“多闻，择其善者而从之”，“多见而识之”这两句话，既说了“择”字，又说了“识”字，可见良知也未必不运行于其间，但其用意偏重在多闻多见上去“择”，去“识”而已，失去了核心了。崇一你在这样的地方都有所注意，应当是已经清楚的了。现在的发问，正是为了在同志中阐明这种学问，非常有益。只是意思还不太透彻，容易造成差之毫厘，失之千里的过失，也不能不加以详细考察。

原文 来书云：“师云‘《系》言何思何虑，是言所思所虑只是天理，更无别思别虑耳，非谓无思无虑也。心之本体即是天理，有何可思虑得？学者用功，虽千思万虑，只要复他本体，不是以私意去安排思索出来。若安排思索，便是自私用智矣’。学者之蔽，大率非沉空守寂，则安排思索。德辛壬之岁[①]著前一病，近又著后一病。但思索亦是良知发用，其与私意安排者何所取别？恐认贼作子，惑而不知也。”

“思曰睿，睿作圣。”[②]“心之官则思，思则得之。”[③]思其可少乎？沉空守寂，与安排思索，正是自私用智，其为丧失良知一也。良知是天理之昭明灵觉处，故良知即是天理，思是良知之发用。若是良知发用之思，则所思莫非天理矣。良知发用之思，自然明白简易，良知亦自能知得。若是私意安排之思，自是纷纭劳扰，良知亦自会分别得。盖思之是非邪正，良知无有不自知者。所以认贼作子，正为致知之学不明，不知在良知上体认之耳。

注释

①德辛壬之岁：指辛巳年到壬午年，即明正德十六年（1521）到明嘉靖元年（1522）。

②思曰睿、睿作圣：语出《尚书·洪范》。引文有删省。

③心之官则思，思则得之：语出《孟子·告子上》。

译文

来信说：“老师您说‘《易经·系辞》的“何思何虑”，是指所思虑的只是天理，再没有别的思虑而已，并不是说完全没有思虑。心的本体就是天理，又有什么可思虑的呢？学者用功，虽然有千思万虑，只是要恢复他的本体，并不是用私意去安排思索出个什么东西来。如果刻意去安排思索了，就是自私耍小聪明了’。学者们的弊病，大多不是沦入空洞枯寂，就是刻意安排思索。我在辛巳至壬午期间，犯了前一种毛病，近来又犯了后一种毛病。只是，思索也是良知的生发和作用。它与出自私意的安排又有什么区别呢？我担心自己犯了‘认贼作子’的错误，疑惑而不知。”“思曰睿，睿作圣”，“心之官则思，思则得之”。思考怎么能缺少呢？沦入空洞枯寂与刻意安排思索正是自私耍小聪明，它们在丧失良知这一点上是一致的。良知，是天理的昭明灵觉之所在，所以良知就是天理。思考是良知的生发运用。如果是良知生发运用的思考，那么，所思考的就没有不是天理了。由良知生发运用的思考，自然明白简易，而良知也自然能知道。如果是私意安排的思考，自然是纷纭劳扰的，但良知也自然会分辨清楚。但凡思考的是非邪正，良知没有不自然明辨的。所以，“认贼作子”，正因为对致知之学还不明白，不清楚在良知上去体认而已。

原文 来书又云：“师云‘为学终身只是一事，不论有事无事，只是这一件。若说宁不了事，不可不加培养，却是分为两事也’。窃意觉精力衰弱，不足以终事者，良知也，宁不了事，且加休养，致知也。如何却为两事？若事变之来，有事势不容不了，而精力虽衰，稍鼓舞亦能支持，则持志以帅气可矣。然言动终无气力，毕事则困惫已甚，不几于暴其气已乎？此其轻重缓急，良知固未尝不知，然或迫于事势，安能顾精力？或困于精力，安能顾事势？如之何则可？”

宁不了事，不可不加培养之意，且与初学如此说亦不为无益。但作两事看了，便有病痛。在孟子言“必有事焉”，则君子之学终身只是“集义”一事。义者，宜也，心得其宜之谓义。能致良知则心得其宜矣，故集义亦只是致良知，君子之酬酢万变，当行则行，当止则止，当生则生，当死则死，斟酌调停，无非是致其良知，以求自慊而已。故“君子素其位而行”，“思不出其位”①。凡谋其力之所不及，而强其知之所不能者，皆不得为致良知。而凡“劳其筋骨，饿其体肤，空乏其身，行拂乱其所为，动心忍性以增益其所不能”②者，皆所以致其良知也。若云宁不了事，不可不加培养者，亦是先有功利之心，计较成败利钝而爱憎取舍于其间，是以将了事自作一事，而培养又别作一事，此便有是内非外之意，便是自私用智，便是义外，便有“不得于心，勿求于气”[3]之病，便不是致良知以求自慊之功矣。所云鼓舞支持，毕事则困惫已甚，又云迫于事势，困于精力，皆是把作两事做了，所以有此。凡学问之功，一则诚，二则伪。凡此皆是致良知之意，欠诚一真切之故。《大学》言“诚其意者，如恶恶臭，如好好色，此之谓自慊”。曾见有恶恶臭，好好色，而须鼓舞支持者乎？曾见毕事则困惫已甚者乎？曾有迫于事势，困于精力者乎？此可以知其受病之所从来矣。

注释

①思不出其位：语出《论语·宪问》，“子曰：‘不在其位，不谋其政。’曾子曰：‘君子思不出其位。’”

②“劳其”五句：语出《孟子·告子下》，“天将降大任于斯人也，必先苦其心志，劳其筋骨……”

③不得于心，勿求于气：语出《孟子·告子上》。

译文

来信又说：“老师您说‘治学终身，只有一件事，无论有事无事，都只是这一件事。如果说宁可不去理事，却不能不加以修养，这就把理事与修养分为两回事了’。愚意以为：如果感觉精力衰弱，不足以办理完事情。这就是良知。宁肯不理事，姑且加以休养去致知。为什么分为两回事了呢？如果事变袭来，这种事容不得不去办理，这时，虽然精力衰弱，但稍加鼓舞，也能支持，可见让意志去统帅气力还可行。但是此时的言行毕竟没有气力，完事后就非常困乏疲惫，这与‘暴其气’不是差不多吗？这其中的轻重缓急，良知固然不会不知道，但有时迫于事势，怎么能顾及精力的盛衰呢？有时困于精力，又怎么能顾及事势呢？到底怎样做才对呢？”

宁肯不理事，不能不加以修养这话，如果对初学者说说倒也不算没好处，但将处事与修养分成两回事看，本身就有毛病。孟子说“必有事焉”，那君子做学问终身，就只是“集义”这一件事了。义，就是宜。内心得其所宜这就叫“义”。能够做到致良知，也就是心得其所宜了。所以，集义也只是致良知。君子应酬万变，当行就行，当止就止，当生就生，当死就死。斟酌调停，无非是致良知以求良心满足而已。所以“君子素其位而行”，“思不出其位”。凡是企图干自己力量不够的事，勉强做智力不达的事，都不算是致良知。而凡是“劳其筋骨，饿其体肤，空乏其身，行拂乱其所为，动心忍性，以增益其所不能”的，都是致其良知的方法。如果说宁肯不理事，也不能不加以修养，就是先有了功利之心，计较了成与败、利与钝，而掺杂了爱憎取舍于其间。所以将不理事当成一件事，将修养又当成另一件事，这就有了倾向内而忽略外的意思，就是自私耍心眼，就是处于义之外，就有了“不得于心，勿求于气”的毛病，就不是致良知，以寻求自己良心满足的功夫了。所说“稍加鼓舞，也能支持”，完事后“非常困乏疲惫”，又说“迫于事势”“困于精力”之类，都是把理事与修养当成两件事做了，所以才说这话。凡是学问的功夫，一心一意就是诚，三心二意就是伪。你所说的，都是致良知的意志还欠缺诚信、精一和真切。所以，《大学》才说：“诚其意者，如恶恶臭，如好好色，此之谓自慊。”你曾见过有厌恶恶臭，喜好美色方面还须要鼓舞支持的人吗？曾见过这些事情做完后感到非常困乏疲惫的吗？曾有过迫于这些事势而困于精力的吗？从这一点，就可以知道病根从何而来了。

原文 来书又有云：“人情机诈百出，御之以不疑，往往为所欺。觉则自入于逆、亿①。夫逆诈，即诈也。亿不信，即非信也。为人欺，又非觉也。不逆不亿，而常先觉，其惟良知莹彻乎。然而出入毫忽之闲，背觉合诈者多矣。”

不逆不亿而先觉，此孔子因当时人专以逆诈、亿不信为心，而自陷于诈与不信。又有不逆，不亿者，然不知致良知之功，而往往又为人所欺诈，故有是言。非教人以是存心，而专欲先觉人之诈与不信也。以是存心，即是后世猜忌险薄者之事。而只此一念，已不可与入尧、舜之道矣，不逆、不亿而为人所欺者，尚亦不失为善。但不如能致其良知，而自然先觉者之尤为贤耳。崇一谓其惟良知莹彻者，盖已得其旨矣。然亦颖悟所及，恐未实际也。盖良知之在人心，亘万古、塞宇宙而不同。“不虑而知”，“恒易以知险”，“不学而能”，“恒简以知阻”，②“先天而天不违。天且不违，而况于人乎？况于鬼神乎？”③夫谓背觉合诈者，是虽不逆人，而或未能无自欺也。虽不亿人，而或未能果自信也。是或常有先觉之心，而未能常自觉也。常有求先觉之心，即已流于逆、亿，而足以自蔽其良知矣。此背觉合诈之所以未免也。君子学以为己，未尝虞人之欺己也，恒不自欺其良知而已。是故不欺则良知无所伪而诚，诚则明矣。自信则良知无所惑而明，明则诚矣。明、诚相生，是故良知常觉、常照。常觉、常照则如明镜之悬，而物之来者自不能遁其妍媸矣。何者？不欺而诚，则无所容其欺，苟有欺焉而觉矣。自信而明，则无所容其不信，苟不信焉而觉矣。是谓“易以知险”，“简以知阻”，子思所谓“至诚如神，可以前知”④者也。然子思谓“如神”，谓“可以前知”，犹二而言之，是盖推言思诚者之功效，是犹为不能先觉者说也。若就至诚而言，则至诚之妙用，即谓之“神”，不必言“如神”。至诚则无知而无不知，不必言“可以前知”矣。

注释

①逆、亿：语出《论语·宪问》，“子曰：‘不逆诈，不亿不信，抑亦先觉者，是贤乎。’”逆，预先怀疑。亿，随意猜测，后来写作“臆”。

②“不虑”四句：见《孟子·尽心上》，“人之所不学而能者，其良能也；所不虑而知者，其良知也。”见《易·系辞下》，“夫乾，天下之至健也，德行恒易以知险。夫坤，天下之至顺也，德行恒简以知阻。”

③“先天”四句：语出《易·乾·文言》。

④至诚如神，可以前知：见《中庸》，“至诚之道，可以前知。”

译文

来信又说：“人情机诈无穷。用不怀疑来对待它，就往往被人情所欺；用警觉来对待它，又会堕入‘逆诈’

和‘亿不信’。逆诈，就是诈；臆不信，就是不守信；被人情所欺，又是不警觉。不逆诈，不臆不信，并且常常预先知觉，只有良知才能做到，它晶莹透彻，但正误之间只有一丝差异，背离知觉而暗合逆诈的人太多了。”

“不逆诈，不亿不信，抑亦先觉”，这是孔子针对下述情况而说的：当时有人一心去逆诈和臆不信，从而使自己陷入诈与不信；另一种人倒是不逆不臆，但又不知道致良知的功夫，从而往往被人所欺诈。并不是孔子教人专门留心去预先觉察别人的欺诈和不信。专门留心别人，那是后代猜忌、阴险、轻薄的人干的事。只要有这一个念头，就已经偏离尧舜之道了。不逆诈，不臆不信，因而被欺骗的人还不失为善，但不如能够致良知而自然预先知觉的人更为明智。崇一你说只有“良知才能做到，它晶莹透彻”，这已经获得真旨趣了。但只是凭你聪颖妙悟所觉察的，恐怕还不是实际修养中的体会。良知在人的心中，万古横亘，充塞宇宙，无不相同。这就是所谓“不虑而知”，“恒易以知险”，“不学而能”，“恒简以知阻”，“先天而天不违，天且不违，而况于人乎？况于鬼神乎？”你所说的背离知觉而暗合逆诈者，他们虽然不逆诈别人，却不能没有自欺；虽然不臆不信，但却不能做到自信；他们或许常常有寻求先觉之心，却还不能常常做到自觉；常常有寻求先觉之心，就已经流于逆诈和臆不信，而足以自我障蔽良知。这就是不能免除违背知觉、暗合逆诈的原因。君子求学的目的是为了修养自己，他们从不考虑别人会欺骗自己，永远坚持不欺骗自己的良知而已；从不考虑别人相不相信自己，永远坚信自己的良知而已；从不寻求预先警觉别人的欺诈与不守信用，永远努力地自我察觉自己的良知。所以，他们不欺骗自己，良知就不虚伪而真诚，真诚就光明了。他们自信，良知就没有迷惑而光明，光明就真诚了。光明和真诚相互促进，所以良知永远知觉、永远光明。良知永远知觉、永远光明，心就如同明镜高悬，事物临现时自然不能隐遁其美丑了。为什么呢？不自欺就真诚，就不能容忍外人的欺骗，即使有欺骗，也能觉察到。自信而光明，就不能容忍外人的不守信用，即使有不守信用，也能觉察到。这就叫“易以知险”，“简以知阻”，也就是子思所谓“至诚如神”，“可以前知”。但是，子思所说的“如神”，所说的“可以前知”，还是分开成两点来说了。这是从思诚的功效来说的，仍然是针对不能先觉者而言的。

如果就至诚而言，那么，至诚的妙用就叫“神”，不必再说“如神”。至诚也就无知而无不知，不必再说，“可以前知”了。

答罗整菴[1]少宰书

原文

某顿首启：昨承教及《大学》，发舟匆匆，未能奉答。晓来江行稍暇，复取手教而读之。恐至赣后人事复纷沓，先具其略以请。来教云："见道固难，而体道尤难。道诚未易明，而学诚不可不讲，恐未可安于所见而遂以为极则也。"幸甚幸甚！何以得闻斯言乎？其敢自以为极则而安之乎？正思就天下之道以讲明之耳。而数年以来，闻其说而非笑之者有矣，诟訾[2]之者有矣，置之不足较量辨议之者有矣，其肯遂以教我乎？其肯遂以教我，而反复晓谕，恻然惟恐不及救正之乎？然则天下之爱我者，固莫有如执事之心深且至矣，感激当何如哉！夫"德之不修，学之不讲"[3]，孔子以为忧。而世之学者稍能传习训诂，即皆自以为知学，不复有所谓讲学之求，可悲矣！夫道必体而后见，非已见道而后加体道之功也。道必学而后明，非外讲学而复有所谓明道之事也。然世之讲学者有二，有讲之以身心者，有讲之以口耳者。讲之以口耳，揣摸测度，求之影响者也。讲之以身心，行著习察，实有诸己者也。知此，则知孔门之学矣。

注释

①罗整菴：罗钦顺（1465—1574），字允升，号整菴。泰和（今属江西）人，官至南京吏部尚书，明代哲学家。早年笃信佛学，后崇奉儒学。著有《困知记》《整菴存稿》等。

②诟訾（gòuzǐ）：辱骂，说人坏话。

③德之不修，学之不讲：语出《论语·述而》。

译文

某顿首启：

昨日承蒙教诲，以及领教了有关《大学》的高见，因匆忙上船，来不及回复。今晨在江面航行，稍有闲暇，又捧来您的亲笔信拜读，担心到赣州后人事繁杂，先略表愚意，请您教正。

您说："见道固然难，但体道更难。道的确不易，然而学也实在不能不讲。恐怕不能安于自己的见解，以为它就是最高准则。"

我太荣幸了，太荣幸了！不然，从哪里去听到这样的指教呢？我岂敢以为自己的见解就是最高准则并安于它呢？正想着就教于天下的方家来讨论阐明它呢。近几年来，听到我的观点，非难讥笑者，大有人在；批驳谩骂者，大有人在；置之不理，认为不屑一辩者，也大有人在。哪里有谁直接教诲我呢？哪里有谁直接教诲我并反复晓谕，动情地担心着来不及抢救和纠正我呢？既然如此，那么天下的确没有谁再像您这样深沉而尽心地爱我的了。该怎样感激您呢！说到那“德之不修，学之不讲”，乃是孔子都感到忧虑的。但当今的学者，稍微能背得一点经典，通一点训诂，就都自以为懂得了学问，不再有所谓讲学的追求，太可悲了！道，必须体悟，然后才能发现，并非已经发现了，然后才去体悟。道，必须学习，然后才能明白，并非在讲学之外，还有所谓明道的功夫。但是，世上讲学的人分为两类：有的用全身心去讲学；有的却用嘴巴耳朵去讲学。用嘴巴耳朵讲学者，就揣摸测度，寻求着学问的影子和回音；用全身心去讲学者，所言所行，都是从自己的心中体验到的。明乎此，就懂得孔门的学问了。

原文 来教谓某《大学》古本之复，以人之为学但当求之于内，而程朱格物之说不免求之于外，遂去朱子之分章，而削其所补之传。非敢然也。学岂有内外乎？《大学》古本乃孔门相传旧本耳。朱子疑其有所脱误而改正补缉之，在某则谓其本无脱误，悉从其旧而已矣。失在于过信孔子则有之，非故去朱子之分章而削其传也。夫学贵得之心，求之于心而非也，虽其言出于孔子，不敢以为是也，而况其未及孔子者乎？求之于心而是也，虽其言之出于庸常，不敢以为非也，而况其出于孔子者乎？且旧本之传数千载矣，今读其文词，即明白而可通，论其工夫，又易简而可入。亦何所按据而断其此段之必在于彼，彼段之必在于此，与此之如何而缺，彼之如何而补？而遂改正补缉之，无乃重于背朱而轻于叛孔已乎？

来教谓“如必以学不资于外求，但当反观内省以为务，则正心诚意四字亦何不尽之有，何必于入门之际，便困以格物一段工夫也？”诚然诚然！若语其要，则“修身”二字亦足矣，何必又言“正心”？“正心”二字亦足矣，何必又言“诚意”？“诚意”二字亦足矣，何必又言“致知”，又言“格物”？惟其工夫之详密，而要之只是一事，此所以为“精一”之学，此正不可不思者也。夫理无内外，性无内外，故学无内外。讲习讨论，未尝非内也；反观内省，未尝遗外也。夫谓学必资于外求，是以己性为有外也，是“义外”也，“用智”者也。谓反观内省为求之于内，是以己性为有内也，是有我也，自私者也。是皆不知性之无内外也。故曰：“精义入神，以致用也；利用安身，以崇德也”①；“性之德也，合内外之道也”②。此可以知格物之学矣。“格物”者,《大学》之实下手处，彻头彻尾，自始学至圣人，只此工夫而已，非但入门之际有此一段也。夫正心、诚意、致知、格物，皆所以修身。而格物者，其所用力，日可见之地。故格物者，格其心之物也，格其意之物也，格其知之物也。正心者，正其物之心也。诚意者，诚其物之意也。致知者，致其物之知也。此岂有内外彼此之分哉？理一而已。以其理之凝聚而言则谓之性，以其凝聚之主宰而言则谓之心，以其主宰之发动而言则谓之意，以其发动之明觉而言则谓之知，以其明觉之感应而言则谓之物；故就物而言谓之格，就知而言谓之致，就意而言谓之诚，就心而言谓之正。正者，正此也；诚者，诚此也；致者，致此也；格者，格此也。皆所谓穷理以尽性也。天下无性外之理，无性外之物。学之不明，皆由世之儒者认理为外，认物为外，而不知义外之说，孟子何尝辟之。乃至袭陷其内而不觉，岂非亦有似是而难明者欤？不可以不察也。

注释

①“精义”四句：语出《易·系辞上》。

②“性之”二句：语出《中庸》。

译文 您的来信还认为：我恢复《大学》的古本，是因为我提倡学问只要在内心去寻求，而程、朱“格物”的学说，不免到心外去寻求，于是我就否定朱先生对《大学》的分章，并删削了他所补的传注。

我不敢这样。学问，哪里有内外的区分呢？《大学》的古本，乃是孔门相传的旧本。朱熹先生怀疑它有所脱字误字，从而改正增补；而我呢，认为古本没有脱字误字，所以完全依从旧本，如此而已。如果说过失，我的过失在于过分地相信孔子，而不是要故意否定朱先生所分的章节和删削他的传注。说到做学问，贵在内心有所得，反求于心，感到不对的，哪怕话出自孔子，也不敢苟同，何况那还赶不上孔子的呢？反求于心，感到正确的，哪怕话出自于寻常人，也不敢不同意，何况这是出于孔子的呢？而且，旧本相传，已经几千年了。现在读来，那文辞既明白通畅，那功夫又简易可行，又从何处找到证据，断定这一段必须在那里，而那一段又必须在这里呢？又何以断定这儿缺了，那儿应该增补呢？这样就直接去改正增补了。这岂不是把背弃朱子，看得比背叛孔子还严重了吗？

来信说：“如果认定学问不必外求，只应当致力于反观内省，那么‘正心诚意’这四个字岂不是已经说得很透彻了？何必在入门之处又用‘格物’这一段功夫来困扰学者呢?”

您说得很有道理，很有道理。如果说的是要旨的话，只要“修身”二字就足够了，何必又说“正心”呢？“正心”二字也就足够了，又何必再说“诚意”呢？“诚意”二字也足够了，何必又说出“致知”，还说出“格物”呢？只因为学问的功夫很详密，但其要点，也只是一件事，这才是所谓“精一”的学问，这正是我们不能不思考的地方。理，是不分内外的；性，也不分内外。所以，学问也不分内外。讲习也好，讨论也好，未必不属于内；反观也好，内省也好，也未必遗弃了外。如果以为学问一定要寻求于外，就是认为自己的性还有外在的一面，这就是“义外”“用智”；如果认为学问一定要反观内省，就是认为自己的性还有内在的一面，这就是“有我”“自私”。两种态度都不知道性无内外。所以说“精义入神，以致用也。利用安身，以崇德也”；“性之德也，合内外之道也”。由此，便可以知道格物的学问了。格物，是《大学》指出的实实在在的入手处，彻头彻尾，从一开始到学成圣人，只有这个功夫而已，不只是入门时才有这个功夫。正心、诚意、致知、格物，都是修身的步骤。

而格物，是可以让人计日程功的地方。所以，格物，是格其心中之物，格其意中之物，格其知中之物；正心，是正其物之心；诚意，是诚其物之意；致知，是致其物之知。这些，哪里有内外彼此的区分呢？理，就只是一个而已。从理的凝聚而言，就叫作“性”；从理凝聚的主宰而言，就叫作“心”；从其主宰的发动而言，就叫作“意”；从理发动的明觉而言，就叫作“知”；从其明觉的感应而言，就叫作“物”。所以，就物而言叫作“格”，就知而言叫作“致”，就意而言叫作“诚”，就心而言叫作“正”。正，是正这个；诚，是诚这个；致，是致这个；格，是格这个。这都叫作“穷理以尽性”。天下没有性之外的理，没有性之外的物。圣学之所以不彰明，就是因为后世的儒生认为理在心外，认为物在心外，而不知道“义外”之说是孟子曾经批驳过的东西，乃至重蹈覆辙而不觉得。这岂不是似是而非吗？不能不加以省察啊！

原文 凡执事所以致疑于格物之说者，必谓其是内而非外也；必谓其专事于反观内省之为，而遗弃其讲习讨论之功也；必谓其一意于纲领本原之约，而脱略于支条节目之详也；必谓其沉溺于枯槁虚寂之偏，而不尽于物理人事之变也。审如是，岂但获罪于圣门，获罪于朱子？是邪说诬民，叛道乱正，人得而诛之也。而况于执事之正直哉？审如是，世之稍明训诂，闻先哲之绪论者，皆知其非也。而况执事之高明哉？凡某之所谓格物，其于朱子九条之说，皆包罗统括于其中。但为之有要，作用不同，正所谓毫厘之差耳。无毫厘之差，而千里之谬，实起于此，不可不辨。

孟子辟杨、墨至于无父无君。[①]二子亦当时之贤者，使与孟子并世而生，未必不以之为贤。墨子兼爱，行仁而过耳。杨子为我，行义而过耳。此其为说，亦岂灭理乱常之甚而足以眩天下哉？而其流之弊，孟子则比于禽兽、夷狄，所谓以学术杀天下后世也。今世学术之弊，其谓之学仁而过者乎？谓之学义而过者乎？抑谓之学不仁、不义而过者乎？吾不知其于洪水、猛兽何如也。孟子云："予岂好辨哉？予不得已也。"[②]杨、墨之道塞天下。孟子之时，天下之尊信杨、墨，当不下于今日之崇尚朱说。而孟子独以一人呶呶于其间。噫。可哀矣！韩氏云："佛、老之害，甚于杨、墨。韩愈之贤，不及孟子。孟子不能救之于未坏之先，而韩愈乃欲全之于已坏之后。其亦不量其力，果见其身之危，莫之救以死也。"[③]呜呼！若某者，其尤不量其力，果见其身之危，莫之救以死也矣！夫众方嘻嘻之中，而犹出涕嗟若；举世恬然以趋，而独疾首蹙额以为忧。此其非病狂丧心，殆必诚有大苦者隐于其中，而非天下之至仁，其孰能察之。其为《朱子晚年定论》，盖亦不得已而然。中间年岁早晚，诚有所未考，虽不必尽出于晚年，固多出于晚年者矣。然大意在委曲调停，以明此学为重。平生于朱子之说，如神明蓍龟，一旦与之背驰，心诚有所未忍，故不得已而为此。“知我者谓我心忧，不知我者谓我何求。”④盖不忍牴牾朱子者，其本心也。不得已而与之牴牾者，道固如是，不直则道不见也。执事所谓决与朱子异者，仆敢自欺其心哉？夫道，天下之公道也；学，天下之公学也。非朱子可得而私也，非孔子可得而私也。天下之公也，公言之而已矣。故言之而是，虽异于己，乃益于己也；言之而非，虽同于己，适损于己也。益于己者，己必喜之；损于己者，己必恶之。然则某今日之论，虽或于朱子异，未必非其所喜也。“君子之过，如日月之食。其更也，人皆仰之。”⑤而“小人之过也必文”⑥。某虽不肖，固不敢以小人之心事朱子也。

注释 ①“孟子”句：见《孟子·滕文公下》，“杨氏为我，是无君也；墨氏兼爱，是无父也。无父无君，是禽兽也。”

②“予岂”二句：语出《孟子·滕文公下》。

③“佛、老”九句：见《韩昌黎全集》卷十八《与孟简尚书书》。

④“知我”二句：见《诗经·王风·黍离》

⑤“君子”四句：见《论语·子张》。

⑥“小人”句：见《论语·子张》。

译文 总观您对我“格物”说产生的疑问，必定是认为我赞成向内格而反对向外格，必定是认为我一味强调反观内省而遗弃了讲习讨论的功夫，必定是认为我只一心致力于简约的纲领本原，忽略了详细的枝条节目，必定是认为我沉溺于偏颇的枯槁虚寂，不去穷尽人情事物的千变万化。如果真像这样，我岂止是得罪了孔圣之门，得罪了朱熹先生，简直就是妖言惑众，离经叛道，人人都可以口诛笔伐的了，何况您出自正直的批评呢！如果真像这样，世上稍微懂一点训诂，听到过一点先哲的议论的人，都会知道我的错误，何况您这样高瞻远瞩的人呢！凡是我的所谓“格物”，把朱先生所说的九条都包容进去了。只是我的格物有一以贯之的要点，与朱先生的格物也有作用的不同。正所谓

"毫厘之差"而已。但差之毫厘，而失之千里的谬误，实际上就产生在这里，不能不明辨。

孟子批评杨朱、墨翟，甚至说他们"无父无君"。其实，杨、墨二人，也是当时的贤人，假如与孟子同处一时，孟子也未必不认为他们是贤人。墨子提倡"兼爱"，是行仁而过分了而已。杨子提倡"为我"，也是行义而过分了而已。他们的学说哪里是极其灭理乱常，而足以迷惑天下呢？但是，其流弊甚至被孟子用"禽兽夷狄"来比喻，正是所谓用学术来屠杀天下后世。现在，学术的弊病说是学仁而有点过分呢？还是说学义而有点过分呢？还是说学不仁不义而过分呢？我真不知道它比起洪水猛兽来究竟怎么样！孟子说："予岂好辩哉？不得已也。"杨、墨之道，曾充塞天下，孟子那时，天下尊崇信仰杨、墨的程度，应当不比今天尊崇朱子之说差，但孟子凭着独身一人，在其间辩论不已，啊，真是悲壮！韩愈说过："佛、老之害，甚于杨、墨。韩愈之贤，不及孟子。孟子不能救之于未坏之先，而韩愈乃欲全之于已坏之后，其亦不量其力，且见其身之危，莫之救以死也。"唉，像我这样的人，更是不自量力，果然已经发现自身的危险，而且没有人能救我于濒死！当众人正嘻笑时，我却独自流泪而叹息；举世都安然地亦步亦趋时，我却独自疾首皱眉而忧虑。这如果不是丧心病狂，就一定内心真有极大的痛苦。如果不是天下最仁爱者，又有谁能体察这种情感呢？所作《朱子晚年定论》，也是不得已而为之的。其中对年岁的早晚，的确有失考的地方，但虽然不是完全出自于晚年，但也大多出自于朱子晚年。我的主旨在于委婉曲折地调停朱、陆的矛盾，以使圣学彰明为重。我一直对朱先生的学问奉若神明，一旦和它决裂，的确于心不忍，所以说是不得已而为之的。“知我者，谓我心忧；不知我者，谓我何求！”不忍心批评朱先生，是我的本心。却不能不与朱先生决裂，是因为道本来就是这样，不直抒胸臆，圣道就不显现啊！您认为我是故意与朱子过不去，我哪里敢自己欺骗自己的内心呢？道，乃是天下的公道；学，乃是天下的公学。绝不是朱子可以容得私了的，也不是孔子就可以容得私了的。对于天下公共的东西，只能秉公而言而已。所以，讲得对的，即使与己意不同，但最终有益于己；讲得不对的，即使与己意相同，但最终有害于己。有益于己的，自己必然喜欢它；有害于己的，自己必然厌恶它。既然如此，那么，我今天所说即使与朱子不同，也未必就不是他所喜欢的。“君子之过，如日月之食。其更也，人皆仰之”，但是，“小人之过也必文”。我虽然不贤，实在不敢以小人之心来对待朱先生啊！

原文 执事所以教，反复数百言，皆以未悉鄙人格物之说。若鄙说一明，则此数百言皆可以不待辨说而释然无滞，故今不敢缕缕，以滋琐屑之渎①。然鄙说非面陈口析，断亦未能了了于纸笔间也。嗟乎！执事所以开导启迪于我者，可谓恳到详切矣。人之爱我，宁有如执事者乎？仆虽甚愚下，宁不知所感刻佩服？然而不敢遽舍其中心之诚，然而姑以听受云者，正不敢有负于深爱，亦思有以报之耳。秋尽东还，必求一面，以卒所请，千万终教。

注释 ①渎（dú）：不敬。

译文 您之所以会反复地写上几百字，都是因为还不了解我的格物观点。如果一旦明白我的观点，那么这几百字都可以不必辩解就清清楚楚了。所以，现在我不敢啰里啰嗦，招来“琐细”的评语。但愚见如果不是当面陈述、亲口分析，一定还不能在书面上说清。哎，您对我的开导启迪，可以说是诚恳详尽了。别人爱我，难道有像您这样的吗？我虽然愚笨低下，难道不知感激佩服吗？只是，我不敢轻易舍弃心中的真诚，去随便接受您的观点，正是因为不敢辜负您的厚爱，想着用什么来报答您罢了。

秋末东归，定求见您一面。当面请教，千万赐教！

答聂文蔚[1]

原文 春间远劳迂途枉顾，问证惓惓，此情何可当也？已期二三同志，更处静地，扳留旬日，少效其鄙见，以求切劘[2]之益。而公期俗绊，势有不能，别去极怏怏，如有所失。忽承笺惠，反复千余言，读之无甚浣慰。中间推许太过，盖亦奖掖之盛心。而规砺真切，思欲纳之于贤圣之域。又托诸崇一以致其勤勤恳恳之怀，此非深交笃爱何以及是？知感知愧，且惧其无以堪之也。虽然，仆亦何敢不自鞭勉，而徒以感愧辞让为乎哉？其谓“思、孟、周、程无意相遭于千载之下，与其尽信于天下，不若真信于一人。道固自在，学亦自在，天下信之不为多，一人信之不为少”者，斯固君子“不见是而无闷”[③]之心。岂世之谫谫[④]屑屑者知足以及之乎？乃仆之情，则有大不得已者存乎其间。而非以计人之信与不信也。

注释

①聂文蔚：聂豹（1487—1563），字文蔚，号双江。江西永丰人。官至兵部尚书。

②切劘（mó）：切磋。

③不见是而无闷：语出《易·乾·文言》。

④谫谫（jiǎn）：浅薄。

译文

春日里有劳您绕道远来，承蒙您辩问论证，此情耿耿。我哪里敢当啊！本来，我已经约好两三位同志，再找一个幽静之所，逗留十来天，略微地奉上愚见，以寻求相互切磋的收益。但您有公务缠身，势所必行。与您离别后，我心中怏然不乐，若有所失。又突然收到您的来信，反复千余字，拜读以后，无比快慰。信中赞扬太过，我想不过是奖掖后进的盛情，而其中的规劝砥砺，令人感到非常真切，是想让我进达圣贤的境界。您还托崇一转达了您勤勤恳恳的关怀，如果不是有很深的交往、笃实的仁爱，怎么会这样呢？我既感动，又惭愧，还惶恐，不胜感佩之至！尽管如此，我又怎么敢不自我鞭策鼓舞，而仅仅是感动惭愧辞让呢？您说：“子思、孟子、周敦颐、二程等人，本无意于千载之后觅得知音。但与其被天下之人普遍信服，还不如让一个人真正地信服。道，本来就独立存在着；学问，本来就独立存在着。天下人信服它不算多，一个人信服它不算少。”这的确是君子“不见是而无闷”的思想。这难道是世上那浅薄细琐者的智力所能了解的吗？至于我的情怀，是有实在不得已的理由，并不计较别人信服还是不信服。

原文 夫人者，天地之心。天地万物本吾一体者也。生民之困苦荼毒，孰非疾痛之切于吾身者乎？不知吾身之疾痛，无是非之心者也。是非之心，不虑而知，不学而能，所谓良知也。良知之在人心，无间于圣愚，天下古今之所同也。世之君子惟务致其良知，则自能公是非，同好恶，视人犹己，视国犹家，而以天地万物为一体。求天下无治，不可得矣。古之人所以能见善不啻[①]若己出，见恶不啻若己入，视民之饥溺，犹己之饥溺，而一夫不获，若己推而纳诸沟中者。非故为是而以蕲[②]天下之信己也，务致其良知求自慊而已矣。尧、舜、三王之圣，言而民莫不信者，致其良知而言也。行而民莫不说者，致其良知而行之也。是以其民熙熙皞皞，杀之不怨，利之不庸，施及蛮貊，而凡有血气者莫不尊亲，为其良知之同也。呜呼！圣人之治天下，何其简且易哉！

注释

①不啻（chì）：如同。

②蕲（qí）：求。

译文

人，乃是天地的心，而天地万物，与我本为一体。百姓的困苦荼毒，哪一件不是我们的切肤之痛？要是连自己身上的疾苦都不知道，就是没有是非之心。是非之心，是不必思虑就能知晓，不必学习就能获得的，也就是所谓“良知”。良知在人的心中，不论是圣人愚者都没有区别，这是天下古今都相同的。世间的君子，只要努力去致良知，就自然能公正地明辨是非，与百姓好恶相同，待人如己，视国如家，而以天地万物为一体。这样，就是想要天下不大治都不可能。古人之所以能把别人做的善事看成自己干的善事，把别人的坏事看成自己干的坏事，把百姓的饥饿痛苦当成自己的饥饿痛苦，把一个人的处理不当看成是自己把他推入沟中的，这并不是故意以此来邀得天下对自己的信任，而是因为努力地致良知，寻求自己良心的满足而已。尧、舜、商汤、周文、周武的话，百姓没有不信服的，是因为他们致良知才说的；他们的行为，百姓没有不欢迎的，是因为他们致良知才做的。所以百姓们乐乐陶陶，死而不怨。他们获利，圣人们不以为功。这样，延及不开化的蛮夷地区，凡有血气的人，没有不孝敬父母的。因为，人们的良知乃是相同的。哎，圣人们治理天下是多么简单容易的事啊！

原文 后世良知之学不明，天下之人用其私智以相比轧，是以人各有心，而偏琐僻陋之见，狡伪阴邪之术，至于不可胜说。外假仁义之名，而内以行其自私自利之实，诡辞以阿俗，矫行以干誉。损人之善而袭以为己长，讦人之私而窃以为己直。忿以相胜而犹谓之徇义，险以相倾而犹谓之疾恶，妒贤忌能而犹自以为公是非，恣情纵欲而犹自以为同好恶。相陵相贼，自其一家骨肉之亲，已不能无尔我胜负之意，彼此藩篱之形，而况于天下之大，民物之众，又何能一体而视之？则无怪于纷纷籍籍而祸乱相寻于无穷矣。

仆诚赖天之灵，偶有见于良知之学，以为必由此而后天下可得而治。是以每念斯民之陷溺，则为之戚然痛心，忘其身之不肖，而思以此救之，亦不自知其量者。天下之人见其若是，遂相与非笑而诋斥之，以为是病狂丧心之人耳。呜呼，是奚足恤哉？吾方疾痛之切体，而暇计人之非笑乎？人固有见其父子兄弟之坠溺于深渊者，呼号匍匐，裸跣颠顿，扳悬崖壁而下拯之。士之见者，方相与揖让谈笑于其旁，以为是弃其礼貌衣冠而呼号颠顿若此，是病狂丧心者也。故夫揖让谈笑于溺人之旁而不知救，此惟行路之人，无亲戚骨肉之情者能之。然已谓之“无恻隐之心，非人矣”①。若夫在父子兄弟之爱者，则固未有不痛心疾首，狂奔尽气，匍匐而拯之，彼将陷溺之祸有不顾，而况于病狂丧心之讥乎？而又况于蕲人信与不信乎，呜呼！今之人虽谓仆为病狂丧心之人，亦无不可矣。天下之人，皆吾之心也。天下之人犹有病狂者矣，吾安得而非病狂乎？犹有丧心者矣，吾安得而非丧心乎？

注释

①无恻隐之心，非人矣：语出《孟子·公孙丑上》。

译文

后来，良知的学问不再彰明。天下的人运用自己的私心巧智相互倾轧。所以，人各有心，这样就产生了偏颇琐陋的思想，阴险狡诈的谋略，以及说不尽的，借仁义之名行自私自利之实的行为。人们说假话来迎合世俗，扭曲品行去钓取荣誉，掩盖别人的善行并剽窃为自己的成果，攻击别人的私心以显示自己的正直，出于私忿的勾心斗角被说成是为真理献身，出于阴私的相互倾轧被说成疾恶如仇，嫉贤妒能还自认为是公正地明辩是非，尽情纵欲还自认为是与百姓好恶相同。人与人之间，相互欺凌、相互迫害，即使是一家子骨肉至亲，都不能不区分你我去争强好胜，从而形成隔阂，更何况天下有如此之广大，百姓万物有如此之众多，又怎么能被视为一个人的肢体呢？无怪乎纷纭庞杂而祸乱频繁，无穷无尽了。

我实在是托老天的洪福，偶然地发现了良知的学问，认为一定要遵循于此，然后天下才能得以治理。所以每当我念及百姓的苦难，就伤感痛心，将我这不肖之身置之度外，想用良知学问来拯救他们。这也倒是很不自量力。天下人见我像这样，就争相非难讥笑并诋毁斥责，认为我是个丧心病狂的人。哎，这哪里值得一顾呢？我就像正因疾病而感到切肤之痛的人，哪里还有空闲去计较人们的非难讥笑呢？如果有人看见他的父子兄弟堕入深渊，就会呼喊匍匐，裸体赤脚，跌跌撞撞，攀援悬崖，下去救人。这时，那在旁边相互行礼谦让，谈笑自若的士人，见此人抛弃礼节，脱掉衣冠，大声呼叫，跌跌撞撞，认为像这样一定是丧心病狂。所以，那在溺水者旁仍行礼谦让，谈笑自如而不去救命的，只有缺乏骨肉亲情的路人才会如此。但孟子已经说过："无恻隐之心，非人也。"至于有父子、兄弟之爱的人，本来就不可能不痛心疾首，狂奔气断，连滚带爬去救助的。他已经置可能陷入沦溺之祸于不顾，何况对于丧心病狂的讥讽呢？何况什么希望别人的信服与不信服呢？哎，尽管现在有人认为我是个丧心病狂的人，也无所谓了。天下的人，都是我的心。天下人中，还有病狂的，我怎么能不病狂呢？还有丧心的，我怎么能不丧心呢！

原文 昔者孔子之在当时，有议其为谄者，有讥其为佞者，有毁其未贤，诋其为不知礼，而侮之以为东家丘者，有嫉而诅之者，有恶而欲杀之者，晨门、荷蒉之徒，皆当时之贤士，且曰："是知其不可而为之者欤？""鄙哉！硁硁乎！莫己知也，斯已而已矣。"①

虽子路在升堂之列，尚不能无疑于其所见，不悦于其所欲往，而且以之为迂，则当时之不信夫子者，岂特十之二三而已乎？然而夫子汲汲遑遑，若求亡子于道路，而不暇于煖席者，宁以蕲人之知我，信我而已哉？盖其天地万物一体之仁，疾痛迫切，虽欲已之而自有所不容已。故其言曰："吾非斯人之徒与而谁与？"②"欲洁其身而乱大伦。"③"果哉，末之难矣！"④呜呼！此非诚以天地万物为一体者，孰能以知夫子之心乎？若其"遁世无闷""乐天知命"⑤者，则固"无入而不自得"⑥，"道并行而不相悖"⑦也。

注释

①"晨门、荷蒉"七句：分别见《论语·宪向》，"子路宿于石门。晨门曰：'奚自？'子路曰：'自孔氏。'曰：'是知其不可而为之者与？'""子去磬于卫。有荷蒉而过孔氏之门者，曰：'有心哉，击磬乎！'既而曰：'鄙哉，硁硁乎！莫己知也，斯已而已矣。'"晨门、荷蒉，为当时贤人。

②"吾非"句：语出《论语·微子》。

③"欲洁"句：语出《论语·微子》。

④果哉，末之难矣：语出《论语·宪问》。

⑤遁世无闷，语出《易·乾·文言》；乐天知命，语出《易·系辞上》。

⑥“无入”句：见《中庸》，“君子无入而不自得焉。”

⑦“道并”句：见《中庸》，“万物并育而不相害，道并行而不相悖。”

译文

当初，孔子那时候，有人评价说他阿谀奉承，有人讥讽他是奸佞小人，有人诋毁他不贤明，有人诽谤他不懂礼，有人侮辱他是东家孔丘，有人嫉妒并诅咒他，有人仇恨并想杀死他。就是晨门、荷蒉等人，算得当时的贤士，也还说他“知其不可而为之者”，“鄙哉！硁硁乎！莫己知也，斯已而已矣”。虽然子路还算得好弟子，尚且不能对孔子的所见不产生怀疑，还对孔子所想做的事感到不快，而且认为孔子的“正名”太迂远，那么，当时不信服孔子的，岂止十分之一二而已呢？然而孔子仍然兢兢业业，好像在道路上寻找迷路的孩子样，坐不暖席。他难道是为了让人了解自己，信服自己而已？应该是他有以天地万物为一体的仁爱，就像自身有迫切的疼痛一样，即使想撒手不管，却仍有不容撒手的冲动。所以，他说过：“吾非斯人之徒与而谁与？”“欲洁其身，而乱大伦”，“果哉，末之难矣！”哎，这如果不是的确以天地万物为一体的人，谁又能懂得孔子的心呢？至于那些“遁世无闷”“乐天知命”的人，自然“无入而不自得”，与“道并行而不相悖”了。

原文 仆之不肖，何敢以夫子之道为己任。顾其心亦已稍知疾痛之在身，是以徬徨四顾，将求其有助于我者，相与讲去其病耳。今诚得豪杰同志之士，扶持匡翼，共明良知之学于天下，使天下之人皆知自致其良知，以相安相养，去其自私自利之蔽，一洗谗妒胜忿之习，以济于大同。则仆之狂病固将脱然以愈，而终免于丧心之患矣。岂不快哉！嗟乎！今诚欲求豪杰同志之士于天下，非如吾文蔚者，而谁望之乎？如吾文蔚之才与志，诚足以援天下之溺者，今又既知其具之在我，而无暇假于外求矣，循是而充，若决河注海，孰得而御哉？文蔚所谓一人信之不为少，其又能逊以委之何人乎？

会稽[①]素处山水之区。深林长谷，信步皆是，寒暑晦明，无时不宜，安居饱食，尘嚣无扰，良朋四集，道义日新，优哉游哉！天地之间宁复有乐于是者？孔子云：“不怨天，不尤人，下学而上达。”[②]仆与二三同志方将请事斯语，奚暇外慕？独其切肤之痛，乃有未能恝然[③]者，辄复云云尔。咳疾暑毒，书札绝懒，盛使远来，迟留经月，临歧执笔，又不觉累纸，盖于相知之深，虽已缕缕至此，殊觉有所未能尽也。

注释

①会稽：即今浙江绍兴。其所辖范围随朝代变迁而异。

②“不怨天”三句：语出《论语·宪问》。

③恝（jiá）然：淡然；无动于衷。

译文

像我这样不肖之人，哪里敢以孔子之道为己任呢？只是我心中也已经略微地知道疾病在身，所以彷徨四顾，寻求能帮助我的人，共同研究，除去疾病而已。现在我真想到天下寻求豪杰同志之士，如果不是像您这样的，我又能期望谁呢？如您这样的才华与诚心，足以救援天下的沉溺者。现在，您既然清楚良知在自己，而不必求助于外了。遵循着这一点充实自己，就能像决堤的江河汇入大海一样，谁能抵御呢？正如您所说的，“一个人信服也不算少”，又岂能以谦虚而托付给谁呢？

会稽素来称为山水的名胜。幽深的山林，萦回的山谷，信步都有。冬夏阴晴，无时不可游。安居而饱食，无尘嚣相扰，高朋从四方归集，道义日日得以更新，优哉游哉，在天地之间，哪里还有比这更加快乐的呢？孔子说过："不怨天，不尤人，下学而上达。"我与几位同志，正想尝试尝试这句话，哪里还有闲暇在心外去追求呢？只是那切肤之痛，仍有不能淡然之处。唠叨再三。我因咳嗽、暑热，懒于写信。信使远来，逗留了个把月，临别提起笔来，不知不觉中又写了好些。也许是我们知交太深，尽管已经拉拉杂杂写了这么多，还觉得没写够似的。

二

原文 得书，见近来所学之骤进，喜慰不可言。谛[①]视数过，其间虽亦有一二未莹彻处，却是致良知之功尚未纯熟，到纯熟时自无此矣。譬之驱车，既已由于康庄大道之中，或时横斜迂曲者，乃马性未调，衔勒不齐之故，然已只在康庄大道中，决不赚入旁蹊曲径矣。近时海内同志，到此地位者曾未多见，喜慰不可言，斯道之幸也！贱躯旧有咳嗽畏热之病，近入炎方，辄复大作。主上圣明洞察，责付甚重，不敢遽辞。地方军务冗沓，皆舆疾从事。今却幸已平定，已具本乞回养病，得在林下稍就清凉。或可瘳[②]耳。人还，伏枕草草，不尽倾企。外惟濬[③]一简幸达致之。

来书所询，草草奉复一二。近岁来山中讲学者，往往多说勿忘勿助工夫甚难。问之，则云才著意便是助，才不著意便是忘，所以甚难。区区因问之云："忘是忘个甚么？助是助个甚么？"其人默然无对，始请问。区区因与说，我此间讲学，却只说个"必有事焉"，不说勿忘勿助。"必有事焉"者只是时时去"集义"。若时时去用"必有事"的工夫，而或有时间断，此便是忘了，即须"勿忘"。时时去用"必有事"的工夫，而或有时欲速求效，此便是助了，即须"勿助"。其工夫全在"必有事焉"上用；"勿忘勿助"，只就其间提撕警觉而已。若是工夫原不间断，即不须更说勿忘；原不欲速求效，即不须更说勿助。此其工夫何等明白简易！何等洒脱自在！今却不去"必有事"上用工，而乃悬空守著一个"勿忘勿助"，此正如烧锅煮饭，锅内不会渍水下米，而乃专去添柴放火，不知毕竟煮出个甚么物来！吾恐火候未及调停，而锅已先破裂矣。近日，一种专在勿忘勿助上用工者，其病正是如此。终日悬空去做个勿忘，又悬空去做个勿助，漭济荡荡，全无实落下手处，究竟工夫，只做得个沈空守寂，学成一个痴騃[4]汉。才遇些子事来，即便牵滞纷扰，不复能经纶宰制。此皆有志之士，而乃使之劳苦缠缚，担搁一生，皆由学术误人之故，甚可悯矣。

注释

①谛（dì）：仔细。

②瘳（chōu）：病愈。

③惟濬：陈九川（1495—1562），字惟濬，号明水。江西临川人，明代学者，官礼部郎中。

④痴騃（ái）：呆笨。騃，即傻。

译文

来信收悉，发现您近来学问猛进，欣喜快慰难以表达。认真地读了几遍，其间尽管有一两处不太透彻，这是致良知的功夫还不太纯熟，如果到纯熟时，自然不会有这样的缺点。比如驾车，虽然已经走在康庄大道上了，但间或有点横斜弯曲，乃是因为马性还没有调理好，衔勒还没有弄整齐的缘故。尽管如此，既已走在康庄大道上了，再不会拐入到岔道曲径中了。近来，四海的同志们到达您这种境界的人并不多见，所以，欣喜快慰难以表达！这也是圣道的荣幸啊！

鄙人过去患有咳嗽和怕热的疾病，到了炎热处，每每发作。皇上英明洞察，交付给我很重的责任，所以不敢马上推辞。地方上军务繁忙，只好带病处理。而今幸好动乱已经平定，我也已经奏本乞求回乡养病。如果回到林下，来到清凉之处，或许可以病愈吧。您在远方，我在此伏枕草草写信，无法说清我的企望。此外，给惟濬的一封信，也希望您转交。

来信所询问的问题，这里草草答复一二。近年来到山中讲学的人，往往爱说“勿忘勿助”的功夫很难。问他们究竟。总是说：稍加着意就是“助”，不加着意又是“忘”，所以感到很难。我又问：“你们‘忘’是忘了什么，‘助’是助了什么呢?”言者又哑口无言。才倒过来问我。我顺势说：我在这里讲学，只讲个“必有事焉”，不说“勿忘勿助”。“必有事焉”，只是要求时刻去“集义”，时刻去用“必有事”的功夫。如果偶尔间断了，就是“忘”了，就必须“勿忘”；时刻去用“必有事”的功夫，如果偶尔急于求成，就是“助”了，就必须“勿助”。可见，功夫全在“必有事焉”上，而“勿忘勿助”，只是在其间提醒警觉而已。如果功夫原本并不曾间断，就不必再说“勿忘”；原来就不急于求成，就不必再说“勿助”。这种功夫多么明白简易，多么洒脱自在！现在不去“必有事”上用功夫，却凭空守着一个“勿忘勿助”，这正像烧锅煮饭，锅里不放米加水，却去添柴点火，真不晓得究竟能煮出个什么东西来！我怕火候还没调整好，锅就已经先烧破裂了。近来，有一些专在“勿忘勿助”上用功的人就是这样。他们成天去空想做到“勿忘”，又空想去做到“勿助”，晃晃荡荡，完全没有落实着手的地方，最终功夫只是一个空洞守寂，学成一个痴呆汉。只要遇到些具体的事，马上牵扯纷乱，不再能处理决断。这些人还都是些有志之士，却使他们劳苦缠绕，耽误了一生。这都是因为学术误人，太可悲了！

原文 夫“必有事焉”只是“集义”，集义只是致良知。说集义则一时未见头脑，说致良知即当下便有实地步可用功。故区区专说致良知。随时就事上致其良知，便是格物。著实去致其良知，便是诚意，著实致其良知，而无一毫意必固我，便是正心。著实致良知，则自无忘之病。无一毫意必固我，则自无助之病。故说格、致、诚、正，则不必更说个忘助。孟子说忘助，亦就告子得病处立方。告子强制其心，是助的病痛，故孟子专说助长之害。告子助长，亦是他以义为外，不知就自心上"集义"，在"必有事焉"上用功，是以如此。若时时刻刻就自心上"集义"，则良知之体洞然明白，自然是是非非纤毫莫遁，又焉"不得于言，勿求于心；不得于心，勿求于气"[①]之弊乎？孟子"集义""养气"之说，固大有功于后学，然亦是因病立方，说得大段，不若《大学》格、致、诚、正之功，尤极精一简易，为彻上彻下，万世无弊者也。

注释 ①"不得"四句：语出《孟子·告子上》。

译文 说到"必有事焉"，只需要"集义"。"集义"，其实就是致良知。称为"集义"，不能让人一下子看清其核心；称为"致良知"，即刻就能让人脚踏实地。所以，我只说致良知，随时在具体事上致良知，也就是格物。扎实去致良知，就是诚意；扎实去致良知，就没有一丝的意、必、固、我，就是正心；扎实去致良知，就自然没有"忘"的毛病；没有一丝的意、必、固、我，就自然没有"助"的毛病。所以，说格物、致知、诚意、正心，也就不必再说勿忘勿助了。孟子说"勿忘勿助"，也是就告子的毛病开的药方。告子强制自己的心，犯了"助"的毛病，所以孟子只说助长的危害；告子的助长，也是因为他把义看成外在的东西，不懂得从自己的心上去集义，在“必有事焉”上用功，所以才这样。如果时时刻刻在自己的心上集义，那么，良知的本体就豁然明白，自然是是非非都清清楚楚，一丝一毫都没有隐藏的。又怎么会有“不得于言，勿求于心。不得于心，勿求于气”的毛病呢？孟子“集义”“养气”的观点，固然对后代求学的人有很大的功劳，但也是根据病开处方，说得粗略，不如《大学》提出的格物、致知、诚意、正心等功夫那样，更精一简易。上下一贯，千秋万代都没有语病。

原文 圣贤论学，多是随时就事，虽言若人殊，而要其工夫头脑，若合符节。缘天地之间，原只有此性，只有此理，只有此良知，只有此一件事耳。故凡就古人论学处说工夫，更不必搀和兼搭而说，自然无不吻合贯通者。才须搀和兼搭而说，即是自己工夫未明彻也。近时有谓集义之功，必须兼搭个致良知而后备者，则是集义之功尚未了彻也。集义之功尚未了彻，适足以为致良知之累而已矣。谓致良知之功，必须兼搭一个勿忘勿助而后明者，则是致良知之功尚未了彻也。致良知之功尚未了彻也，适足以为勿忘勿助之累而已矣。若此者，皆是就文义上解释牵附，以求混融凑泊，而不曾就自己实工夫上体验，是以论之愈精，而去之愈远。文蔚之论，其于大本达道既已沛然无疑，至于致知、穷理及忘助等说，时亦有搀和兼搭处，却是区区所谓康庄大道之中，或时横斜迂曲者，到得工夫熟后，自将释然矣。

文蔚谓致知之说，求之事亲、从兄之间，便觉有所持循者，此段最见近来真切笃实之功。但以此自为不妨，自有得力处。以此遂为定说教人，却未免又有因药发病之患，亦不可不一讲也。盖良知只是一个天理。自然明觉发见处，只是一个真诚恻怛，便是他本体。故致此良知之真诚恻怛以事亲便是孝，致此良知之真诚恻怛以从兄便是弟，致此良知之真诚恻怛以事君便是忠，只是一个良知，一个真诚恻怛。若是从兄的良知不能致其真诚恻怛，即是事亲的良知不能致其真诚恻怛矣；事君的良知不能致其真诚恻怛，即是从兄的良知不能致其真诚恻怛矣。故致得事君的良知，便是致却从兄的良知。致得从兄的良知，便是致却事亲的良知。不是事君的良知不能致，却须又从事亲的良知上去扩充将来，如此，又是脱却本原，著在支节上求了。良知只是一个，随他发见流行处，当下具足，更无去来，不须假借。然其发见流行处，却自有轻重厚薄，毫发不容增减，所谓“天然自有之中也”①。虽则轻重厚薄，毫发不容增减，而原又只是一个。虽则只是一个，而其间轻重厚薄，又毫发不容增减。若可得增减，若须假借，即已非其真诚恻怛之本体矣。此良知之妙用所以无方体，无穷尽，“语大天下莫能载，语小天下莫能破”②者也。

注释

①“天然”句：语出《河南程氏遗书》卷十七，“事事物物上，皆天然有个中在那上，不待人安排也。”

②“语大”二句：语出《中庸》。

译文

圣贤论学问，大多是根据一定的时间和一定的事件而言，虽然所说因人而异，但他们功夫的主旨，却是完全吻合的。因为天地之间，原本只有这个性，只有这个理，只有这个良知，只有这一件事而已。所以，凡是就古人论学方面说功夫，就不必掺和搭配着说，自然不会不吻合贯通。如果需要掺和搭配着说，就说明自己的功夫还不明彻。近来，有人称集义的功夫必须搭配着致良知才完备，这就是对集义的功夫了解还不透彻，集义的功夫了解还不透彻，只能是成为致良知的累赘而已。认为致良知的功夫必须搭配一个勿忘勿助然后才明彻，这是对致良知的功夫了解得还不透彻，只能是成为勿忘勿助的累赘而已。像这些，都是就文义上解释，牵强附会地去寻求融会贯通，而没有从自己实在的功夫上去体验。所以讨论得越精，离开圣道却越远。您的观点，在“大本达道”上可以说是充沛而无疑的，说到致知、穷理，以及忘、助等时，也有掺和搭配之处。这就是我所比喻的“已经走在康庄大道上了，但间或有点横斜弯曲”。等到功夫精熟以后，自然会解决的。

您谈到从侍奉父母，敬重兄长上去致知的观点，我觉得持之有据。这一段最能看见您近来真切笃实的功夫。但是，您由此自己用功倒没关系，自然会有得力之时，要是以此作为定论去教人，未免又有因服良药而得疾病的隐患，这里也不能不讲一下。良知，只是一个天理。自然明觉的显现处，只是一个真诚恻怛，也就是良知的本体。所以，致自己良知的真诚恻怛去侍奉父母，就是孝；致自己良知的真诚恻怛去对待兄长，就是悌；致自己良知的真诚恻怛去供奉国君，就是忠。只有一个良知，一个真诚恻怛，如果是敬重兄长的良知不能致其真诚恻怛，也就是侍奉父母的良知不能致其真诚恻怛。供奉国君的良知不能致其真诚恻怛，也就是敬重兄长的良知不能致其真诚恻怛。所以致供奉国君的良知就是致敬重兄长的良知，致敬重兄长的良知也就是致侍奉父母的良知。并非说供奉国君的良知还不能致时，必须先从侍奉父母的良知上去扩充出供奉国君的良知。这就又脱离了本原，重在枝节上去寻求了。良知只有一个，随便他显现流行在什么地方，那一刻良知就已经完备了，不分过去将来，不必到处外借。然而，在良知显现流行之处，却自然有轻重、厚薄，不容有丝毫增减之微妙，正所谓“天然自有之中”。虽然其轻重、厚薄丝毫不容增减，良知却本来只有一个；虽然良知只有一个，而其间轻重、厚薄又丝毫不容增减。如果能够增减，如果必须向外去借，就已经不是真诚恻怛的本体了。这就是良知的妙用之所以无方向，无形体，无穷无尽，“语大，天下莫能载；语小，天下莫能破”的原因。

原文 孟氏“尧舜之道，孝弟而已”者，是就人之良知发见得最真切笃厚、不容蔽昧处提省人，使人于事君、处友、仁民、爱物，与凡动静语默间，皆只是致他那一念事亲从兄真诚恻怛的良知，即自然无不是道。盖天下之事，虽千变万化，至于不可穷诘。而但惟致此事亲从兄一念真诚恻怛之良知以应之，则更无有遗缺渗漏者，正谓其只有一个良知故也。事亲从兄一念良知之外，更无有良知可致得者。故曰：“尧舜之道，孝弟而已矣。”此所以为“惟精惟一”之学，放之四海而皆准，施诸后世而无朝夕者也。文蔚云：“欲于事亲从兄之间，而求所谓良知之学。”就自己用功得力处如此说，亦无不可。若曰致其良知之真诚恻怛以求尽夫事亲从兄之道焉，亦无不可也。明道云：“行仁自孝弟始。孝弟是仁之一事，谓之行仁之本则可，谓是仁之本则不可。”[①]其说是矣。

注释 ①“行仁”四句：见《河南程氏遗书》卷十八。

译文 孟子说的“尧舜之道，孝悌而已”，是就人的良知发现得最真切、最笃厚、不容蒙蔽的地方提醒人，让人们供奉君主，结交朋友，爱民爱物，和凡是动静语默间，都只要致他那一念侍奉父母、敬重兄长的真诚恻怛的良知，就自然地无不是道。天下的事，虽然千变万化，以至于不可穷尽，但只要用这侍奉父母、敬重兄长的一念真诚恻怛的良知去应付，就不会有遗漏缺憾，正是因为有了这一个良知。侍奉父母、敬重兄长的一念良知之外，再没有良知可致。所以说“尧舜之道，孝悌而已”。这就是所谓“惟精惟一”的学问，放之四海而皆准，用于后代也不会过时的。您说“从侍奉父母、敬重兄长上去求良知的学问”，如果从自己下功夫得力的经验来这样说，也无不可；如果说成“致其良知的真诚恻怛，去寻求透彻了解供奉父母、敬重兄长之道”，也无不可。程明道先生说：“行仁自孝弟始，孝弟是仁之一事，谓之行仁之本则可，谓是仁之本则不可。”这话说得对。

原文 “亿”“逆”“先觉”之说，文蔚谓“诚则旁行曲防，皆良知之用”。甚善甚善！间有搀搭处，则前已言之矣。惟濬之言，亦未为不是。在文蔚须有取于惟濬之言而后尽，在惟濬又须有取于文蔚之言而后明。不然，则亦未免各有倚著之病也。舜察迩言而询刍荛，非是以迩言当察，刍荛当询，而后如此。乃良知之发现流行，光明圆莹，更无挂碍遮隔处，此所以谓之大知。才有执著意必，其知便小矣。讲学中自有去取分辨，然就心地上着实用工夫，却须如此方是。

"尽心"之节，区区曾有生知、学知、困知之说。颇已明白，无可疑者。盖尽心、知性、知天者，不必说存心、养性、事天，不必说"夭寿不贰，修身以俟"。而存心、养性与"修身以俟"之功已在其中矣。存心、养性、事天者，虽未到得尽心、知天的地位，然已是在那里做个求到尽心、知天的工夫，更不必说"夭寿不贰，修身以俟"。而"夭寿不贰，修身以俟"之功已在其中矣。譬之行路，尽心、知天者，如年力壮健之人，既能奔走往来于数千里之间者也。存心、事天者，如童稚之年，使之学习步趋于庭除之间者也。"夭寿不贰，修身以俟"者，如襁褓之孩，方使之扶墙傍壁，而渐学起立移步者也。既已能奔走往来于数千里之间者，则不必更使之于庭除之间而学步趋，而步趋于庭除之间，自无弗能矣。既已能步趋于庭除之间，则不必更使之扶墙傍壁而学起立移步，而起立移步自无弗能矣。然学起立移步，便是学步趋庭除之始，学步趋庭除，便是学奔走往来于数千里之基，固非有二事，但其工夫之难易则相去悬绝矣。心也，性也，天也，一也。故及其知之成功则一。然而三者人品力量，自有阶级，不可躐[①]等而能也。细观文蔚之论，其意以恐尽心、知天者，废却存心、修身之功，而反为尽心、知天之病。是盖为圣人忧工夫之或间断，而不知为自己忧工夫之未真切也。吾侪用工，却须专心致志，在“夭寿不贰，修身以俟”上做，只此便是做尽心、知天工夫之始。正如学期起立移步，便是学奔走千里之始。吾方自虑其不能起立移步，而岂遽其不能奔走千里，又况为奔走千里者而虑其或遗忘于起立移步之习哉？文蔚识见本自超绝迈往，而所论云然者，亦是未能脱去旧时解说文义之习，是为此三段书分疏比合，以求融会贯通，而自添许多意见缠绕，反使用功不专一也。近时悬空去做勿忘勿助者，其意见正有此病，最能担误人，不可不涤除耳。

注释

①躐（liè）：超越。

译文

至于“不亿不信”“不逆诈”和“先觉”等观点，您认为只要做到诚，那就是旁道之行，屈曲之防，都是良知的运用。这话说得很好，很好。其间也有些掺杂搭配之处，前面已经提及了。惟濬所说的，也不算不对。对于您来说，应该从惟濬的观点中吸取优点，然后才完善；对于惟濬来说，则应该从文蔚的观点中吸取优点，然后才明确。不然，就未免各有偏颇的毛病。舜思考浅近的话，并向砍柴打草的人咨询，并非因为浅近的话就该思考，砍柴打草的人就该咨询，然后才这样做的。他之所以这样做，是因为良知的显现流行光明圆莹，全无牵挂、阻隔，这就叫“大知”的原因。如果一有执着，那一定是其“知”变小了。讲学中自然有取舍分辨，但就心上切实下功夫，就必须像这样才行。

尽心知天，存心事天，夭寿不贰、修身以俟等三个方面，我曾有个相应的生而知之，学而知之，困而知之的说法，已经够明白的，毫无疑问。尽心、知性、知天的人，不必再说存心、养性、事天，不必再说夭寿不贰、修身以俟，而存心养性和修身以俟的功夫已经在其中了。存心、养性、事天的人虽然还未达到尽心、知天的境界，但已经在那里下尽心、知天的功夫了，就没有必要再说夭寿不贰、修身以俟，因为夭寿不贰、修身以俟的功夫已经在其中了。就比如走路，尽心知天的人就像年富力强的人，能够在千百里之间来往奔跑；存心事天的人就像幼小的儿童，只能让他在庭院和台阶下慢走小跑；而夭寿不贰、修身以俟的人就像还处于襁褓中的婴儿，只能让他扶着墙壁，渐渐学会站立迈步。对于已经能在数千里之间奔跑往来的，就不必再让他在庭院阶下学慢步小跑了，因为在庭院台阶下慢步小跑，自然没有不行的了；对于已经能在庭院阶下慢步小跑的，就不必再让他扶着墙壁去学站立迈步了，因为在站立迈步，自然没有不行的了。但是，学习站立迈步，毕竟是庭院阶下学习慢步小跑的开始；庭院阶下学习慢步小跑，毕竟是在数千里奔跑往来的基础。这本来并不是两回事，只是功夫的难易程度，相差非常之远。心也好，性也好，天也好，全都是一致的。所以等到致良知成功时，就是一个成就。但是，这三种人的人品才力自有等级，不可越级去完成。细看您的观点，似乎在担心：尽心知天的人，废弃了存心修身的功夫，反倒成为尽心知天的缺点。这是替圣人担忧他们的功夫有所间断，而不知道替自己担忧功夫还不真切。我们这类人，下功夫应该专心致志地下在夭寿不贰、修身以俟上，只要这样，就是尽心知天功夫的开始。就像学站立迈步，就是学习奔跑千里的开始一样。我这儿正在担忧自己不能站立迈步，又岂敢考虑不能奔跑千里呢？又怎么能为那奔跑千里的人担心，怕他们会忘记了站立迈步的能力呢？您的见识本来就高超宏远，但从所谈论的看，仍然还没有脱离旧时的解说文义的习气。所以才分为知天、事天、夭寿不贰三部分，进行分头、疏理、比较、汇合，以此去求融会贯通，从而为自己增添了许多缠绕纷纭的意见，反倒使自己用功不专一了。近来凭空去做“勿忘勿助”功夫的人，其观点正有这种毛病。这毛病最能耽误人，不能不洗涤干净。

原文 所谓尊德性而道问学一节，至当归一，更无可疑。此便是文蔚曾著实用功，然后能为此言。此本不是险僻难见的道理，人或意见不同者，还是良知尚有纤翳潜伏。若除去此纤翳，即自无不洞然矣。

已作书后，移卧檐间，偶遇无事，遂复答此。文蔚之学既已得其大者，此等处久当释然自解，本不必屑屑如此分疏。但承相爱之厚，千里差人远及，谆谆下问，而竟虚来意，又自不能已于言也。然直戆[①]烦缕已甚，恃在信爱，当不为罪。惟濬处及谦之、崇一处，各得转录一通寄视之，尤承一体之好也。

右南大吉录。

注释 ①戆（zhuàng）：直率。

译文 您所说的“尊德性”与“道问学”一节，认为两者“至当归一”，这是无可怀疑的。这说明您扎实用功了，然后才能说出这样的话。这本来不是什么冷僻难懂的道理，人们对此还有不同的意见，说明其良知还有细微的蒙蔽，如果除去这细微的蒙蔽，良知就自然没有不明彻的了。

写完信后，走到屋檐下躺卧着，偶尔没有什么事，又补上几笔：您的学问已经抓住主要点了，其余部分等到时间长了，自然会明白的。我本来不必这样细琐地分头疏理，只因为承蒙您的厚爱，千里之外派人来，诚恳下问，虚心求教，所以我说起来就没完没了。但我这人实在直戆烦琐，好在依恃着您的错爱，应当不会怪罪。请您把此信转抄一遍，分寄惟濬、谦之和崇一处，让他们看一看。让他们承受您情同手足的好意。

（以上是南大吉记录的）

训蒙大意示教读（刘伯颂等）[1]

原文 古之教者，教以人伦。后世记诵词章之习起，而先王之教亡。今教童子，惟当以孝、弟、忠、信、礼、义、廉、耻为专务。其栽培涵养之方，则宜诱之歌诗以发其志意，导之习礼以肃其威仪，讽之读书以开其知觉。今人往往以歌诗、习礼为不切时务，此皆末俗庸鄙之见，乌足以知古人立教之意哉？大抵童子之情，乐嬉游而惮拘检，如草木之始萌芽，舒畅之则条达，摧挠之则衰痿。今教童子必使其趋向鼓舞，中心喜悦，则其进自不能已。譬之时雨春风，沾被卉木，莫不萌动发越，自然日长月化。若冰霜剥落，则生意萧索，日就枯槁矣。故凡诱之歌诗者，非但发其志意而已。亦所以泄其跳号呼啸于咏歌，宣其幽抑结滞于音节也。导之习礼者，非但肃其威仪而已，亦所以周旋揖让而动荡其血脉，拜起屈伸而固束其筋骸也。讽之读书者，非但开其知觉而已，亦所以沈潜反复而存其心，抑扬讽诵以宣其志也。凡此皆所以顺导其志意，调理其性情，潜消其鄙吝，默化其粗顽。日使之渐于礼义而不苦其难，入于中和而不知其故，是盖先王立教之微意也。若近世之训蒙稚者，日惟督以句读课仿，责其俭束而不知导之以礼，求其聪明而不知养之以善，鞭挞绳缚，若待拘囚。彼视学舍如囹狱而不肯入，视师长如寇仇而不欲见，窥避掩覆以遂其嬉游，设诈饰诡以肆其顽鄙，偷薄庸劣，日趋下流。是盖驱之于恶而求其为善也，何可得乎？凡吾所以教，其意实在于此，恐时俗不察，视以为迂，且吾亦将去，故特叮咛以告。尔诸教读其务体吾意，永以为训，毋辄因时俗之言，改废其绳墨，庶成“蒙以养正”之功矣。念之念之！

注释 ①此文为王守仁于明正德十三年（1518）平定赣南动乱后颁布的文告。

译文 古代的教育，是用人伦教学生。后来，兴起了记诵词章，先王的教化就丧失了。现在教儿童，只应该用孝、悌、忠、信、礼、义、廉、耻作唯一的教学内容。具体教学培养的方法，则应该用唱歌咏诗来诱导他们，以培养其意志；用练习礼仪来引导他们，以整束其威仪；用读书来熏陶他们，以启发其知觉。现在的人往往认为咏诗唱歌和练习礼仪不切时用，这都是庸俗低下的见解。哪里能知道古人设立教化的深意呢？大致说来，儿童的天性是喜欢嬉戏游玩而害怕约束强制。就像草木刚刚萌芽时，如果让其舒畅，就枝叶茂盛；摧残强扭，就会衰败枯萎。现在教儿童，一定要让他们得到因势利导的鼓舞，心中喜悦，这样就会不由自主地进步。譬如甘雨春风润泽花木，没有不萌动生发的，自然会日日生长，月月变化。如果像冰霜摧逼，就会生气萧条，日趋枯槁了。所以，凡是用唱歌咏诗来诱导，不只是让他们激发意志而已，也是疏导他们的叫跳呼喊到唱歌咏歌上，宣泄他们的郁结压抑到音乐节拍中。用练习礼仪来引导，也不只是整束他们的威仪而已，还可以利用周旋揖让来活动其血脉，用起跪屈伸来强健其筋骨。用读书来熏陶他们，也不只是启发他们的知觉而已，还可以在潜心反复的思索中存养自己的心，用抑扬诵读来宣示他们的志向。以上这些，都是因势利导他们的意志，调理他们的性情，潜移默化地消除改变他们的粗鄙顽皮的有效手段。从而使他们渐渐符合礼义却并不感到痛苦困难，导入中正平和还不知不觉。这就是先王设立教化的精微之意。至于近代教育儿童的人，每天只是用标点断句和模仿八股范文来督促他们。苛求他们约束自己，却不懂得用礼来激发引导他们；要求他们聪明伶俐，却不懂得用善来鞭策规范他们。这种强制性的苛求，使得他们视学堂如监狱而不愿意进入，视师长如敌人而不想见。窥探老师、躲避老师、遮遮掩掩地追逐着嬉戏游玩，在弄虚作假、掩饰、说谎后面放纵其顽皮鄙陋。于是，轻薄庸俗，一天天地变得下流低劣。这简直就是驱赶着他们走向邪恶。这时，再要求他们从善，难道可能吗？我进行教学的所有方法，其本意就在于此。只担心世人不明白，视为迂远，而且我即将离去，所以特地叮嘱你们这些主管教育的，希望体察我的意思，永远遵循，不要因为世人的言论而改变废止了我的规矩。或许，这就能收到“蒙以养正”的功效吧，切记切记！

教约

原文 每日清晨，诸生参揖毕，教读以次徧询诸生：在家所以爱亲敬长之心，得无懈忽未能真切否？温清定省之仪，得无亏缺未能实践否？往来街衢[①]步趋礼节，得无放荡未能谨饬否？一应言行心术，得无欺妄非僻未能忠信笃敬否？诸童子务要各以实对，有则改之，无则加勉。教读复随时就事，曲加诲谕开发，然后各退就席肄业。

凡歌诗须要整容定气，清朗其声音，均审其节调，毋躁而急，毋荡而嚣，毋馁而慑。久则精神宣畅，心气和平矣。每学量童生多寡分为四班。每日轮一班歌诗，其余皆就席敛容肃听。每五日则总四班递歌于本学。每朔望[②]集各学会歌于书院。

凡习礼需要澄心肃虑，审其仪节，度其容止，毋忽而惰，毋沮而怍，毋径而野，从容而不失之迂缓，修谨而不失之拘局。久则礼貌习熟，德性坚定矣。童生班次皆如歌诗。每间一日则轮班习礼，其余皆就席敛容肃观。习礼之日，免其课仿。每十日则总四班递习于本学。每朔望则集各学会习于书院。

凡授书不在徒多，但贵精熟。量其资禀，能二百字者止可授以一百字，常使精神力量有余，则无厌苦之患，而有自得之美。讽诵之际，务令专心一志，口诵心惟，字字句句，细绎反复。抑扬其音节，宽虚其心意。久则义礼浃洽，聪明日开矣。

每日工夫，先考德，次背书诵书，次习礼或作课仿，次复诵书讲书，次歌诗。凡习礼歌诗之数，皆所以常存童子之心，使其乐习不倦，而无暇及于邪僻。教者如此，则知所施矣。虽然，此其大略也。“神而明之，则存乎其人。”③

注释

①衢（qú）：大路。

②朔望：朔日与望日，即农历每月初一和十五。

③“神而”二句：见《易·系辞上》。

译文

每天清晨，当学生们参拜行礼之后，教师要依次询问每个学生：在家时尊敬长辈的心是否懈怠而不真切了？温清定省的礼仪是否有缺陷而不能实践了？在街道上行走时礼节是否放荡而不能修饰了？所有言行心理是否有欺妄狭僻而不能忠信笃敬了？各位儿童一定要各自据实情回答，有则改之，无则加勉。教师还应该随时随事委婉地加以引导和启发，然后各自回到座位上学习。

凡是唱歌咏诗时，一定要仪容端正，意气集中，声音清朗，节拍均匀，声调准确，不急不躁，不狂不叫，不气馁，不怕难。唱久了就会精神畅快，心气平和了。每个学校，根据学生的多少分为四个班。每天轮流由一个班唱歌咏诗，其余各班都严肃地坐着认真听。第五天则在学校里让四个班集中依次唱，每月之初和月中就集合各校在书院里联唱。

凡是练习礼仪时，定要内心澄静，细审礼节，揣摸容止，不疏忽，不惰怠，不自满，不害羞，不随意，不粗野，从容而不失于迂缓，谨慎而不失于拘谨。练久了就会体貌熟谙，德性坚定了。儿童的班次就像唱歌咏诗一样，每隔天就换一班练习礼仪，其余的都严肃地坐着认真看。练习礼仪的那天免去仿写课。每十天就聚集四个班在学校里依习次练习，每月之初和月中就集合各校在书院里表演。

凡讲授书，不在数量多，而贵在精熟。应该根据学生的资质灵活处理。能掌握两百字的，只需传授一百字。经常使他的精神力量保持旺盛，就不会因烦闷痛苦而厌学，而有自我发现的良好感觉。在诵读的时候，应当尽力让他们一心一意，口读心想，字字句句，反复琢磨，让音节有高低起伏，让心意宽松轻虚。时间久了，自然义礼滋润，聪明日增。

每天的功夫顺序，首先考察品德，其次背诵书篇，再次练习礼仪，或上仿写课，接着又读书讲书，接着唱歌咏诗。凡是练习礼仪、唱歌咏诗之类，都是用来存养儿童的心，让他们乐于诵习不倦而无暇去涉及邪僻。教师如果懂得这一点，就懂得了具体怎样实施了。尽管如此，这也只是个大概，“神而明之”，就看各人自己去发挥了。

传习录 下

陈九川录

原文 正德乙亥[①]，九川初见先生于龙江[②]。先生与甘泉[③]先生论格物之说。甘泉持旧说。先生曰："是求之于外了。"甘泉曰："若以格物理为外，是自小其心也。"九川甚喜旧说之是。先生又论"尽心"一章，九川一闻却遂无疑。后家居，复以格物遗质。先生答云："但能实地用功，久当自释。"山间乃自录《大学》旧本读之，觉朱子格物之说非是。然亦疑先生以意之所在为物，物字未明。己卯[④]归自京师，再见先生于洪都[⑤]。先生兵务倥偬[⑥]，乘隙讲授，首问近年用功何如？九川曰："近年体验得'明明德'功夫只是'诚意'。自'明明德于天下'，步步推入根源，到'诚意'上再去不得，如何以前又有格致工夫？后又体验，觉得意之诚伪必先知觉乃可，以颜子'有不善未尝知之，知之未尝复行'为证，豁然若无疑，却又多了格物工夫。又思来吾心之灵何有不知意之善恶？只是物欲蔽了。须格去物欲，始能如颜子未尝不知耳。又自疑功夫颠倒，与诚意不成片段。后问希颜[⑦]。希颜曰：'先生谓格物致知是诚意功夫，极好。'九川曰：

‘如何是诚意功夫?’希颜令再思体看。九川终不悟，请问。”

先生曰:“惜哉!此可一言而语，惟濬所举颜子事便是了。只要知身、心、意、知、物是一件。”

九川疑曰:“物在外，如何与身、心、意、知是一件?”

先生曰:“耳、目、口、鼻、四肢，身也，非心安能视、听、言、动?心欲视、听、言、动，无耳、目、口、鼻、四肢亦不能。故无心则无身，无身则无心。但指其充塞处言之谓之身，指其主宰处言之谓之心，指心之发动处谓之意，指意之灵明处谓之知，指意之涉着处谓之物，只是一件。意未有悬空的，必着事物。故欲诚意，则随意所在某事而格之，去其人欲而归于天理，则良知之在此事者，无蔽而得致矣。此便是诚意的功夫。”

九川乃释然破数年之疑。又问:“甘泉近亦信用《大学》古本，谓格物犹言造道，又谓穷理如穷其巢穴之穷，以身至之也，故格物亦只是随处体认天理。似与先生之说渐同。”

先生曰:“甘泉用功，所以转得来。当时与说‘亲民’字不须改，他亦不信。今论‘格物’亦近，但不须换物字作理字，只还他一物字便是。”

后有人问九川曰："今何不疑物字？"曰："《中庸》曰'不诚无物'。程子曰：'物来顺应'。又如'物各付物'[8]'胸中无物'[9]之类皆古人常用字也。"他日先生亦云然。

注释

①正德乙亥：即明正德十年（1515）。

②龙江：指南京。

③甘泉：湛若水（1466—1560），字元明，号甘泉，增城（今属广东）人。官至南京礼、吏、兵三部尚书，少师事陈献章，后与王守仁同时讲学，各立门户。著作有《湛甘泉集》。

④己卯：明正德十四年（1519）。

⑤洪都：今江西南昌。

⑥倥偬（kǒngzǒng）：匆忙。

⑦希颜：王守仁学生。

⑧物各付物：见《河南程氏遗书》卷十八。

⑨胸中无物：见《河南程氏外书》卷十一。

译文

正德乙亥，陈九川我在龙江初会先生。先生和甘泉先生讨论"格物"的学说。甘泉先生坚持朱熹的观点。先生说："你这是求之于外了。"甘泉先生说："如果以格物之理为外，这就是小看了自己的心。"我当时非常喜欢朱熹的观点，认为很正确。先生又说了《孟子·尽心》一章，我一听，马上就不再怀疑先生的观点了。后来归家闲居，又就“格物”请教先生。先生回答说：“只要能扎实地用功，时间长了，自然就能领会的。”到了山间，就自己抄录了《大学》的旧本来读，觉得朱子的“格物”之说不对。但对先生也有疑点，认为先生以“意所在之处为物”的“物”字还不明确。己卯年，从京城回来，第二次见到先生是在洪都。先生军务繁忙，抓住间隙时为我讲解。他首先问我近年来功夫下得怎样。我回答：“近年体验到‘明明德’的功夫只是‘诚意’。从‘明明德于天下’，一步步追根寻源，直到‘诚意’上，就不能再往下寻了。为何在‘诚意’之前又有‘格物致知’的功夫呢？后来又加体会，又感到意的诚与不诚，必须先有知觉，才可以用颜回的‘有不善未尝知之，知之未尝复行’作为证据。一时豁然开朗好像无疑了，但这又多了个‘格物’的功夫。又想，凭自己心的灵明，为什么不懂得意的善恶？只是因为被物欲蒙蔽了，必须格去物欲，才能像颜回那样，未尝不知其不善。我又怀疑自己的功夫弄颠倒了，与诚意不能衔接。后来请教希颜，希颜说：‘先生认为格物致知是诚意的功夫，说得真好!’我问:‘什么才是诚意的功夫?’希颜让我再认真思索体悟，但我始终没醒悟。只好请教先生。”先生说:“可惜!这可以用一句话点破。你所举颜回的事就是这样了。只要懂得身、心、意、知、物都是一回事就行了。”我不明白，说:“物在身外，怎么能与身、心、意、知是一回事呢?”先生道:“耳朵、眼睛、嘴巴、鼻子及四肢，都是身体的一部分，如果没有心，它们怎么能听、能看、能说、能动呢?如果光是心想去听、看、说、动，却没有耳朵、眼睛、嘴巴、鼻子、四肢，也办不到。所以说，没有心的功能，就没有身体的功能;没有身体的功能，也就没有心的功能。只是就充塞全身的角度说，称为‘身’;就全身的主宰角度说，称为‘心’;就心发动的角度说，称为‘意’;就意灵明的角度说，称为‘知’;就意涉及的角度说，称为‘物’。都是一回事。‘意’不会悬空存在，一定要附着于一定的事物。所以，想诚意就应该随意之所在事物而去‘格’，就应该去其人欲，归于天理，而良知在这件事上，就不会受蒙蔽而获得‘致’了，这就是诚意的功夫。”我才一下子明白了几年来的困惑。又问先生:“甘泉近来也相信并使用《大学》古本了。认为‘格物’犹如‘造道’，还认为‘穷理’的‘穷’就像‘穷其巢穴’的‘穷’，是亲身穷尽其穴的意思，所以格物也就是指随处体认天理。这似乎与先生的说法逐渐趋同了。”先生说：“甘泉用功，所以能转变过来。当时，我给他说‘亲民’的‘亲’字不必改为‘新’，他还不相信。现在他说的格物已经接近我的说法，但不必将‘物’字改作‘理’字。只要换回一个‘物’字就行了。”后来有人问我：“现在你为什么不怀疑‘物’字了？”我说：“《中庸》讲‘不诚无物’，程伊川说‘物来顺应’，‘物各付物’，以及‘胸中无物’之类。可见，‘物’字是古人的常用字。”后来，先生也这样说了。

原文 九川问：“近年因厌泛滥之学，每要静坐，求屏息念虑，非惟不能，愈觉扰扰，如何？”

先生曰：“念如何可息，只是要正。”

曰：“当自有无念时否？”

先生曰：“实无无念时。”

曰：“如此却如何言静？”

曰：“静未尝不动，动未尝不静。戒谨恐惧即是念，何分动静？”

曰：“周子何以言‘定之以中正仁义而主静’？”

曰："无欲故静，是'静亦定，动亦定'的'定'字，主其本体也。戒惧之念，是活泼泼地，此是天机不息处，所谓'维天之命，于穆不已'。[①]一息便是死，非本体之念即是私念。"

又问："用功收心时，有声色在前，如常闻见，恐不是专一。"

曰："如何欲不闻见？除是槁木死灰。耳聋目盲则可。只是虽闻见而不流去便是。"

曰："昔有人静坐，其子隔壁读书，不知其勤惰，程子称其甚敬。[②]何如？"

曰："伊川恐亦是讥他。"

又问："静坐用功，颇觉此心收敛。遇事又断了，旋起个念头去事上省察。还觉有内外，打不作一片。"

先生曰："此格物之说未透。心何尝有内外？即如惟濬今在此讲论，又岂有一心在内照管？这听讲说时专敬，即是那静坐时心。功夫一贯，何须更起念头？人须在事上磨炼做功夫乃有益。若只好静，遇事便乱，终无长进。那静时功夫亦差似收敛，而实放溺也。"

后在洪都，复与于中、国裳论内外之说，[③]渠[④]皆云物有内外，但要内外并着，功夫不可有间耳，以质先生。

曰："功夫不离本体，本体原无内外；只为后来做功夫的分了内外，失其本体了。如今正要讲明功夫不要有内外，乃是本体功夫。"

是日俱有省。

又问："陆子之学何如？"

先生曰："濂溪、明道之后，还是象山。只是粗些。"

九川曰："看他论学，篇篇说出骨髓，句句似针膏肓，却不见他粗。"

先生曰："然他心上用过功夫，与揣摹依仿、求之文义自不同，但细看有粗处，用功久，当见之。"

庚辰往虔州再见先生，⑤问："近来功夫虽若稍知头脑，然难寻个稳当快乐处。"

先生曰："尔却去心上寻个天理，此正所谓理障⑥。此间有个诀窍。"

曰："请问如何？"

曰："只是致知。"

曰："如何致知？"

曰："尔那一点良知，是尔自家底准则。尔意念著处，他是便知是，非便知非，更瞒他一些不得。尔只不要欺他，实实落落依着他做去，善便存，恶便去，他这里何等稳当快乐。此便是格物的真诀，致知的实功。

若不靠着这些真机，如何去格物？我亦近年体贴出来如此分明，初犹疑只依他恐有不足，精细看，无些小欠阙。”

注释

①维天之命，于穆不已：见《诗经·周颂·维天之命》。

②“昔有”四句：事见《河南程氏遗书》卷三，“许勃与其子隔一窗而寝，及不闻其子读书与不读书。先生谓：‘此人持敬如此。’”

③于中：经家各说不一。一说“于中”为“子中”之误，即夏良胜，字子中，为王守仁学生。国裳，即舒芬（1487—1527），字国裳，号梓溪。江西进贤人，明正德进士。

④渠：方言，指他、他们。

⑤庚辰：明正德十五年（1520）。虔州，为赣州，今江西赣县区。

⑥理障：理本身认识的障碍。《圆觉经》弥勒菩萨章：“一者理障，碍正知见；二者事障，续诸生死。”

译文

九川我问道：“近年来，因为厌烦广览博采的学问，每每想要静坐，以求屏息各种念头。结果，不但不能静，反而更觉得烦忧。这是为什么呢？”先生说：“念头怎么能屏息呢？只是要让它们正确。”我又问：“是否有无念的时候呢?”先生说:“实在没有无念的时候。”我问:“既然如此,怎样理解‘静’字呢?”答:“静,未必就没有动;动,也未必就没有静。戒谨恐惧就是念,分什么动与静呢?”我说:“周敦颐为什么要说‘定之以中正仁义而主静’呢?”先生说:“‘无欲故静’,所以这是‘静亦定,动亦定’的‘定’义,‘主’是本体。戒谨恐惧的念头是活泼的,这是天机变幻不息的体现,也就是所谓‘维天之命,于穆不已’。一旦停息,就会死亡。如果不是本体发出的念头,就是私念。”

我又问:“用功收心的时候,有美声、美色在眼前,就像平时那样想去听、想去看,恐怕这就不是专一了吧?”先生答:“声色在前,怎么会不想去听去看呢?除非是枯木死灰,或者聋子、瞎子才会这样。虽然也听也看,只要心不流动而跟去就行了。”我问:“过去有人静坐,他的孩子在隔壁读书,他却不知道孩子是勤是懒。程伊川称赞他能‘持敬’。这是怎么回事呢?”先生说:“伊川恐怕是在讥笑他吧?”

我又问:“静坐用功时,也觉得自己的心收敛了,但一遇到具体事,就中断了。马上就起了个念头在具体事上省察,事过以后,又去寻找旧的功夫。所以觉得心有内外的区别，打不成一片。”先生说：“这是对格物的学说还未学透。其实心何尝有什么内外？就像你今天在这里讨论，哪里又还有一颗心在里面照管着？这听讲话时的专心，也就是那静坐时的心。功夫是一贯的，何必再起一个念头呢？人们必须在具体事上磨炼下功夫，才有收益。如果只好静，遇事就心乱，那始终不会有长进。那静时的功夫，也很像是收敛，但实际上是放纵沉溺。”后来在洪都时，又与于中、国裳讨论内外的说法。他们都说物本来就有内外，但要内外一起用功夫，不能有间隔而已。以此请教先生。先生说：“功夫离不开本体。本体原来并没有什么内外，只因为后来用功的人分了内外，失去其本体了。如今正要说明功夫不要有内外的区分，这才是本体的功夫。”这天，大家都有所省悟。

我又问：“陆象山先生的学说怎么样？”先生说：“在濂溪、明道之后，就只有象山先生了，只是还有点粗疏。”我说：“我看他论学问，篇篇说出精髓，句句针砭膏肓，倒也看不见他的粗疏。”先生说：“是啊。他在内心用过功夫，和那些在文义上照葫芦画瓢的学者自然不同。但是，仔细看，仍有粗处。你用功久了就会发现的。”

庚辰年，我到虔州再次见到先生。我说：“我近来的功夫，虽然好像理出了一点儿头绪，但却难得找到稳当快乐的所在。”先生说：“你是到心上寻找天理，这正是所谓‘理障’。这里有个诀窍。”我问：“请问这诀窍是什么？”答：“就是致知。”问：“如何去致？”先生说：“你那一点良知，就是你自己的准则。当你的意念所致处，对的，就知道对；错的，就知道错。一点都不能瞒它。你只要不欺骗自己的良知，切切实实地依照着它去做。善的，就存念；恶的，就除去。这种境界里有怎样的稳定快乐啊！这就是格物的真谛，致知的实在功夫。如果不靠这些真正的机遇，如何去格物呢？我也是近年来才体会得这样清楚的。起初，还怀疑只靠良知恐怕有点不足，细细一看，没有一点毛病。”

原文 在虔与于中、谦之①同侍。先生曰：“人胸中各有个圣人，只自信不及，都自埋倒了。”因顾于中曰：“尔胸中原是圣人。”

于中起不敢当。

先生曰：“此是尔自家有的，如何要推？”

于中又曰：“不敢。”

先生曰："众人皆有之，况在于中，却何故谦起来？谦亦不得。"

于中乃笑受。

又论："良知在人，随你如何不能泯灭，虽盗贼亦自知不当为盗，唤他作贼，他还忸怩。"

于中曰："只是物欲遮蔽。良心在内，自不会失，如云自蔽日，日何尝失了。"

先生曰："于中如此聪明，他人见不及此。"

先生曰："这些子看得透彻，随他千言万语，是非诚伪，到前便明。合得的便是，合不得的便非，如佛家说心印相似，真是个试金石，指南针。"

先生曰："人若知这良知诀窍，随他多少邪思枉念，这里一觉，都自消融。真个是灵丹一粒，点铁成金。"

崇一曰："先生致知之旨发尽精蕴，看来这里再去不得。"

先生曰："何言之易也？再用功半年看如何，又用功一年看如何。功夫愈久，愈觉不同。此难口说。"

先生问："九川于致知之说体验如何？"

九川曰："自觉不同。往时操持常不得个恰好处，此乃是恰好处。"

先生曰："可知是体来与听讲不同。我初与讲时，知尔只是忽易，未有滋味。只这个要妙再体到深处，日见不同，是无穷尽的。”

又曰：“此‘致知’二字，真是个千古圣传之秘，见到这里，‘百世以俟圣人而不惑’②。”

九川问曰：“伊川说到体用一原，显微无间处，门人已说是泄天机。先生致知之说，莫亦泄天机太甚否？”先生曰：“圣人已指以示人，只为后人掩匿，我发明耳，何故说泄？此是人人自有的，觉来甚不打紧一般，然与不用实功人说，亦甚轻忽，可惜彼此无益。与实用功而不得其要者提撕之，甚沛然得力。”

又曰：“知来本无知，觉来本无觉。然不知则遂沦埋。”

先生曰：“大凡朋友须箴规指摘处少，诱掖奖劝意多，方是。”

后又戒九川云：“与朋友论学，须委曲谦下，宽以居之。”

注释

①谦之：邹守益（1491—1562），字谦之，号东廓。江西安福人，为王守仁学生，官至南京国子祭酒。

②“百世”句：语出《中庸》。

译文

在虔州时，我和于中、谦之一同陪伴着先生。先生说："人的心中，各自有个圣人，只因自信心不足，所以都将圣人埋没了。"就势回头看于中，说："你心中的你，原来就是个圣人。"于中站起来，说不敢当。先生说："这是你自己有的想法，为什么要推掉呢？"于中又表示不敢当。先生道："众人都有圣人，何况在你于中呢？又为什么谦虚起来了？谦虚，也不应该。"于中才笑着接受了。先生又说："良知就在每个人身上，无论如何，你也不能泯灭的。哪怕就是盗贼，也知道自己不该做贼。你叫他是'贼'，他还会感到羞耻的。"于中说："只是被物欲遮住了外层，良心在最里层，自然不会丧失了。就像乌云遮盖了太阳，太阳怎么会丧失呢？"先生说："于中如此聪明，别人就打不出这样的比方。"

先生说："这些东西看得透彻，任凭他千言万语，是非真假，一到面前就能明白。符合的，就是对；不符合的，就是不对。就与佛教所说的'心印'差不多。真是个试金石、指南针。"

先生说："人如果知道这良知诀窍，任凭他有多少邪思错念，这里一旦醒悟，就都自然消融。真正是一粒灵丹，点铁成金。"

崇一说："先生致知的宗旨，已经阐发得精深透彻。

看来这个问题已经没有再探索的必要了。”先生说：“为什么说得这般轻易呢？你再用半年功夫，看看怎么样？再用一年功，看看怎么样？功夫下得越久，越觉得不同。这难以言喻。”

先生问我：“你对致知的学说体验得如何？”我说：“自己觉得跟过去不一样，从前努力时，经常找不到恰如其分的地方，现在感到致知就是恰如其分的地方。”先生说：“由此可知，体验来的与听讲来的就是不同。我当初与你交谈时，知道你老是轻忽的，还没有尝到真滋味。只要对这个要点再体会到深处，就会一天比一天不一样，这是无穷无尽的。”又说：“这‘致知’二字，真是个千古圣传的秘诀。看到这点，就能‘百世以俟圣人而不惑’了。”

我问道：“程伊川先生说到‘体用一源，显微无间’时，他的学生就已经评价说这是‘泄露天机’了。先生致知的学说，岂不是把天机泄露得太厉害了吗？”先生说：“圣人们早已将致知指示给人了，只因为后人掩盖了它，而我不过重新挑明了而已，怎么能说是‘泄露’呢？这本来是人人自我具有的，感觉到了也不当一回事。但是，我给那不用实在功夫的人说这点，他们却非常轻视，只可惜双方都没有得益。再给切实用功而不得要领的人提示这点，他们却感到获得了充沛的力量。”

先生又说：“知道原本出于无知，觉醒原本出于无觉。但是，如果始终不知，就会沦落埋没。”

先生说：“大致说来，朋友之间，规劝指摘之处应该少，而夸奖表扬之意应该多。”后来，又告诫我说：“与朋友论学时，必须委曲谦虚，宽以居之。”

原文 九川卧病虔州。

先生云：“病物亦难格，觉得如何？”

对曰：“功夫甚难。”

先生曰：“常快活便是功夫。”

九川问：“自省念虑，或涉邪妄，或预料理天下事。思到极处，井井有味，便缱绻难屏。觉得早则易，觉迟则难。用力克治，愈觉扞格[①]。惟稍迁念他事，则随两忘。如此廓清，亦似无害。”

先生曰：“何须如此，只要在良知上著功夫。”

九川曰：“正谓那一时不知。”

先生曰：“我这里自有功夫，何缘得他来。只为尔功夫断了，便蔽其知。既断了，则继续旧功便是，何必如此？”

九川曰："直是难鏖，虽知，丢他不去。"

先生曰："须是勇。用功久，自有勇。故曰'是集义所生者'，胜得容易，便是大贤。"

九川问："此功夫却于心上体验明白，只解书不通。"

先生曰："只要解心。心明白，书自然融会。若心上不通，只要书上文义通，却自生意见。"

有一属官，因久听讲先生之学，曰："此学甚好，只是簿书讼狱繁难，不得为学。"

先生闻之，曰："我何尝教尔离了簿书讼狱悬空去讲学？尔既有官司之事，便从官司的事上为学，才是真格物。如问一词讼，不可因其应对无状，起个怒心；不可因他言语圆转，生个喜心；不可恶其嘱托，加意治之；不可因其请求，屈意从之；不可因自己事务烦冗，随意苟且断之；不可因旁人谮毁罗织，随人意思处之。这许多意思皆私，只尔自知，须精细省察克治，惟恐此心有一毫偏倚，杜人是非，这便是格物致知。簿书讼狱之间，无非实学。若离了事物为学，却是着空。"

注释　①扞格：互相抵触。

译文 我卧病于虔州时，先生说："疾病作为一'物'，也很难'格'。你觉得如何？"我回答："这功夫很难。"先生说："经常保持乐观，就是功夫。"

我问："自我省察思虑时，有时会涉及邪念妄想，有时又想去治理天下的事。想到终极处，津津有味，就缠绵难断。发觉早时，就容易觉醒；发觉晚时，就难以觉醒。用力克服了，反倒格格不入，只有注意力转移到其他事上，才能将它们忘记。像这样澄清思虑，好像也没有什么危害。"先生说："何必如此呢？只要在良知上下功夫就行了。"我说："我说的正是还不知道良知的那一时刻。"先生说："我这里自有功夫，为什么有良知不知道的一刻？只因为你的功夫间断了，就蔽障了你的知。既然间断了，就继续原先的功夫就行了，何必像你说的这样呢？"我说："简直是一场苦战，虽然懂得这道理，但就是摆脱不了。"先生说："必须有勇气。用功时间一长，也自然会有勇气。所以，孟子才说'是集义所生者'。苦战中胜得容易，就是大大的贤人。"

我问："这个功夫只在心上才能体验清楚，一接触书本，就解释不清。"先生说："只要心上清楚就行。心上清楚了，书上自然融会贯通。如果心上不通，只求把书面上文义解释通，就不免产生误解。”

有一位下属官员，因为长期听讲先生的学说，问道：“先生的学说很好，只是文书诉讼的事太繁杂，不能专心去做学问。”先生听了这番话，说：“我何尝教你离了文书诉讼去凭空做学问了？你既然忙于官司的事，就在官司这事上去做学问。这才是真正的格物。比如在审案时，不能因为对方的应答无礼就发怒；不能因为对方的言语圆滑就喜悦；不能因为厌恶有人嘱托，就有意整治他；也不能因为他的请求，就无原则地听从他；不能因为自己的事务繁忙，就随意乱断；也不能因为旁人诋毁和陷害，就屈从别人而处理他。这种种表现，都只是私的表现。只有你自己知道。应该精细地省察克服，惟恐心中有一丝一毫偏颇，从而影响了判断别人的是非。这就是格物致知。文书诉讼之间，也没有不是实实在在的学问的。如果离开了具体事物去做学问，倒是空中楼阁。”

原文 虔州将归，有诗别先生云：“良知何事系多闻，妙合当时已种根，好恶从之为圣学，将迎无处是乾元。”先生曰：“若未来讲此学，不知说‘好恶从之’从个甚么。”

敷英[①]在座曰：“诚然。尝读先生《大学古本序》，不知所说何事。及来听讲许时，乃稍知大意。”

于中、国裳辈同侍食。先生曰：“凡饮食只是要养我身，食了要消化。若徒蓄积在肚里，便成疾了，如何长得肌肤？后世学者博闻多识，留滞胸中，皆伤食之病也。”

先生曰：“圣人亦是学知，众人亦是生知。”

问曰：“何如？”

曰：“这良知人人皆有，圣人只是保全无些障蔽，兢兢业业，亹亹[①]翼翼，自然不息，便也是学。只是生的分数多，所以谓之生知安行。众人自孩提之童，莫不完具此知，只是障蔽多，然本体之知难泯息，虽问学克治，也只凭他。只是学的分数多，所以谓之学知利行。”

注释

①亹亹（wěiwěi）：勤勉不倦。

译文

我将要离开虔州时，写了一首诗与先生道别：“良知何事系多闻？妙合当时已种根。好恶从之为圣学，将迎无处是乾元。”先生评价道：“如果你没有到这里学习，就不会说‘好恶从之’将‘从’个什么。”敷英在场，说：“的确如此。我曾经读先生的《大学古本序》，不知道您说了些什么。等到来听讲很长时间，才略知大意。”

于中、国裳等一起陪先生进餐。先生说：“饮食，就是要养自己的身体。所以，吃了要消化。如果只是积蓄在肚子里，就成隔食病了。怎么能养自己的肌肤呢？后代的学者博闻多识，将知识留滞胸中，都是些消化不良的患者。”

先生说：“圣人也是学而知之的，而一般人也是生而知之的。”我问：“这是什么意思？”先生答：“这良知人人都有，圣人只是保全了它，没有障蔽，兢兢业业，勤勤恳恳，良知自然不会息止。这也就是学，只是天生的成分多一些，所以称之为‘生知安行’。一般人在孩提的幼童时代没有不完全具备的，只是障蔽多了，但就是如此，本体的良知也难以泯灭。虽然通过求学克服等，也只是靠着它，不过是求学的分量大，所以称之为‘学知利行’。”

黄直录

原文 黄以方[①]问："先生格致之说，随时格物以致其知，则知是一节之知，非全体之知也，何以到得'溥溥如天，渊泉如渊'[②]地位？"

先生曰："人心是天渊。心之本体，无所不该，原是一个天。只为私欲障碍，则天之本体失了。心之理无穷尽，原是一个渊。只为私欲窒塞，则渊之本体失了。如今念念致良知，将此障碍窒塞一齐去尽，则本体已复，便是天渊了。"乃指天以示之曰："比如面前见天，是昭昭之天，四外见天，也只是昭昭之天。只为许多房子墙壁遮蔽，便不见天之全体，若撤去房子墙壁，总是一个天矣。不可道眼前天是昭昭之天，外面又不是昭昭之天也。于此便见一节之知即全体之知，全体之知即一节之知，总是一个本体。"

注释 ①黄以方：黄直，字以方。江西金溪人，明嘉靖进士。曾问学于王守仁。

②溥溥如天，渊泉如渊：语出《中庸》。

译文

黄以方我问："先生所说的格物致知的主张，是随时格物而以达到致知的。那么，所致的知是片段的知，而不是全体的知。怎么会达到'溥溥如天，渊泉如渊'的境界呢？"

先生说："人心就是天和渊。心的本体无所不包，原来就是一个天，只因为私欲障碍，所以失去了天的本体。心的理无穷无尽，原来就是一个渊，只因为私欲堵塞了，所以失去了渊的本体。如今念念不忘地致良知，将这些障碍堵塞一齐除去，本体就已经恢复，就又是天、渊了。"说到这儿，先生用手指着天说："比如面前所见的天，是光光明明的天，四处所见的天，也都是光光明明的天。只因为有许多房子墙壁遮蔽了它，就不能再看见天的全体。如果撤除了这些房子墙壁，就又是一个天了。不能说眼前的天是光光明明的天，外面的就不是光光明明的天。由此，就可见片段的知，就是全体的知；全体的知，也就是片段的知，都是一个本体。"

原文

先生曰："圣贤非无功业气节。但其循著这天理，则便是道。不可以事功气节名矣。"

"'发愤忘食'[①]，是圣人之志如此。真无有已时。'乐以忘忧’，是圣人之道如此。真无有戚时。恐不必云得不得也。”

先生曰：“我辈致知，只是各随分限所及。今日良知见在如此，只随今日所知扩充到底。明日良知又有开悟，便从明日所知扩充到底，如此方是精一功夫。与人论学，亦须随人分限所及。如树有这些萌芽，只把这些水去灌溉。萌芽再长，便又加水。自拱把以至合抱，灌溉之功皆是随其分限所及。若些小萌芽，有一桶水在，尽要倾上，便浸坏他了。”

问知行合一。

先生曰：“此须识我立言宗旨。今人学问，只因知行分作两件，故有一念发动，虽是不善，然却未曾行，便不去禁止。我今说个知行合一，正要人晓得一念发动处。便即是行了。发动处有不善，就将这不善的念克倒了，须要彻根彻底不使那一念不善潜伏在胸中。此是我立言宗旨。”

“圣人无所不知，只是知个天理；无所不能，只是能个天理。圣人本体明白，故事事知个天理所在，便去尽个天理，不是本体明后，却于天下事物都便知得，便做得来也。天下事物，如名物度数、草木鸟兽之类，不胜其烦。圣人须是本体明了，亦何缘能尽知得。但不必知的，圣人自不消求知，其所当知的，圣人自能问卜。如‘子入太庙，每事问’[②]之类。先儒谓‘虽知亦问，敬谨之至’[③]。此说不可通。圣人于礼乐名物，不必尽知。然他知得一个天理，便自有许多节文度数出来。不知能问，亦即是天理节文所在。”

问：“先生尝谓善恶只是一物。善恶两端，如冰炭相反，如何谓只一物？”

先生曰：“至善者，心之本体。本体上才过当些子，便是恶了。不是有一个善，却又有一个恶来相对也。故善恶只是一物。”

直因闻先生之说，则知程子所谓“善固性也，恶亦不可不谓之性”[④]。又曰：“善恶皆天理。谓之恶者，本非恶，但于本性上过与不及之间耳。”[⑤]其说皆无可疑。

先生尝谓人但得好善如好好色，恶恶如恶恶臭，便是圣人。

直初闻之，觉甚易，后体验得来，此个功夫着实是难。如一念虽知好善恶恶，然不知不觉，又夹杂去了。才有夹杂，便不是好善如好好色，恶恶如恶恶臭的心。善能实实的好，是无念不善矣。恶能实实的恶，是无念及恶矣。如何不是圣人？故圣人之学，只是一诚而已。

注释 ①发愤忘食：语出《论语·述而》，“叶公问孔子于子路，子路不对。子曰：‘女奚不曰，其为人也，发愤忘食，乐以忘忧，不知老之将至云尔。’”

②子入太庙，每事问：事见《论语·八佾》。

③虽知亦问，敬谨之至：见朱熹《论语集注·八佾》，“孔子言是礼者，敬谨之至。”“礼者，敬而已矣。虽知亦问，谨之至也。”（此句为朱熹引用尹焞的话）。

④“善固”二句：语出《河南程氏遗书》卷二。

⑤“善恶”四句：语出《河南程氏遗书》卷二，“天下善恶皆天理，谓之恶者非本恶，但或过或不及，便如此。”引文与原文略有出入。

译文 先生说：“圣贤并非没有功业与气节，只是他们遵循着天理，也就是道。不能用功业气节而获名。”

“‘发愤忘食’，乃是圣人之志。像这样的境界，发愤真是没有一刻停止的时候；‘乐以忘忧’，乃是圣人之道。像这样的境界，快乐得真是没有一点悲戚的时候。恐怕不必说什么‘得’与‘不得’。”

先生说：“我们这些人要致知，只不过是各自顺应自己天分的程度去做。今天良知发现了这里，就顺承今天的良知去扩充到底；明天的良知又有所发现，就从明天的良知扩充到底。这就是所谓‘精一’的功夫。跟别人讨论学问，也必须顺应别人天分的程度去做。比如树木有这些萌芽，就用这些水去灌溉萌芽。树木再生长，就又加水灌溉。从它成把直到合抱，灌溉都是顺应其天分的程度去做。如果只有些小芽，就用一桶水尽情地倾倒上去，就要浸泡死它了。”

有人问知行合一。先生说：“这必须先了解我立论的宗旨。现在的人做学问，因为把知和行分为两回事，所以有一念产生，虽然不善，但却因为还没有去行，就不去禁止。我现在所说的‘知行合一’，正是要人们懂得：一念产生时，就是有了行了。产生时如果有不善，就要将这不善的念头克服下去，而且要连根柢完全除去，不能让那不善的一闪念潜伏在心中。这就是我立论的宗旨。”

“圣人无所不知，也只是知道一个天理；圣人无所不能，也只是能循一个天理。圣人的本体明白透彻，所以对所有事都能知道这个天理在哪儿，知道了，就去尽到天理。并不是本体明白透彻了，就自然懂得了天下的事物，就自然都能做。天下的事物，如像名物、度数、草木、鸟兽之类，无穷无尽。圣人就是本体明白透彻了，又怎么能都知道呢？那不必懂得的，圣人自然不必去懂；那应该懂得的，圣人自然会去问人，就像孔子入太庙，每事必问一样。朱熹先生认为，孔子虽然懂得，也要去问，这显示了圣人的恭敬谨慎一至于此。这种说法不通，因为圣人对于礼乐、名物没必要都去懂得。但他懂得一个天理，就自然会有许多规矩礼节出来。不懂就问，也就是天理的规矩礼节之一。”

我问：“先生曾经说，善和恶都是一个东西的两个面，善与恶就像冰与炭相互对立，怎么说只是一个东西呢？”先生说：“至善，是心的本体。本体上才过分了一些，就变成恶了。并不是有一个善，还有一个恶来与它相对立。所以说善与恶只是一个东西。”我因为听了先生这番话，才理解了程子所谓“善固性也，恶亦不可不谓之性”，“善恶皆天理，谓之恶者本非恶，但于本性上过与不及之间耳”。这些说法看来都无可怀疑。

先生曾经对人说：只要喜欢善如同喜欢美色，讨厌恶如同讨厌恶臭，那就是圣人了。黄直我开始听时觉得很简易。后来体验，要获得这种功夫实在是难。比如，一念之间虽然也知道喜欢善的，讨厌恶的，但在不知不觉中，又夹杂了私欲。只要有了夹杂，就不是喜欢善如同喜欢美色，讨厌恶如同讨厌恶臭的心。如果对善能的的确确地去喜欢，这就无念不善了；如果对恶能的的确确地去讨厌，这就无念及恶了。这怎么不是圣人呢？所以圣人之学，也只是一个“诚”字而已。

原文

问：《修道说》言“率性之谓道”属圣人分上事，“修道之谓教”属贤人分上事。

先生曰：“众人亦‘率性’也，但‘率性’在圣人分上较多，故‘率性之谓道’属圣人事。圣人亦‘修道’也，但‘修道’在贤人分上多，故‘修道之谓教’属贤人事。”

又曰：“《中庸》一书，大抵皆是说修道的事。故后面凡说君子，说颜渊，说子路，皆是能修道的。说小人，说贤、知、愚、不肖，说庶民，皆是不能修道的。其他言舜、文、周公、仲尼、至诚至圣之类，则又圣人之自能修道者也。”

问：“儒者到三更时分，扫荡胸中思虑，空空静静，与释氏之静只一般，两下皆不用，此时何所分别？”

先生曰："动静只是一个。那三更时分，空空静静的，只是存天理，即是如今应事接物的心。如今应事接物的心，亦是循此理，便是那三更时分空空静静的心。故动静只是一个，分别不得。知得动静合一，释氏毫厘差处亦自莫掩矣。"

门人在座，有动止甚矜持者。先生曰："人若矜持太过，终是有弊。"

曰："矜得太过，如何有弊？"

曰："人只有许多精神，若专在容貌上用功，则于中心照管不及者多矣。"

有太直率者。先生曰："如今讲此学，却外面全不检束，又分心与事为二矣。"

门人作文送友行，问先生曰："作文字不免费思，作了后又一二日常记在怀。"

曰："文字思索亦无害。但作了常记在怀，则为文所累，心中有一物矣。此则未可也。"

又作诗送人。先生看诗毕，谓曰："凡作文字要随我分限所及。若说得太过了，亦非'修辞立诚'[①]矣。"

"文公格物之说，只是少头脑。如所谓'察之于念虑之微'，此一句不该与'求之文字之中'，'验之于事为之著'，'索之讲论之际'混作一例看，[②]是无轻重也。”

问“有所忿懥”一条。

先生曰：“忿懥几件，人心怎能无得，只是不可有耳。凡人忿懥，着了一分意思，便怒得过当，非廓然大公之体了。故有所忿懥，便不得其正也。如今于凡忿懥等件，只是个物来顺应，不要着一分意思，便心体廓然大公，得其本体之正了。且如出外见人相斗，其不是的，我心亦怒。然虽怒，却此心廓然，不曾动些子气。如今怒人亦得如此，方才是正。”

先生尝言：“佛氏不着相，其实着了相。吾儒着相，其实不着相。”

请问。

曰：“佛怕父子累，却逃了父子；怕君臣累，却逃了君臣；怕夫妇累，却逃了夫妇。都是为个君臣、父子、夫妇着了相，便须逃避。如吾儒有个父子，还他以仁；有个君臣，还他以义；有个夫妇，还他以别。何曾着父子、君臣、夫妇的相？”

注释

①修辞立诚：见《易·乾·文言》。

②“文公”六句：见朱熹《大学或问》。

译文 有人问:“您的《修道说》讲‘率性之谓道’，是圣人天分上的事;‘修道之谓教’，是贤人天分上的事。这话如何理解呢?”先生说:“众人也能够率性，只是率性在圣人的身上表现得较多些，所以说‘率性之谓道’属于圣人的事;圣人也要修道，但修道在贤人的身上表现得多些，所以说‘修道之谓教’属于贤人的事。”先生又说:“《中庸》这本书，说的大致都是修道的事，所以后面凡是说到君子，说到颜渊，说到子路的，那都是些能修道的;说到小人，说到贤、知、愚、不肖，说到百姓的，都是些不能修道的。其他谈及舜、文王、周公、孔子等至诚至圣的，就都是自己能修道的圣人。”

问:“儒生到半夜三更时，扫荡胸中的思虑，空空灵灵，安安静静，和佛教徒的静完全一样。儒、佛都处于没有应接外物时，这时两者有什么区别呢?”先生说:“动与静都是一体。那三更时空灵安静的，只要存其天理，也就是现在应接外物的心;而现在应接外物的心，只要遵循这天理，就也是那三更时空灵安静的心。所以说，动与静都是一体，不能分开的。懂得了动静合一，与佛教的丝毫差异也自然不能掩盖了。”

有的门人在座位上，举止显得很矜持。先生说:“人如果矜持太过分，终究是个毛病。”问：“矜持太过分，为什么就有毛病?”答：“人只有那样多的精力，如果一味在容貌上用功，就会照管不及内心。”有人太直率。先生说：“如今学习良知，但在外面全然不加检点，就是又把心和事分为二端了。”

有个门人写文章送别朋友，请教先生说：“写文章不免费心思，写完后一两天内常记在心里。”先生说：“文章思考本身也没有什么害处。但如果经常记挂在心里，就是为文章所拖累，心中就占有一件事了。这就不对了。”又有人写诗送人。先生看了诗后说：“凡是写诗文，应该顺应自己的天分程度，如果说得太过分了，就也不是‘修辞立诚’了。”

“朱文公格物的学说，就是缺乏一个灵魂。如像所谓‘察之于念虑之微’一句，就不该与‘求之文字之中’‘验之于事为之著’‘索之讲论之际’等混为一谈，因为这就没有轻重之分了。”

有人请教《大学》“有所忿懥”一条。先生说：“‘忿懥’等几种情感，人心怎么会没有呢？只是不该有而已。一般人在忿懥时，加上一分着意，就会忿怒得过分，不再是廓然大公的本体了。所以说有了忿懥，就不能得其中正。现在对忿懥的事，只是顺应它，不要有一分着意，心体就廓然大公，得到本体的中正了。就像在外面看见有人打架，不对的一方，我的心里也会生气，但虽然生气，却自己的心里却坦坦荡荡，不会太动气。现在，对人生气，也应该如此，这才是正确的。”

先生曾说过：“佛教提倡不执着于相，其实却着了相。我们儒家着相，其实却不着相。”有人请教这话。先生说：“佛教徒怕受父子关系的拖累，就逃避了父子；怕受君臣关系的拖累，就逃避了君臣；怕受夫妇关系的拖累，就逃避了夫妇。这都是着了君臣、父子、夫妇的关系的相，才必须逃避的。而像我们儒家，有个正常的父子关系，就顺应着产生一个‘仁’；有个正常的君臣关系，就顺应着产生一个‘义’；有个正常的夫妇关系，就顺应着产生一个‘别’。这哪里执着于父子、君臣、夫妇的相了呢？”

黄修易录

原文 黄勉叔[①]问："心无恶念时，此心空空荡荡，不知亦须存个善念否？"

先生曰："既去恶念，便是善念，便复心之本体矣。譬如日光被云来遮蔽，云去光已复矣。若恶念既去，又要存个善念，即是日光之中添燃一灯。"

问："近来用功，亦颇觉妄念不生，但腔子里黑窣窣的，不知如何打得光明？"

先生曰："初下乎用功，如何腔子里便得光明？譬如奔流浊水，才贮在缸里，初然虽定，也只是昏浊的。须俟澄定既久，自然渣滓尽去，复得清来。汝只要在良知上用功。良知存久，黑窣窣自能光明矣。今便要责效，却是助长，不成功夫。"

先生曰："吾教人致良知在格物上用功，却是有根本的学问。日长进一日，愈久愈觉精明。世儒教人事事物物上去寻讨，却是无根本的学问。方其壮时，虽暂能外面饰，不见有过，老则精神衰迈，终须放倒。譬如无根之树，移栽水边，虽暂时鲜好，终久要憔悴。"

问"志于道"[②]一章。

先生曰："只志道一句，便含下面数句功夫，自住不得。譬如做此屋，'志于道'是念念要去择地鸠[3]材，经营成个区宅。'据德'却是经画已成，有可据矣。'依仁'却是常常住在区宅内，更不离云。'游艺'却是加些画采，美此区宅。艺者，理之所宜者也。如诵诗、读书、弹琴、习射之类，皆所以调习此心，使之熟于道也。苟不'志道'而'游艺'，却如无状小子，不先去置造区宅，只管要去买画挂，做门面，不知将挂在何处？"

问："读书所以调摄此心，不可缺的。但读之之时，一种科目意思牵引而来。不知何以免此？"

先生曰："只要良知真切，虽做举业，不为心累。总有累，亦易觉克之而已。且如读书时，良知知得强记之心不是，即克去之；有欲速之心不是，即克去之；有夸多斗靡之心不是，即克去之。如此亦只是终日与圣贤印对，是个纯乎天理之心。任他读书，亦只是调摄此心而已，何累之有？"

曰："虽蒙开示，奈资质庸下，实难免累。窃闻穷通有命，上智之人，恐不屑此。不屑为声利牵缠，甘心为此，徒自苦耳。欲屏弃之，又制于亲，不能舍去，奈何？"

先生曰："此事归辞于亲者多矣。其实只是无志。志立得时，良知千事万事只是一事。读书作文，安能累人？人自累于得失耳！"因叹曰："此学不明，不知此处担搁了几多英雄汉！"

注释 ①黄勉叔：黄修易，字勉叔。余不详。

②志于道：见《论语·述而》，"子曰：'志于道，据于德，依于仁，游于艺。'"

③鸠：鸠集；聚集。

译文 黄勉叔我问："心没有善恶时，自己的心空空荡荡的，不知道是否也必须要心存善念呢？"先生答："去掉恶念后，剩下的就是善念，就已经恢复了心的本体了。譬如太阳光被云遮蔽，云散后太阳光就恢复了。如果恶念已经除去，还要心存善念，就是在太阳光中再点燃一盏油灯了。"

问："我近来用功，也还觉得妄念不再产生，但心里头还是阴沉沉的，不知怎样才能使它光明？"先生说："刚刚入手用功，怎么能使心里获得光明呢？譬如奔腾的浑水刚刚贮存在水缸中，一开始澄定时，只能是混浊的，必须等到澄定时间长了，自然完全澄净渣滓，重新得以清澄。你只要在良知上下功夫。良知存养时间长了，阴沉沉的自然会变得光明。现在一下子要求去澄清，就是拔苗助长一样，不成功夫了。”

先生说：“我教别人致良知，要在致良知上下功夫，这才是有根本的学问。天天进步，越来越觉得精敏聪明。世上的儒生们教人到各种各样的事物上去寻求，那是没有根本的学问。当学者少壮时，虽然暂时能在外面修饰一下，不会发现过失。到老年，精力衰竭，终究会垮下去。就像没有根底的树木，移栽到水边，虽然暂时新鲜，终究会憔悴的。”

有人问《论语》中“志于道”这一章。先生说：“仅仅‘志道’这一句，就包含着下面几句的功夫，不能在志道上停留。譬如盖眼下这间房屋，‘志于道’是念念不忘地去选择地基，收集材料，设计成一个住宅；‘据于德’是经营策划已有的房屋，已经可以‘据’了；‘依仁’则是经常住在房屋里面不再离开它；‘游艺’，是在这房屋里加画些彩饰，美化它。‘艺’就是‘义’，是理的适宜外表。比如诵诗、读书、弹琴、习射之类，都是调整自己的心，让它精熟于道的手段。如果不先‘志于道’，就去‘游艺’，就像不成器的小子，不先去营建房屋，只管去买画装饰、做门面一样。不晓得这画挂在哪里!”

问:“读书是用来调整自己的心不可缺少的方法。但是,读书的时候,就会牵引出读哪一个科目的思虑来。不知道如何克服它?”先生说:“只要你良知真切,哪怕是准备考科举,也能不被心拖累。就是有了拖累,也容易发觉并克服它。比如在读书时,有强记之心,良知知道不对,就克服它;有了片面追求速度之心,知道不对,就克服它;有自夸学识广博,知道不对,就克服它。像这样,也只是成天与圣贤们印证比较,就是颗纯然天理的心。任凭他怎样读书,也只是在调整自己的心而已。又有什么拖累呢?”问:“虽然承蒙您的点拨,无奈我天资低下,实在难以免去这种拖累。我听说‘穷通有命’。很聪明的人,恐怕对科举不屑一顾,但像我这样不肖的人,被名利缠绕,甘心情愿地去考试。只不过是自寻烦恼罢了。想要抛弃科举呢,又受父母的牵制而不能割舍。这可怎么办呢?”先生说:“这事归咎于父母的人多了。其实只是自己没有志向。如果志向确立了,良知之学千事万事,只有一件事。读书作文,怎么会成为拖累呢?不过是每个人自己被得失拖累罢了。”先生因此而叹道:“这良知之学不明白,不知在这儿耽误了多少英雄汉啊!”

原文 问:“‘生之谓性’,告子亦说得是,孟子如何非之?”①

先生曰:“固是性,但告子认得一边去了,不晓得头脑。若晓得头脑,如此说亦是。孟子亦曰:‘形色,天性也。’②这也是指气说。”又曰:“凡人信口说,任意行,皆说此是依我心性出来,此是所谓生之谓性。然却要有过差。若晓得头脑,依吾良知上说出来,行将去,便自是停当。然良知亦只是这口说,这身行。岂能得外气,别有个去行去说?故曰:‘论性不论气不备,论气不论性不明。’③气亦性也,性亦气也。但须认得头脑是当。”

又曰:“诸君功夫,最不可助长。上智绝少,学者无超入圣人之理。一起一伏,一进一退,自是功夫节次。不可以我前日用得功夫了,今却不济,便要矫强做出一个没破绽的模样。这便是助长,连前些子功夫都坏了。此非小过。譬如行路的人遭一蹶跌,起来便走,不要欺人做那不曾跌倒的样子出来。诸君只要常常怀个‘遁世无闷,不见是而无闷’之心,依此良知忍耐做去,不管人非笑,不管人毁谤,不管人荣辱,任他功夫有进有退，我只是这致良知的主宰不息，久久自然有得力处。一切外事亦自能不动。”

又曰：“人若着实用功，随人毁谤，随人欺慢，处处得益，处处是进德之资。若不用功，只是魔也，终被累倒。”

注释

①“生之谓性”三句：事见《孟子·告子上》。“告子曰：‘生之谓性。’孟子曰：‘生之谓性也，犹白之谓白与？’曰：‘然。’‘白羽之白也，犹白雪之白；白雪之白犹白玉之白与？’曰：‘然。’‘然则犬之性犹牛之性，牛之性犹人之性与？’”这是孟子与告子关于“性”的有名论辩之一。

②形色，天性也：语出《孟子·尽心上》。

③“论性”二句：见《河南程氏遗书》卷六。

译文

问：“‘生之谓性’，这话告子说得也不算错，孟子为什么要反对呢？”先生说：“天生的固然是天性，但是，告子的认识偏到一边去了，不晓得其中的核心。如果晓得这核心，这样说也不算错。孟子也说过‘形色，天性也’，这也是指气而说的。”先生又说：“一般人信口开河，恣意而行，都说这样做是依照着自己的心性而来的，这就是所谓‘生之谓性’。但这样理解要出差错。如果懂得其中的核心，遵循着我讲的良知，说出来的，做出来的，就自然是正确的。但良知也只能体现在自己的嘴说，自己的身体力行上，哪能离得开气，另有一个东西去说去行呢？所以程伊川要说：'论性不论气不备，论气不论性不明。'气也就是性，性也就是气。但是，必须认清其灵魂才对。"

先生又说："诸君下功夫，最不可取的是助长。极聪明的人很少，一般学者没有直接进入圣人境界的道理。一起一伏，一进一退，本来就是下功夫的规律。不能因为我昨天用了功夫，今天却没有起作用，就偏要做出一种没有破绽的模样。这就是所谓'助长'。这一来，就连前面下的功夫都搞坏了。这可不是小的过失。就像走路的人，摔了一跤起来又走，不要骗人，做出那没有摔过跤的样子来。诸君只要常常怀着'遁世无闷，不见是而无闷'的心，遵循着良知，忍耐着做下去，不管别人非难讥笑，不管别人诽谤诋毁，不管别人如何荣耀受辱，任凭他功夫时进时退，我只是坚持着致良知这灵魂。时间长了，自然有获得功力的感觉。而所有外在的事物，也自然会不为所动。"又说："人如果扎实用功，任凭别人诋毁诽谤，任凭别人欺骗轻慢，就会处处得益，处处是增进品德的推动力。如果不用功，别人的毁谤欺慢就是魔鬼，终究会被拖累倒。”

原文

先生一日出游禹穴[①]，顾田间禾曰：“能几何时，又如此长了！”

范兆期[②]在旁曰：“此只是有根。学问能自植根，亦不患无长。”

先生曰：“人孰无根，良知即是天植灵根，自生生不息。但着了私累，把此根戕贼蔽塞，不得发生耳。”

一友常易动气责人，先生警之曰：“学须反己。若徒责人，只见得人不是，不见自己非。若能反己，方见自己有许多未尽处，奚暇责人？舜能化得象的傲，其机括只是不见象的不是。若舜只要正他的奸恶，就见得象的不是矣。象是傲人，必不肯相下，如何感化得他？”

是友感悔。

曰：“你今后只不要去论人之是非。凡当责辩人时，就把做一件大己私，克去方可。”

先生曰：“凡朋友问难，纵有浅近粗疏，或露才扬己，皆是病发。当因其病而药之可也。不可便怀鄙薄之心。非君子与人为善之心矣。”

问:“《易》,朱子主卜筮,《程传》主理,何如?”

先生曰:“卜筮是理,理亦是卜筮。天下之理孰有大于卜筮者乎?只为后世将卜筮专主在占卦上看了,所以看得卜筮似小艺。不知今之师友问答,博学、审问、慎思、明辨、笃行之类,皆是卜筮。卜筮者,不过求决狐疑,神明吾心而已。《易》是问诸天。人有疑,自信不及,故以《易》问天。谓人心尚有所涉,惟天不容伪耳。”

注释

①禹穴:指禹陵。在浙江绍兴稽山门外,传为夏禹的陵墓,为浙东著名胜迹。

②范兆期:范引年,字兆期,号半野。王守仁学生。

译文

先生有一天到禹穴游览,看着田里的禾苗说:“曾几何时,又长了这么多。”范兆期在旁边说:“这只是因为禾苗有根,做学问能有根柢,也不怕不成长。”先生说:“谁人没有根柢?良知就是上天给人种下的灵根,自然生生不息,只是被私欲所累,将这灵根破坏堵塞了,不能生发而已。”

有一位朋友经常容易生气、责备别人。先生提醒他说:“学习必须反身要求自己。如果只是责备别人,只看见别人不对的地方，看不见自己的过失。如果能反身要求自己，才能看见自己有很多不当之处，哪里还有时间来责备别人呢？舜之所以能感化象的傲慢，其关键就在于看不见象的不对处。如果舜只管纠正象的奸恶，就看见他的不对处了。象是骄傲的人，一定不肯听从。怎么能感化他呢？”这个朋友感动后悔。先生说：“你今后不要去管别人的是非。凡是应当责备别人时，就把别人的缺点当成自己的大私心去克服才行。”

先生说：“凡是朋友在一起辩论时，即使有浅近粗疏，或者显示才能、自我颂扬等，那都是毛病发作。顺势就病下药是可以的，但不能就怀有鄙薄的心。因为这不是君子‘与人为善’的心。”

问：“对于《易经》，朱熹先生主要从卜筮方面解释，而《伊川易传》主要从明理方面解释。究竟应该如何看待呢？”先生说：“卜筮是理，理也是卜筮。天下的理，哪里有比卜筮更大的呢？只因为后代把卜筮专从占卦的角度看了，所以将卜筮看成小技艺，却不知道现在师生、朋友之间的问答，博学、审问、慎思、明辨、笃行等等，都属于卜筮。卜筮，不过是为了解决疑难，使自己的心神明而已。《易经》是向天请示，人们有了疑问，自己不能相信自己，所以用《易经》向天请示。认为人的心还有偏颇，只有上天容不得虚假。”

黄省曾录

原文 黄勉之[①]问：“‘无适也，无莫也，义之与比。’[②]事事要如此否？”

先生曰：“固是事事要如此，须是识得个头脑乃可。义即是良知，晓得良知是个头脑，方无执著。且如受人馈送，也有今日当受的，他日不当受的；也有今日不当受的，他日当受的。你若执著了今日当受的；便一切受去，执著了今日不当受的，便一切不受去，便是‘适’‘莫’，便不是良知的本体，如何唤得做义？”

问：“‘思无邪’一言，如何便盖得三百篇之义？”[③]

先生曰：“岂特三百篇，《六经》只此一言便可该贯，以至穷古今天下圣贤的话，‘思无邪’一言也可该贯。此外更有何说？此是一了百当的功夫。”

问道心人心。

先生曰："'率性之谓道'，便是道心。但着些人的意思在，便是人心。道心本是无声无臭，故曰'微'；依著人心行去，便有许多不安稳处，故曰'惟危'。"

问："'中人以下，不可以语上'④，愚的人与之语上尚且不进，况不与之语可乎？"

先生曰："不是圣人终不与语。圣人之心忧不得人人都做圣人，只是人的资质不同，施教不可躐等。中人以下的人，便与他说性、说命，他也不省得，也须慢慢琢磨他起来。"

一友问："读书不记得如何？"

先生曰："只要晓得，如何要记得？要晓得已是落第二义了，只要明得自家本体。若徒要记得，便不晓得；若徒要晓得，便明不得自家的本体。"

问："'逝者如斯'⑤是说自家心性活泼泼地否？"

先生曰："然。须要时时用致良知的功夫，方才活泼泼地，方才与他川水一般。若须臾间断，便与天地不相似。此是学问极至处。圣人也只如此。"

问"志士仁人"⑥章。

先生曰："只为世上人都把生身命子看得太重，不问当死不当死，定要宛转委曲保全，以此把天理却丢失了，忍心害理，何者不为。若违了天理，便与禽兽无异，便偷生在世上百千年，也不过做了千百年的禽兽。学者要于此等处看得明白。比干、龙逢，[7]只为他看得分明，所以能成就得他的人。”

问：“叔孙武叔毁仲尼[8]，大圣人如何犹不免于毁谤？”先生曰：“毁谤自外来的。虽圣人如何免得？人只贵于自修，若自己实实落落是个圣贤，纵然人都毁他，也说他不着。却若浮云掩日，如何损得日的光明？若自己是个象恭色庄、不坚不介的，纵然没一个人说他，他的恶慝[9]终须一日发露。所以孟子说‘有求全之毁，有不虞之誉’[10]。毁誉在外的，安能避得？只要自修何如尔。”

注释

①黄勉之：黄省曾，字勉之，号五岳。江苏苏州人。王守仁学生。

②“无适”三句：语出《论语·里仁》。无适，无可；无莫，无不可。

③“思无邪”二句：语出《论语·为政》，“子曰：‘《诗》三百，一言以蔽之，曰：思无邪。’”

④“中人”二句：见《论语·雍也》，“子曰：‘中人以上，可以语上也；中人以下，不可以语上也。’”

⑤逝者如斯：见《论语·子罕》，“子在川上，曰：‘逝者如斯夫！不舍昼夜。’”

⑥志士仁人：见《论语·卫灵公》，“子曰：‘志士仁人，无求生以害仁，有杀身以成仁。’”

⑦比干：殷纣王叔父。因向纣王进谏，被剖心而死。龙逢，即关龙逢，夏末大臣。因多次直谏，被桀囚禁杀死。

⑧叔孙武叔毁仲尼：事见《论语·子张》，“叔孙武叔语大夫于朝曰：‘子贡贤于仲尼。’”叔孙武叔，名州仇，鲁大夫。

⑨慝（tè）：邪恶。

⑩有求全之毁，有不虞之誉：《孟子·离娄上》为“有不虞之誉，有求全之毁”。虞，预料。

译文 黄勉之我问：“《论语》的‘无适也，无莫也，义之与比’，是否所有的事都要这样呢？”先生说：“当然是所有的事都要这样了。这就必须懂得个核心才行。义，就是良知。晓得良知是个核心，才能没有执着。就像接受别人的馈赠，有的是今天可以接受的，而换个日子就不该接受；也有今天不该接受的，换个日子却可以接受。你如果执着于今天可以接受，就一切都去接受；或执着于今天不该接受的，就一切都不接受。就是‘适’，就是‘莫’，就不是良知的本体了。

怎么能叫作‘义’呢？”

问：“‘思无邪’一句话，怎么就能涵盖《诗经》三百篇的含义呢？”先生说：“岂止是《诗经》？就是《六经》，只要这一句也就可以概括贯穿了。以至于古今天下所有圣贤的话，‘思无邪’一句话也都可以概括贯穿。此外，还有什么话可以概括的？这是一了百当的功夫。”

问“道心”“人心”。先生说：“‘率性之谓道’，就是道心。但只要加一点个人的私欲，就是人心了。道心本来是无声无味的，所以说‘惟微’；依照着人心去做，就有许多不安稳的因素，所以说‘惟危’。”

问：“孔子说‘中人以下，不可以语上’。愚笨的人，给他说高明的道理，尚且没有进步，何况不给说道理呢？”先生说：“不是圣人始终不给他们说话。圣人的心巴不得人人都做圣人，只是人的天资不同，施行教化时不能越级。中等以下的人，就是给他说‘性’，说‘命’，他也不懂得。必须慢慢地改变他过来。”

一位朋友请教，读书后记不得该怎么办。先生说：“只要晓得就行，何必要记住呢？要晓得都已经是第二义了。只要明达自己的本体就行。如果只要求记得，就未必晓得；如果只要求晓得，就未必明达自己的本体。”

问：“孔子的‘逝者如斯’，是说自己的心性活泼泼的吗？”先生说：“是的。需要时时刻刻下致良知的功夫，才能是活泼泼的，才能与那流水一样。如果间断了，就与天地不相符合了。这是做学问很高的境界，圣人也只是如此。”

有人请教《论语》的“志士仁人”这一章。先生说：“只因为世上的人都把自身的生命看得太重，不管应当献身不应当献身，一定要想方设法地保全自身，因此把天理都丢去了。忍心害理，无所不为。人如果违背了天理，那就与禽兽没有什么区别了，苟且偷生在世上。就是活了千百年，也不过是做了千百年的禽兽。求学者要把这些地方看明白。比干、龙逢等人，都是因为他们看得明白，所以才能成就他们的人格。”

问：“《论语》说‘叔孙武叔毁仲尼’。像孔子这样的大圣人，为什么还不免被诋毁诽谤？”先生说：“诋毁诽谤是从外边来的，哪怕是圣人，怎能免除？人们贵在自我修养。如果自己实实在在是个圣贤，哪怕别人都诋毁他，也说他不倒。就像浮云遮太阳一样，怎么可能损害太阳的光明呢？如果他自己是个表面端庄，内心虚弱的人，哪怕没有一个人说他，他潜在的丑恶，也总有一天会暴露出来的。所以孟子才说‘有求全之毁，有不虞之誉’。毁誉来自外面，怎么能避得开？只要加强自我修养，毁誉又能如何？”

原文

刘君亮要在山中静坐。

先生曰：“汝若以厌外物之心去求之静，是反养成一个骄惰之气了。汝若不厌外物，复于静处涵养，却好。”

王汝中[①]、省曾侍坐。

先生握扇命曰：“你们用扇。”

省曾起对曰：“不敢。”

先生曰：“圣人之学不是这等捆缚苦楚的，不是妆做道学的模样。”

汝中曰：“观‘仲尼与曾点言志’[②]一章略见。”

先生曰：“然。以此章观之，圣人何等宽洪包含气象！且为师者问志于群弟子，三子皆整顿以对。至于曾点，飘飘然不看那三子在眼，自去鼓起瑟来，何等狂态，及至言志，又不对师之问目，都是狂言。设在伊川，或斥骂起来了。圣人乃复称许他，何等气象！圣人教人，不是个束缚他通做一般。只如狂者便从狂处成就他，狷者便从狷处成就他，人之才气如何同得?”

先生语陆元静曰:“元静少年亦要解《五经》,志亦好博。但圣人教人,只怕人不简易,他说的皆是简易之规。以今人好博之心观之,却似圣人教人差了。”

先生曰:“孔子无不知而作;颜子有不善未尝不知。此是圣学真血脉路。”

何廷仁、黄正之、李侯璧、汝中、德洪侍坐。先生顾而言曰:“汝辈学问不得长进,只是未立志。”

侯璧起而对曰;“珙亦愿立志。”

先生曰:“难说不立,未是必为圣人之志耳。”

对曰:“愿立必为圣人之志。”

先生曰:“你真有圣人之志,良知上更无不尽。良知上留得些子别念挂带,便非必为圣人之志矣。”

洪初闻时,心若未服,听说到,不觉悚汗。

先生曰:“良知是造化的精灵。这些精灵。生天生地,成鬼成帝,皆从此出,真是与物无对,人若复得他完完全全,无少亏欠,自不觉手舞足蹈,不知天地间更有何乐可代?”

注释 ①王汝中:王畿(1498—1583),字汝中,别号龙溪。山阴(今浙江绍兴)人。王守仁学生,官至南京兵部郎中。讲学四十余年，传播王学。著作有《龙溪集》。

②仲尼与曾点言志：见《论语·先进》。

译文

刘君亮要到山中去静坐。先生说：“你如果是用厌烦外界事物的心去寻求安静，这就反倒养成了一个骄傲怠惰的脾气；如果不厌烦外物，而到静处去修养自己，那倒不错。”

王汝中和我曾陪伴先生坐着。先生拿着扇子给我们，说：“你们用扇子吧。”我站起身来，说：“不敢当。”先生说：“圣人的学问不是这样拘束守礼的，令人痛苦的，不必做出一副道学的模样。”王汝中说：“从《论语》‘曾点言志’一节中，大致可以看出这种礼节来。”先生说：“但是，就这章看来，圣人有多么宽宏大度的气度啊！而且，作为老师向学生提问志向，其余三个人都很恭敬地回答，而曾点却悠悠然，不正眼看那三位同学，自己去弹起瑟来。这又是怎样的狂放啊！等到他谈自己志向时，又不正面回答先生的提问，说的都是狂放的言论。假如在程伊川身边，也许就要责骂起来了。孔圣人竟然称赞了他。这是怎样的风度啊！孔子教育人，不是按照一个模式来拘束他们，而是狂放的，就从狂放这一点来造就他；洒脱的，就从洒脱这一点来造就他。人的才能气质，怎么可能完全一致呢?”

先生评价陆元静说:“元静年轻时，也想要注解《五经》，志向也是追求广博。但是，圣人教人，只是怕人不简易。他说的也都是简易的规矩。用今天人喜好博学的心来看，好像圣人教人的方法错了。”

先生说:“孔子没有‘无知而作’的毛病;颜回‘有不善，未尝不知’，这就是圣学的真正血脉经络。”

何廷仁、黄正之、李侯璧、王汝中和钱德洪陪伴先生坐着。先生环顾道:“你们这些人学问不长进，只因为还没有立志。”李侯璧站起来说:“我倒是很想立志。”先生说:“很难说你不立志，只未必是想当圣人的志向而已。”侯璧答:“我愿立下一定做圣人的志向。”先生说:“你如果真有做圣人的志向，就不能不竭尽全力在良知上。良知上如果留下些私心欲念，就一定不是做圣人的志向了。”德洪当初听到这意思时，心里似乎还不服。现在又听到这话，不觉警醒流汗。

先生说:“良知是造化的精灵。这些精灵，缔造天，缔造地，产生鬼，产生神。真是无与伦比！人如果恢复了它，完完全全，没有一点亏欠，自然不觉手舞足蹈，不知天地之间还有什么快乐可以代替它的。”

原文

一友静坐有见，驰问先生。

答曰："吾昔居滁[①]时，见诸生多务知解，口耳异同，无益于得，姑教之静坐。一时窥见光景，颇收近效。久之，渐有喜静厌动，流入枯槁之病。或务为玄解妙觉，动人听闻。故迩来只说致良知。良知明白，随你去静处体悟也好，随你去事上磨炼也好，良知本体原是无动无静的。此便是学问头脑。我这个话头，自滁州到今，亦较过几番，只是致良知三字无病。医经折肱，[②]方能察人病理。"

一友问："功夫欲得此知时时接续，一切应感处反觉照管不及，若去事上周旋，又觉不见了。如何则可？"

先生曰："此只认良知未真，尚有内外之间。我这里功夫不由人急心，认得良知头脑是当，去朴实用功，自会透彻。到此便是内外两忘，又何心事不合一？"

又曰："功夫不是透得这个真机，如何得他充实光辉？若能透得时，不由你聪明知解接得来。须胸中渣滓浑化，不使有毫发沾带始得。"

先生曰："'天命之谓性'，命即是性。'率性之谓道'，性即是道。'修道之谓教'，道即是教。"

问："如何道即是教？"

曰："道即是良知。良知原是完完全全，是的还他是，非的还他非，是非只依着他，更无有不是处，这良知还是你的明师。”

问："‘不睹不闻’是说本体，‘戒慎恐惧’是说功夫否？”[③]

先生曰："此处须信得本体原是‘不睹不闻’的，亦原是‘戒慎恐惧’的。‘戒慎恐惧’不曾在‘不睹不闻’上加得些子。见得真时，便谓‘戒慎恐惧’是本体，‘不睹不闻’是功夫亦得。”

问："通乎昼夜之道而知。”

先生曰："良知原是知昼知夜的。”

又问："人睡熟时，良知亦不知了。”

曰："不知何以一叫便应？”

曰："良知常知，如何有睡熟时？”

曰："向晦宴息，此亦造化常理。夜来天地混沌，形色俱泯，人亦耳目无所睹闻，众窍俱翕，此即良知收敛凝一时。天地既开，庶物露生，人亦耳目有所睹闻，众窍俱辟，此即良知妙用发生时。可见人心与天地一体。故‘上下与天地同流’。[④]今人不会宴息，夜来不是昏睡，即是妄思魇寐。”

曰："睡时功夫如何用？”

先生曰："知昼即知夜矣。日间良知是顺应无滞的，夜间良知即是收敛凝一的，有梦即先兆。”

又曰：“良知在夜气发的方是本体，以其无物欲之杂也。学者要使事物纷扰之时，常如夜气一般，就是‘通乎昼夜之道而知’。”

注释

①滁：指滁州（今安徽滁州市）。

②医经折肱：见《左传》定公十三年，“齐高强曰‘三折肱知为良医’。”意为久病可以成为良医。

③“不睹”二句：见《中庸》，“道也者，不可须臾离也，可离非道也。是故君子慎乎其所不睹，恐惧乎其所不闻。”

④上下与天地同流：语出《孟子·尽心上》。

译文

有一个朋友静坐时有发现，马上跑来请教先生。先生说：“我过去在滁州时，看见学生们大多寻求了解嘴巴里、耳朵中的学问，这对内心的收获没有帮助。所以，我暂且教他们静坐。他们一下子就触及了良知的境界，很能收到近效。时间一长，渐渐地就有人喜欢静而讨厌动，堕入枯虚的毛病；也有人致力于玄妙的悟解，耸人听闻。所以，我近来只说致良知。良知明白了，任凭你去静坐体悟也好，任凭你去实践磨炼也好，良知本体原来就是没有动静之分的，这就是学问的灵魂。我这句话从滁州说到现在，也琢磨过好几遍，只有‘致良知’这三个字没有毛病。这就像医生要三折肱，才能体察病人的病理一样。”

一个朋友问：“我下功夫，想让良知时时不断，但一旦应对具体事物，又觉得对良知照应不到。如果到事物上去周旋，又感觉良知不见了。这怎么办才行呢？”先生说：“这只是因为体认良知还不真切，还有个内外的区别。我这良知的功夫不能急功近利。懂得良知这个灵魂，就应该去朴实地用功，自然会透彻地理解。至此就会内外两忘，又哪里会有心、事不统一的情况呢？”

先生又说：“下功夫，如果不是透彻地了解这个真机，怎么能获得良知充实光辉的境界呢？要想能透彻地了解，不能凭着你的聪明善解去获得，必须净化胸中的渣滓，不能有丝毫的沾附才行。”先生说：“‘天命之谓性’，命就是性。‘率性之谓道’，性就是道。‘修道之谓教’，道就是教。”有人问：“为什么说‘道就是教’呢？”先生说：“道就是良知。良知原来完完全全。对的，就还他个对；错的，就还他个错。对的错的，只管依照着它就是，就没有不恰当的。这良知还是你的明师。”

问:“《中庸》‘不睹不闻’是说本体吗?‘戒慎恐惧’是说功夫吗?”先生说:“这里必须相信本体原来是‘不睹不闻’的,也原来是‘戒慎恐惧’的。‘戒慎恐惧’并没有在‘不睹不闻’上添加点什么。在看得真切时,说‘戒慎恐惧’是本体,‘不睹不闻’是功夫,那也行。”

有人请教《易经》的“通乎昼夜之道而知”。先生说:“良知原来就是昼也知,夜也知的。”又问:“人睡熟时,良知不也不知道了吗?”先生说:“不知道为什么一叫就有反应呢?”问:“良知如果经常知晓,为什么有睡熟的时候呢?”先生说:“到夜晚就会休息,这也是造化的规律。入夜以后,天地间混沌一片,形体、色泽都泯灭了,人的耳目也就无所见闻了,七窍都收合了,这就是良知的收敛凝聚。一旦天地开启,万物显露,人们的耳目也有所见闻了,七窍都打开了,这就是良知妙用发生的时候。可见,人心与天地本为一体。所以,孟子才有‘上下与天地同流’的话。今天的人不懂夜晚的休息,夜晚不是昏昏大睡,就是噩梦妄想。”问:“睡觉时怎样用功夫呢?”先生说:“知昼也就知夜了。白天的良知是顺应而不凝滞的,夜晚的良知是收敛凝聚的。有梦就是先兆。”

先生又说："在夜晚生发的良知才是其本体，因为它没有物欲的混杂。求学的人要在事物纷杂的时候，经常保护良知如同在夜晚一样，就是'通乎昼夜之道而知'。"

原文 先生曰："仙家说到虚，圣人岂能虚上加得一毫实？佛氏说到无，圣人岂能无上加得一毫有？但仙家说虚从养生上来，佛氏说无从出离生死苦海上来，却于本体上加却这些子意思在，便不是他虚无的本色了，便于本体有障碍。圣人只是还他良知的本色，更不着些子意在。良知之虚，便是天之太虚。良知之无，便是太虚之无形。日、月、风、雷、山、川、民、物，凡有貌象形色，皆在太虚无形中发用流行。未尝作得天的障碍。圣人只是顺其良知之发用，天地万物俱在我良知的发用流行中，何尝又有一物超于良知之外能作得障碍？"

或问："释氏亦务养心，然要之不可以治天下，何也？"先生曰："吾儒养心未尝离却事物，只顺其天则自然就是功夫。释氏却要尽绝事物，把心看做幻相，渐入虚寂去了，与世间若无些子交涉，所以不可治天下。"

或问异端。

先生曰："与愚夫愚妇同的，是谓同德；与愚夫愚妇异的，是谓异端。"

先生曰："孟子不动心与告子不动心，所异只在毫厘间。告子只在不动心上着功，孟子便直从此心原不动处分晓。心之本体，原是不动的。只为所行有不合义，便动了。孟子不论心之动与不动，只是'集义'。所行无不是义，此心自然无可动处。若告子只要此心不动，便是把捉此心，将他生生不息之根反阻挠了，此非徒无益，而又害之。孟子'集义'工夫，自是养得充满，并无馁歉，自是纵横自在，活泼泼地。此便是浩然之气。"

又曰："告子病源，从性无善无不善上见来。性无善无不善，虽如此说，亦无大差。但告子执定看了，便有个无善无不善的性在内。有善有恶，又在物感上看，便有个物在外。却做两边看了，便会差。无善无不善，性原是如此。悟得及时，只此一句便尽了，更无有内外之间。告子见一个性在内，见一个物在外，便见他于性有未透彻处。"

朱本思[①]问："人有虚灵，方有良知。若草、木、瓦、石之类，亦有良知否？"

先生曰："人的良知，就是草、木、瓦、石的良知。

若草、木、瓦、石无人的良知，不可以为草、木、瓦、石矣。岂惟草、木、瓦、石为然？天地无人的良知，亦不可为天地矣。盖天地万物与人原是一体，其发窍之最精处，是人心一点灵明，风雨露雷，日月星辰，禽兽草木，山川土石，与人原是一体，故五谷禽兽之类皆可以养人，药石之类皆可以疗疾。只为同此一气，故能相通耳。"

注释 ①朱本思：朱得之，字本思，号近斋。靖江（今属江苏）人。曾入仕，学主道家。

译文 先生说："道教说到'虚'，圣人岂能在'虚'字上再增加一丝一毫'实'？佛教说到'无'，圣人又岂能在'无'上再增加一丝一毫'有'？但是，道教的虚，是从养生的角度说的；佛教的无，是从脱离苦海生死的角度说的。在良知的本体上加上养生和脱离苦海等内容，就不是'虚'和'无'的本色了，在本体上就有了障碍。圣人只是还他良知的本色，再不增加一点私意。良知的虚，就是上天的太虚；良知的无，就是太虚的无。凝成了日、月、风、雷、山、川、人民等等。凡是有貌有形有色的事物，都在太虚无形之中生发、运用、运动着，从来没有作为天的障碍过。圣人只要顺应良知的生发运用，这样，天地万物，就都在自己良知的生发运用和运动中，哪里有一种事物超然于良知之外，能够成为障碍呢？”

有人问：“佛教也提倡养心，但寻其主旨，却不能用来治理天下，这是为什么呢？”先生说：“我们儒家养心时，从来没有脱离过人间的事物，只是顺着自然的规律，自然就是功夫了。而佛教却要割断人间的事物，把内心当作幻相，渐渐地坠入到虚无空寂中去了，对世间更没有什么责任了，所以不能治理天下。”

有人请教异端。先生说：“跟愚夫愚妇相同的叫‘同德’；与愚夫愚妇不同的就叫‘异端’。”

先生说：“孟子的不动心与告子的不动心，差别只有毫厘那么一点。告子只是在不动心上用功夫，孟子却直接从自己心中原本不动之处去体会。心的本体原来就是不动的，只因为所作所为不合道义，就动了。孟子不管心动或不动，只是培养聚合道义，所作所为没有不合乎道义的，自己的心自然不会乱动。至于像告子那样，只是要求自己的心不动，就是人为地抓牢了心，反而把它生生不息的根柢阻挠了。这不但没有好处，而且破坏了它。孟子‘集义’的功夫，自然把心培养得充沛，并不会气馁抱歉，自然会纵横自在，活泼泼的，这就是所谓‘浩然之气’。”

先生又说：“告子的病根是从性无善无不善上体现出来的。性无善无不善，虽然这样讲也没有什么大毛病，但告子执着去看，就有个无善无不善的性夹在心内。有善有恶，又从外物的感受来看，就有个物在心外。这就分成两边来看了，就会出错。无善无不善，性原来就是这样的。领悟得到时，只要这一句就说尽了，再没有内外之间。告子看见有一个性在内，又看见一个物在外，就可见他对于性还有了解不透彻的地方。”

朱本思问：“人有空明的灵魂，才有良知。而像草木瓦石之类，也有良知吗？”先生说：“人的良知就是草木瓦石的良知。如果草木瓦石没有人的良知，就不成其为草木瓦石了。岂止是草木瓦石如此？天地要是没有人的良知，也不能成其为天地了。天地万物和人，原来都是一个整体。这个整体的最精粹的开窍处，就是人心的那一点灵敏聪明。风雨露雷、日月星辰、禽兽草木、山川土石，和人类原来都是一个整体，所以五谷禽兽之类，都可以供养人类；而药物石针之类，都可以治疗疾病。只因为同属一气，所以能够相通。”

原文 先生游南镇，一友指岩中花树问曰："天下无心外之物。如此花树，在深山中自开自落，于我心亦何相关？"

先生曰："你未看此花时，此花与汝心同归于寂。你来看此花时，则此花颜色一时明白起来。便知此花不在你的心外。"

问："大人与物同体，如何《大学》又说个厚薄[①]？"

先生曰："惟是道理自有厚薄。比如身是一体，把手足捍头目，岂是偏要薄手足？其道理合如此。禽兽与草木同是爱的，把草木去养禽兽，又忍得？人与禽兽同是爱的，宰禽兽以养亲，与供祭祀，燕[②]宾客，心又忍得？至亲与路人同是爱的，如箪食豆羹，得则生，不得则死，不能两全，宁救至亲，不救路人，心又忍得？这是道理合该如此。及至吾身与至亲，更不得分别彼此厚薄，盖以仁民爱物皆从此出，此处可忍，更无所不忍矣。《大学》所谓厚薄，是良知上自然的条理，不可踰越，此便谓之义；顺这个条理，便谓之礼；知此条理，便谓之智；终始是这个条理，便谓之信。"

又曰："目无体，以万物之色为体；耳无体，以万物之声为体；鼻无体，以万物之臭为体；口无体，以万物之味为体；心无体，以天地万物感应之是非为体。”

问：“夭寿不贰。”

先生曰：“学问功夫，于一切声利嗜好，俱能脱落殆尽，尚有一种生死念头毫发挂带，便于全体有未融释处。人于生死念头，本从生身命根上带来，故不易去。若于此处见得破、透得过，此心全体方是流行无碍，方是尽性至命之学。”

一友问：“欲于静坐时，将好名、好色、好货等根，逐一搜寻，扫除廓清，恐是剜肉做疮否？”

先生正色曰：“这是我医人的方子，真是去得人病根。更有大本事人，过了十数年，亦还用得着。你如不用，且放起，不要作坏我的方子。”

是友愧谢。

少间曰：“此量非你事，必吾们稍知意思者为此说以误汝。”

在坐者皆悚然。

一友问功夫不切。

先生曰：“学问功夫，我已曾一句道尽，如何今日转说转远，都不着根？”

对曰：“致良知盖闻教矣，然亦须讲明。”

先生曰：“既知致良知，又何可讲明？良知本是明白，实落用功便是。不肯用功，只在语言上转说转糊涂。”

曰：“正求讲明致之之功。”

先生曰：“此亦须你自家求，我亦无别法可道。昔有禅师，人来问法，只把尘尾提起。一日，其徒将其尘尾藏过，试他如何设法。禅师寻尘尾不见，又只空手提起。我这个良知就是设法的尘尾，舍了这个，又何可提得？”

少间，又一友请问功夫切要。

先生旁顾曰：“我尘尾安在？”

一时在坐者皆跃然。

注释

①厚薄：见《大学》，“其所厚者薄，而其所薄者厚，未之有也。”

②燕：同“宴”。

译文

先生在南镇游览时，一个朋友指着岩石中开花的树问：“您说天下没有心之外的事物，那么，像这棵开花的树长在深山中，自开自落，和我们的心又有什么关系呢？”先生说：“你还没有看见这些花时，这花和你的心同归于寂。你来此看见这花时，这花的颜色一下子就明白起来。可知这花并不在你的心外。”

问：“伟大的人和物同为一体，为什么《大学》又说什么‘所厚者薄，所薄者厚’呢？”先生说：“只因为道理本来就有厚薄，比如人的身体是一个整体，拿手脚去捍卫头和眼睛，难道是有意地轻视手脚？道理本该如此。禽兽与草木同是可爱的，却拿草木去喂禽兽，又于心何忍呢？人和禽兽同是可爱的，却杀禽兽去供养父母、祭祀和招待宾客，于心却能忍？最亲近的人和过路人同是可爱的，但如果得到一箪食一豆羹，吃了就活，不吃就死，不能两全，就宁可救最亲近的人而不救过路人，于心却能忍？这是因为道理本该如此。说到我们的身体和最亲近的人，更不能分别彼此厚薄，大约‘仁民爱物’的心，都是从这里生发出来的。这里都能忍心，就没有什么不能忍的了。《大学》所说的厚薄，是良知上自然的道理，不能逾越的，就称为‘义’；顺应这个道理的，就称为‘礼’；懂得这个道理的，就称为‘智’；始终保持这个道理的，就称为‘信’。”

先生又说：“眼睛没有本体，以万物的颜色为本体；耳朵没有本体，以万物的声音为本体；鼻子没有本体，以万物的气味为本体；嘴巴没有本体，以万物的味道为本体；心没有本体，以天地万物感应的是非为本体。”

有人请教“夭寿不贰”。先生说：“学问功夫，能够完全摆脱一切声色、利益、嗜好，但只要还有一点贪生怕死的念头牵挂着，就与本体不能融合在一起。人贪生怕死的念头本来就是从生命的根本上带来的，所以不容易除掉。如果对这一点都看得透彻了，自己的全部内心才能畅行无阻，才是尽性至命。”

一个朋友问：“想在静坐时，将好名、好色、好财的病根逐一地搜寻出来，扫除干净。只怕是剜肉补疮吧?”先生严肃地说：“这正是我治疗人的药方，真能除去人的病根，还有大作用的。病人就是过了十几年了，也还用得着它。你如果不用，就放在一边，不要糟蹋了我的药方。”这个朋友不好意思地道歉。先生一会儿又说：“这话想来也不怪你，一定是我的门人中略懂一点意思的说出来的，造成了你的误会。”在座的人都为之警觉。

一个朋友请教功夫不真切该如何。先生说：“学问功夫，我已经一句话说尽了。为什么越说越远，全不着根基了呢?”答：“您说的致良知，我们已经听清了，但还需要再说明。”先生说：“既然知道了致良知，哪里还能再说明呢？良知，本来就是明白落实的。你用功就是了。如果不肯用功，只在语言上越转越糊涂。”

朋友说："正是要求您讲明怎样致良知的功夫。"先生说："这就需要你自己去寻求了。我也没有什么办法可以说清。当初有个禅师，别人来问法，他只是把尘尾提起来。有一天，学生把他的尘尾藏起来，看他怎样回答。禅师找不到尘尾，只是空手做出提的样子。我的这良知，就是用来说明问题的尘尾。要是离开了这个，有什么可提起的呢？"一会儿，又有一个朋友请教功夫的要点。先生看着旁边说："我的尘尾在哪儿？"当时在座的人都哄然而笑。

原文 或问"至诚前知"①。

先生曰："诚是实理，只是一个良知，实理之妙用流行就是神，其萌动处就是几，诚神几曰圣人。圣人不贵前知。祸福之来，虽圣人有所不免。圣人只是知几，遇变而通耳。良知无前后，只知得见在的几，便是一了百了。若有个前知的心，就是私心，就有趋避利害的意。邵子②必于前知。终是利害心未尽处。"

先生曰："无知无不知，本体原是如此。譬如日未尝有心照物，而自无物不照，无照无不照，原是日的本体，良知本无知，今却要有知，本无不知，今却疑有不知。只是信不及耳。"

先生曰："'惟天下之圣为能聪明睿知'，旧看何等玄妙，今看来原是人人自有的。耳原是聪，目原是明，心思原是睿知。圣人只是一能之尔。能处正是良知。众人不能，只是个不致知。何等明白简易。"

问："孔子所谓'远虑'[③]，周公'夜以继日'[④]，与将迎不同，何如？"

先生曰："远虑不是茫茫荡荡去思虑，只是要存这天理，天理在人心，亘古亘今，无有终始。天理即是良知，千思万虑，只是要致良知。良知愈思愈精明，若不精思，漫然随事应去，良知便粗了。若只着在事上茫茫荡荡去思，教做远虑，便不免有毁誉、得丧、人欲搀入其中，就是将迎了。周公终夜以思，只是'戒慎不睹，恐惧不闻'的功夫。见得时，其气象与将迎自别。"

问："'一日克己复礼，天下归仁'[⑤]，朱子作效验说，[⑥]如何？"

先生曰："圣贤只是为己之学，重功夫不重效验。仁者以万物为体。不能一体，只是己私未忘。全得仁体，则天下皆归于吾仁，就是'八荒皆在我闼'[⑦]意。天下皆与，其仁亦在其中。如'在邦无怨，在家无怨'[⑧]，亦只是自家不怨，如'不怨天，不尤人'

之意。然家邦无怨，于我亦在其中。但所重不在此。”

问：“孟子‘巧、力、圣、智’[9]之说，朱子云：‘三子力有余而巧不足。’[10]何如？”

先生曰：“三子固有力，亦有巧。巧、力实非两事，巧亦只在用力处，力而不巧，亦是徒力。三子譬如射，一能步箭，一能马箭，一能远箭。他射得到俱谓之力，中处俱可谓之巧。但步不能马，马不能远，各有所长，便是才力分限有不同处。孔子则三者皆长。然孔子之和只到得柳下惠[11]而极，清只到得伯夷而极，任只到得伊尹而极，何曾加得些子。若谓‘三子力有余而巧不足’，则其力反过孔子了。巧、力只是发明圣、知之义，若识得圣，知本体是何物，便自了然。”

先生曰：“‘先天而天弗违’[12]，天即良知也。‘后天而奉天时’[13]，良知即天也。”

“良知只是个是非之心，是非只是个好恶。只好恶就尽了是非，只是非就尽了万事万变。”

又曰：“是非两字是个大规矩，巧处则存乎其人。”

“圣人之知如青天之日，贤人如浮云天日，愚人如阴霾天日。虽有昏明不同，其能辨黑白则一，虽昏黑夜里，亦影影见得黑白，就是日之余光未尽处。困学功夫，亦是从这点明处精察去耳。”

注释

①至诚前知：见《中庸》，“至诚之道，可以前知。国家将兴，必有祯祥；国家将亡，必有妖孽；见乎蓍龟，动乎四体。祸福将至，善，必先知之；不善，必先知之。故至诚如神。”

②邵子：指邵雍（1011—1077），字尧夫，谥康节。北宋哲学家。幼随父迁共城（今河南辉县），隐居苏门山，屡授官不赴。后居洛阳，与司马光从游甚密。著作有《皇极经世》《渔樵问对》等。

③远虑：语出《论语·卫灵公》，“子曰：‘人无远虑，必有近忧。’”

④夜以继日：见《孟子·离娄下》，“周公思兼三王，以施四事；其有不合者，仰而思之，夜以继日；幸而得之，坐以待旦。”

⑤一日克己复礼，天下归仁：语出《论语·颜渊》。

⑥“朱子”句：见朱熹《论语集注·颜渊》，“极言其效之甚远而至大也。”

⑦八荒皆在我闼：宋人吕大临语，见《宋元学案》卷三十一。闼（tà），门楼上的小屋。

⑧在邦无怨，在家无怨：语出《论语·颜渊》。

⑨巧、力、圣、智：见《孟子·万章下》，“孟子曰：‘伯夷，

圣之清者也；伊尹，圣之任者也；柳下惠，圣之和者也；孔子，圣之时者也。孔子之谓集大成。集大成也者，全声而玉振之也。金声也者，始条理也；玉振之也者，终条理也。始条理者，智之事也；终条理者，圣之事也。智，譬则巧也；圣，譬则力也。由射于百步之外也，其至，不力也；其中，非不力也。'"

⑩"三子"句：见朱熹《孟子集注·万章下》，"三子则力有余而巧不足；是以一节虽至于圣，而智不足以及乎时中也。""三子"，指伯夷、伊尹、柳下惠。

⑪柳下惠：展禽。名获，字禽。春秋时鲁国大夫。食邑在柳下，谥惠，以善于讲究贵族礼节著称。

⑫"先天"句：语出《易·乾·文言》，"夫大人者，与天地合其德，与日月合其明，与四时合其序，与鬼神合其吉凶，先天而天弗违，后天而奉天时。"

⑬"后天"句：同上。

译文 有人请教关于《中庸》的"至诚之道可以前知"。先生说："诚是实在的道理，也就是一个良知。实在道理的奇妙作用，就是'神'；其萌动之处，就是'几'；诚、神、几都具备了，就是圣人。圣人并不看重所谓'前知'。当祸福袭来时，即使是圣人都有所不免。

圣人只是能够知‘几’，碰到事物善于变通而已，良知不分前后，只要知道了现在的‘几’就是一了百了。如果说有个‘前知’的话，那就是私心，就有了趋利避害的私意。邵雍先生一定要做到‘前知’，毕竟是他趋利避害的私心还不尽。”

先生说：“无知无不知，本体原来就是如此。就像太阳，并没有着意去照耀万物，但又自然地没有什么照不到的。无照无不照，原来就是太阳的本体。良知本无知，现在却要求它有知；本来无不知，现在却怀疑它有所不知。只因为还不能深信良知而已。”先生说：“《中庸》的‘惟天下至圣为能聪明睿知’，过去看来多么玄妙。如今看来，原来是人人自己具备的。耳朵原来就是聪敏的；眼睛原来就是清明的；心思原来就是睿智的。圣人只是能做到其中一种而已，能做到之处，就是良知。一般人不能做到，只是因为不致知。这是多么明白简易啊！”

有人请教孔子的所谓“远虑”和周公的“夜以继日”，与着意的逢迎有什么不同。先生说：“‘远虑’，不是指漫无边际地去思虑，只是要存养这个天理。天理，就在人们的心中，是横贯古今，无始无终的。天理，就是良知。千思万虑，只是要致良知。良知越想就越精明。如果不去精深地思索，而是糊糊涂涂地随事去应付，良知就粗疏了。如果只是着意在具体事上漫无边际地去想，就不免有毁誉、得失、人欲等搀入其中，就是着意地逢迎了。周公夜以继日地思考，只是'戒慎不睹，恐惧不闻'的功夫。看清这一点，周公的境界自然与着意地逢迎不同。”

有人问:“《论语》中‘一日克己复礼，天下归仁’，朱熹先生认为是从效验上说的。这话对吗?”先生说:“圣贤只是做修养自己的学问。重视下功夫，而不重视效果。仁者以万物为一体，如果不能做到一体，只是因为一己的私心没有被忘怀。完全地获得了仁，那么，天下就都归于我的仁，也就是‘八荒皆在我闼’这意思。天下都归仁了，自己的仁也就在其中了。如像‘在邦无怨，在家无怨’，也只是自己没有怨恨，就像‘不怨天，不尤人’这意思。当然，家庭、国家都没有怨恨，自己当然也是无怨的。只是所重视的不在无怨这效验。”

有人问:“孟子有巧、力、圣、智的说法，朱熹先生说:‘三子力有余而巧不足’，这话对吗?”先生说:“伯夷、伊尹、柳下惠三人固然有力，但也有巧，因为巧和力实际上并不是两回事。巧，也只是在用力之处。用力而不巧，也是白费力。这三人如果用射箭打比方的话：一个能步行射箭，一个能骑马射箭，一个能远距离射箭。只要他们射到靶子，都可以称为有力；只要能射中目标，都可以称为巧。但是，步行的不能骑马，骑马的不能远射，各有所长，这就说明才能天分有不同处。而孔子则三种技能都行。但是，孔子的和也只能达到柳下惠的程度，清高只能达到伯夷的程度，能担重任只能达到伊尹的程度，哪里还能再加深一些呢？如果说三人的力有余而巧不足的话，那么他们的力反倒超过孔子了。巧与力只是用来说明圣与智的概念。如果懂得了圣、智的本体是什么，就自然明了。”

先生说：“‘先天而天弗违’，因为天就是良知；‘后天而奉天时’，因为良知就是天。”

“良知只是个明辨是非的心，而是非只是个爱好憎恶。只要知道了爱好憎恶，也就完全懂得了是非；只要知道了是非，也就完全懂得了万事万物的变化。”又说：“‘是非’两个字是大规矩，而灵巧的程度就看各人的天分了。”

“圣人的良知，如同蓝天下的太阳；贤人的良知，如同有浮云中的太阳；愚笨者的良知，如同阴霾中的太阳。他们的光明昏暗虽然不同，但他们能分辨黑白却是一样的，即使是在昏暗的黑夜里，也隐隐约约地能区分出黑白来，这就说明太阳的余光都还没有消失。在困境中学习的功夫，也只是沿着这点光明去精思明察而已。”

原文 问：“知譬日，欲譬云。云虽能蔽日，亦是天之一气合有的，欲亦莫非人心合有否？”

先生曰：“喜、怒、哀、惧、爱、恶、欲，谓之七情，七情俱是人心合有的。但要认得良知明白。比如日光，亦不可指着方所。一隙通明，皆是日光所在。虽云雾四塞，太虚中色象可辨，亦是日光不灭处。不可以云能蔽日，教天不要生云。七情顺其自然之流行，皆是良知之用，不可分别善恶，但不可有所着。七情有着，俱谓之欲，俱为良知之蔽。然才有着时，良知亦自会觉。觉即蔽去，复其体矣。此处能勘得破，方是简易透彻功夫。”

问：“圣人生知安行是自然的，如何有甚功夫？”

先生曰：“知行二字，即是功夫，但有浅深难易之殊耳。良知原是精精明明的。如欲孝亲，生知安行的，只是依此良知实落尽孝而已；学知利行的，只是时时省觉，务要依此良知尽孝而已；至于困知勉行者，蔽锢已深，虽要依此良知去孝，又为私欲所阻，是以不能，必须加人一己百、人十己千之功，方能依此良知以尽其孝。圣人虽是生知安行，然其心不敢自是，肯做困知勉行的功夫。困知勉行的却要思量做生知安行的事，怎生成得？”

问：“乐是心之本体，不知遇大故，于哀哭时，此乐还在否？”

先生曰：“须是大哭一番了方乐，不哭便不乐矣。虽哭，此心安处即是乐也。本体未尝有动。”

问：“良知一而已。文王作彖[①]，周公系爻[②]，孔子赞《易》[③]，何以各自看理不同？”

先生曰：“圣人何能拘得死格？大要出于良知同，便各为说何害？且如一园竹，只要同此枝节，便是大同。若拘定枝枝节节，都要高下大小一样，便非造化妙手矣。汝辈只要去培养良知。良知同，更不妨有异处。汝辈若不肯用功，连笋也不曾抽得，何处去论枝节？”

注释

①彖（tuàn）：指彖辞。《易传》中说明各卦基本观念的篇名。《十翼》的两篇。

②爻(yáo):指爻辞。说明《易》六十四卦中各爻要义的文辞。每卦六爻,每爻有爻题和爻辞。爻题都是两个字:一个字表示爻的性质,阳爻用"九",阴爻用"六";另一个字表示爻的次序,自下而上,为初、二、三、四、五、上。如乾卦初爻:"初九,潜龙勿用。""初九"是爻题,"潜龙勿用"是爻辞。
③《易》:指《易传》。《易》的组成部分,对"经"而言,故曰"传"。是对《易》所作的各种解释。包括《彖》上下,《象》上下,《系辞》上下,以及《文言》《序卦》《说卦》《杂卦》十篇,亦称《十翼》。相传为孔子所作,但据近人研究,大抵系战国或秦汉之际的作品。

译文

问:"良知如同太阳,人欲如同浮云。这浮云虽然能够蒙蔽太阳,也是天的气候中应该具有的。人的欲望也并非不是人心,应该具有吗?"先生说:"喜、怒、哀、惧、爱、恶、欲,称为'七情'。这七情都是人心应该具有的,但要清楚地认得良知。就比如太阳光,就不能指定在一个方向,只要一丝通明,就都是太阳光的表现,哪怕是云雾四合,天地间色彩形象也可以明辨,也是太阳光不会磨灭的表现。不能因为云能遮蔽太阳,就要求天不产生云。七情顺其自然的运行,都是良知的作用,不能将七情区分为善、恶。但对它们不能有所执着。一旦执着，就都称为‘欲’，就都成为良知的障碍。刚刚执着时，良知也自然会发觉，发觉后就会除去这蔽障，恢复其本体。如果这一点能琢磨透，才是简易透彻的功夫。”

问：“圣人的生知安行，是自然形成的，那又有什么功夫呢？”先生说：“‘知’‘行’这两个字，就是功夫。只不过这功夫有深浅难易的差别罢了。良知原本是精精明明的，就像孝敬父母，那生知安行的人，只是依照着自己的良知，实实在在地去尽孝而已；学知利行的人，只是时时省察觉悟，致力于依照着良知去尽孝而已；至于困知勉行的人，蒙蔽障碍已经很深，虽然想要依照着自己的良知去孝，但又被私欲所阻挡，所以不能尽孝。只有当他们下别人一分、自己百分，别人十分、自己千分的苦功夫，才能依照着自己的良知去尽孝。圣人虽然生知安行，但内心不敢自以为是，肯去做困知勉行的功夫。那困知勉行的人，却想去做生知安行的事，怎样可能成功呢？”

问：“您认为快乐是心的本体，不知道遇到大变故而痛哭时，这种本体的快乐还存在吗？”先生说：“这就必须大哭了一番以后才会快乐，如果不哭就不会快乐了。即使在哭，只要自己内心得以安慰，也是一种快乐。快乐的本体并没有变化。”

问：“良知只有一个。但当文王作彖辞，周公作爻辞，孔子作《十翼》时，为什么各自看到的理不同呢？”

先生说：“圣人怎么能死死拘泥旧格局呢？只要主要点都同出自于良知，就是各自立说又有什么妨害呢？就像一园翠竹，只要枝节相同，就是大同。如果拘泥于每一枝每一节都要高低大小样，那就不是大自然的妙手了。你们只管去培养良知。良知相同的前提下，就不妨各有差异。你们如果不肯用功，连竹笋都没有抽出来，到哪里去讨论枝节呢？”

原文

乡人有父子讼狱，请诉于先生。侍者欲阻之，先生听之，言不终辞，其父子相抱恸哭而去。

柴鸣治入问曰：“先生何言，致伊感悔之速？”

先生曰：“我言舜是世间大不孝的子，瞽瞍是世间大慈的父。”

鸣治愕然请问。

先生曰：“舜常自以为大不孝，所以能孝；瞽瞍常自以为大慈，所以不能慈。瞽瞍只记得舜是我提孩长的，今何不曾豫悦我？不知自心已为后妻所移了，尚谓自家能慈，所以愈不能慈。舜只思父提孩我时如何爱我，今日不爱，只是我不能尽孝。日思所以不能尽孝处，所以愈能孝。及至瞽瞍底豫时，又不过复得此心原慈的本体。所以后世称舜是个古今大孝的子，瞽瞍亦做成个慈父。”

先生曰：“孔子有鄙夫来问，未尝先有知识以应之。其心只空空而已。[①]但叩他自知的是非两端，与之一剖决，鄙夫之心便已了然。鄙夫自知的是非，便是他本来天则。虽圣人聪明，如何可与增减得一毫？他只不能自信。夫子与之一剖决，便已竭尽无余了。若夫子与鄙夫言时，留得些子知识在，便是不能竭他的良知，道体即有二了。”

先生曰：“‘烝烝乂，不格奸’[②]，本注说象已进于义，不至大为奸恶。[③]舜征庸后，象犹日以杀舜为事，何大奸恶如之？舜只是自进于乂，以乂薰烝，不去正他奸恶。凡文过掩慝，此是恶人常态。若要指摘他是非，反去激他恶性。舜初时致得象要杀己，亦是要象好的心太急，此就是舜之过处。经过来，乃知功夫只在自己，不去责人，所以致得克谐。此是舜‘动心忍性，增益不能’[④]处。古人言语，俱是自家经历过来，所以说得亲切，遗之后世，曲当人情。若非自家经过，如何得他许多苦心处？”

先生曰："古乐不作久矣。今之戏子，尚与古乐意思相近。"

未达，请问。

先生曰："'韶'之九成[5]，便是舜的一本戏子。'武'之九变，便是武王的一本戏子。圣人一生实事，俱播在乐中，所以有德者闻之，便知他尽善尽美与尽美未尽善处。若后世作乐，只是做些词调，于民俗风化绝无关涉，何以化民善俗？今要民俗反朴还淳，取今之戏子，将妖淫词调俱去了，只取忠臣、孝子故事，使愚俗百姓人人易晓，无意中感激他良知起来，却于风化有益，然后古乐渐次可复矣。"

曰："洪要求元声[6]不可得，恐于古乐亦难复。"

先生曰："你说元声在何处求？"

对曰："古人制管候气，恐是求元声之法。"

先生曰："若要去葭灰黍粒中求元声，却如水底捞月，如何可得？元声只在你心上求。"

曰："心如何求？"

先生曰："古人为治，先养得人心和平，然后作乐。比如在此歌诗，你的心气和平，听者自然悦怿兴起，只此便是元声之始。《书》云：'诗言志'，志便是乐的本；'歌永言'，歌便是作乐的本；'声依永，律和声’，律只要和声，和声便是制律的本。何尝求之于外？”

注释

①“孔子”三句：见《论语·子罕》，“子曰：‘吾有知乎哉？无知也。有鄙夫向于我，空空如也。我叩其两端而竭焉。’”

②烝烝乂，不格奸：语出《尚书·尧典》，“瞽子，父顽、母嚚、象傲，克谐以孝，烝烝乂，不格奸。”瞽子，指舜。象，舜之弟。烝，进。乂（yì），治理；安定。格，至。

③“本注”二句：汉孔安国传注说：“谐，和。烝，进也。言能以至孝和谐顽象昏傲，使进进以善自治，不至于奸恶。”

④动心忍性，增益不能：见《孟子·告子下》。

⑤九成：九乐章。下文“九变”即九成。“韶”为舜的乐，“武”为武王的乐。

⑥元声：古代律制，以黄钟管发出的音为十二律所依据的基准音。故称元声。

译文

在乡下，有父子两人打官司，请先生去判案，先生的侍者想阻拦他们。先生听了情况，开导他俩的话还没有说完，父子就相互搂抱着恸哭，然后离去。柴鸣治进来问：“先生说了什么话，使他们这么快就感动悔悟了？”先生说：“我说舜是天下最不孝的儿子，而瞽瞍是天下最慈爱的父亲。”鸣治非常惊奇，请教先生。先生说：“舜常常认为自己是最不孝的，所以他能孝；瞽瞍常常认为自己是最慈爱的，所以他不能慈爱。瞽瞍只记得：舜是自己从小拉扯大的，现在为什么不能让自己更愉快呢？但不知道自己的心已经被后妻改变了，仍然以为自己能慈爱，所以就越不能慈爱。舜只想着父亲从小照顾自己时是如何爱自己，今天不爱了，只因为自己不能尽孝，成天想的是自己为什么不能尽孝的问题，所以就越能孝。等到瞽瞍高兴时，也不过是恢复了自己心中原有慈爱的本体。所以，后人称舜是个古今的大孝子，而瞽瞍也是个慈祥的父亲。”

先生说：“即使是见识浅薄的人来请教，孔子也并非先准备好知识来回答他。孔子的心中只是‘空空如也’，但是他能分析别人心中知道的是、非两方面，为别人作一个解析决策的工作，而见识浅薄的人也能清楚明白。这些人自己知道的是、非，也就是他们本来的天性的准则。虽然圣人聪明，怎么能对这种准则增减一丝一毫呢？他们只是不能做到自信，等孔子为他们一解析，良知便完全显现无遗了。如果孔子与这些见识浅薄者说话时，留下些外在的知识在他们心里，也就不能尽现其良知了，而道体也就分为两处了。”

先生说：“《尚书》说‘烝烝乂，不格奸’，本注说象已经渐渐地接近了道义，不至于大干奸邪之事了。舜被征用后，象还成天地把杀死舜作为目标，还有哪一种奸邪的事像这样严重呢？但舜只是自己修养、自我克治，用自我克治熏陶他，而不去正面克制他的奸邪。掩饰过恶，这是邪恶者的常态，如果要指摘他的是非，反而是去刺激他的恶性。当初舜使得象要杀自己，也是出自于要象变好的心太急切，这也就是舜的过错。事过后，才知道功夫只在自己身上，不去指责别人，所以最终能够和谐。这是舜‘动心忍性，增益不能’的地方。古人说的话都是自己经历过来的，所以说得亲切。传到后代，仍然委婉曲折地合乎人情。如果不是自己经历过的，怎么会得到古人的苦心呢？”

先生说：“古代的乐教已经很久没复兴了。现在唱的戏倒还与古代乐教的意思相近。”德洪不懂，请教先生。先生说：“《韶》乐的九章，就是舜的一本戏目；《武》乐的九变，就是武王的一本戏目。圣人一生的实事，都记录在戏乐中。所以，有德行的人听了，就知道他是尽善尽美的呢，还是尽美而未尽善的。至于后代的写乐曲，只是作些歌词小调，对民俗风化全然没有联系，这怎么能感化百姓，使风俗淳善呢？如果要民俗反璞归真，就把当今的剧本拿来，将妖淫的词调统统去掉，只用忠臣孝子的故事，来让愚昧无知的百姓人人知道。在不知不觉中，感化起他们的良知，这才对风化有好处。然后，古代的乐教精神才能复兴。”德洪说：“要找元声都找不到，恐怕那古代的音乐也难以复兴吧。”先生问：“你说元声到哪里去寻找？”答：“古人制管装灰，等节候的风吹，恐怕是寻找元声的办法。”先生说：“如果要用芦灰米粒来寻找元声，就好比到水底捞月一样，怎么可能呢？元声只能在你的内心去寻找？”德洪问：“在内心怎么寻找呢？”先生说：“古人想要大治，首先要培养人们的内心平和，然后才作乐。比如你在这里领诵诗歌，你心平气和了，听的人自然才愉快有兴趣。在这里，就是元声的开端。《尚书》说‘诗言志’，这‘志’就是音乐的根本；‘歌永言’，这‘歌’就是作乐的根本；‘声依永，律和声’，律只要求和声，这‘和声’就是制律的根本。又何必到心外去寻找呢？”

原文 曰：“古人制候气法，是意何取？”

先生曰:“古人具中和之体以作乐。我的中和原与天地之气相应，候天地之气，协凤凰之音，不过去验我的气果和否。此是成律已后事，非必待此以成律也。今要候灰管，必须定至日。然至日子时，恐又不准，又何处取得准来?”

先生曰:“学问也要点化，但不如自家解化者，自一了百当。不然，亦点化许多不得。”

“孔子气魄极大，凡帝王事业，无不一一理会，也只从那心上来。譬如大树，有多少枝叶，也只是根本上用得培养功夫，故自然能如此，非是从枝叶上用功做得根本也。学者学孔子，不在心上用功，汲汲然去学那气魄，却倒做了。”

“人有过，多于过上用功，就是补甑①，其流必归于文过。”

“今人于吃饭时，虽然一事在前，其心常役役不宁，只缘此心忙惯了，所以收摄不住。”

“琴瑟简编，学者不可无，盖有业以居之，心就不放。”

先生叹曰:“世间知学的人，只有这些病痛打不破，就不是善与人同。”

崇一曰:“这病痛只是个好高不能忘己尔。”

问:“良知原是中和的，如何却有过、不及?”

先生曰："知得过、不及处，就是中和。"

"'所恶于上'是良知，'毋以使下'即是致知。"②

先生曰："苏秦、张仪之智，也是圣人之资。后世事业文章、许多豪杰名家，只是学得仪、秦故智。仪、秦学术善揣摸人情，无一些不中人肯綮③，故其说不能穷。仪、秦亦是窥见得良知妙用处，但用之于不善尔。"

或问未发已发。

先生曰："只缘后儒将未发已发分说了，只得劈头说个无未发已发，使人自思得之。若说有个已发未发，听者依旧落在后儒见解。若真见得无未发已发，说个有未发已发原不妨，原有个未发已发在。"

问曰："未发未尝不和，已发未尝不中。譬如钟声，未扣不可谓无，既扣不可谓有。毕竟有个扣与不扣，何如？"

先生曰："未扣时原是惊天动地，既扣时也只是寂天寞地。"

问："古人论性，各有异同，何者乃为定论？"

先生曰："性无定体，论亦无定体。有自本体上说者，有自发用上说者，有自源头上说者，有自流弊处说者。总而言之，只是一个性。但所见有浅深尔。若执定一边，便不是了。性之本体，原是无善无恶的，发用上也原是可以为善、可以为不善的，其流弊也原是一定善、一定恶的。譬如眼，有喜时的眼，有怒时的眼，直视就是看的眼，微视就是觑的眼。总而言之，只是这个眼。若见得怒时眼，就说未尝有喜的眼；见得看时眼，就说未尝有觑的眼。皆是执定，就知是错。孟子说性，直从源头上说来，亦是说个大概如此。荀子性恶之说，④是从流弊上说来，也未可尽说他不是。只是见得未精耳。众人则失了心之本体。”

问：“孟子从源头上说性，要人用功在源头上明彻。荀子从流弊说性，功夫只在末流上救正，便费力了。”先生曰：“然”。

先生曰：“用功到精处，愈着不得言语，说理愈难。若着意在精微上，全体功夫反蔽泥了。”

“杨慈湖⑤不为无见，又著在无声无臭上见了。”

“人一日间，古今世界，都经过一番，只是人不见耳。夜气清明时，无视无听，无思无作，淡然平怀，就是羲皇世界。平旦时，神清气朗，雍雍穆穆，就是尧舜世界。日中以前，礼仪交会，气象秩然，就是三代世界。日中以后，神气渐昏，往来杂扰，就是春秋、战国世界。渐渐昏夜，万物寝息，景象寂寥，就是人消物尽世界。学者信得良知过，不为气所乱，便常做个羲皇已上人。”

注释 ①甑（zèng）：古代炊具。

②所恶于上，毋以使下：语出《大学》。

③肯綮（qìng）：筋骨结合的地方，比喻要害处。

④荀子性恶之说：荀子主张性恶论，与孟子性善论相对立。《荀子·性恶》曰：“人之性恶，其善者伪也。”“伪”，人为。

⑤杨慈湖：杨简（1142—1225），字敬仲，号慈湖。浙江慈溪人，陆九渊弟子，南宋哲学家。官至宝谟阁学士。

译文 问：“那么，古人用律管候气方法的根据何在呢？”先生说：“古人具备了中和的内心后，才去作乐的，而我的中和，原本就与天地间的气相符合。候天地之气，协凤凰之声，不过是去验证我的气是否果真中和，这是制定音律以后的事，而不是一定要等这些去制定音律。如果要等到律管飞灰，必须先要确定冬至，但冬至的子时，恐怕又定不准，那又到哪里去取得标准呢？”

先生说：“学问也要别人的点化，但总不如自己的理解觉悟，这样自然能一了百当，不然，别人的点化再多也没有用。”

“孔子的气魄非常大，就连帝王的事业，他无不一一领会，也只是从他自己的心上来。就像大树，不论有多少枝叶，也只是从根本上用了培养的功夫，所以自然枝繁叶茂。而不是从枝叶上用功，就能用到根本上去的。求学的人学习孔子，不在心上用功，忙忙碌碌地去学他那气魄，就把功夫做倒了。”

“人有了过错，大多数就在过错上下功夫。这就像用破罐子补破罐子，必然造成文过饰非的毛病。”

“现在的人在吃饭的时候，虽然没有一件事在前面，但他们的心仍然忧虑不止，只是因为自己的心忙惯了，所以收拾都收拾不住。”

“琴瑟和书卷，学者们不可无此二者，因为有了事业去做，心就不会放失。”

先生感叹道：“世间懂得做学问的人，就只有这些毛病改不了，就是做不到‘善与人同’。”崇一说：“这毛病只是因为好高骛远，不能忘掉自己。”

问：“良知原来是中和的，为什么却会有过与不及的情况？”先生说：“懂得了过与不及，这就是中和。”

“厌恶上级的所作所为，是良知；不用同样的做法对待下级，便是致良知。”

先生说："苏秦、张仪的智谋，也是圣人的借鉴。后代的事业文章，以及许多的豪杰名家，只是学到了张仪、苏秦的旧智谋。而苏秦、张仪的学术中，善于揣摸人意，没有一丝不打动被游说者的要害，所以他们的学问难以穷尽。张仪、苏秦也能发现良知的妙用处，只是用得不是正道。"

有人请教"未发"和"已发"。先生说："只因为后代的儒生将未发和已发分开说了。所以，我只能劈头说个没有未发、已发，让人自己思考而有心得。如果说有已发、未发，听者依旧局限在后儒的见解中；如果真的懂得没有什么未发、已发了，再说成有未发、已发，就也没有什么妨害。因为本来就有未发和已发。"

问："未发，未尝不和；已发，也未尝不中。就像钟声，没有敲击时不能说就没有，敲击后也不能说就有。毕竟有个敲与不敲的区别。这话对吗？"先生说："未敲时原来就是惊天动地的，敲打了也只是寂天寞地的。"

问："古人评论人性时，各有异同。哪一种是定论？"先生说："评论人性没有一个固定的角度，也就没有哪种是定论。人性，有从本体上说的，有从生发运用上说的，有从源头上说的，有从流弊上说……总而言之，人性只是一个人性，但人们所见有浅有深。你如果执着于一点就不行了。人性的本体，原来是无所谓善，无所谓恶的。在生发运用上，原来也是可以为善，也可以为恶的。譬如眼神，有喜悦时的眼神；也有发怒时的眼神。当它直视时，就是看的眼神；微视时，就是眯着的眼神……总而言之，只是这个眼睛，如果人们看见的是发怒时的眼神，就说没有过喜悦时的眼神；看见它直视时，就说没有过眯着的眼神。就都是执着僵化了，就知道这是错误的。孟子说的人性，是直接从源头上说的，也只是说个大概如此；荀子的‘性恶’之说，是从其流弊上说的，也不能说他完全不对，只是看得还不全面精深而已。众人则失去了心的本体。”那人道：“孟子从源头上说性，要人在源头上用功，在源头上明彻；荀子从流弊上说性，只在末流上补救，就有些费力了。”先生说：“对。”

先生说：“功夫到了精粹的地方，更加不能执着于语言，说理就越难。如果执着在精粹微妙上，全面的功夫反而被蔽障了。”

“杨慈湖不是没有见地，然而，他又执着于无声无臭上去看问题。”

“人的一天里，古今的时空都经历了一番。只是人们不觉得罢了，当夜气清明时，人们无视觉、无听觉、无思虑、无作为，有平淡的胸怀，就是羲皇的时空；当清晨时，神志清和，气息明朗，和睦肃穆，就是尧、舜的时空；正午以前，人们用礼仪交结，风度井然有序，就是夏、商、周三代的时空；正午以后，神气渐渐昏庸，事物杂糅繁乱，就是春秋战国的时空。逐渐到了昏暗的夜晚，万物休息，景象萧条，就是人消物尽的时空。学者只要笃信良知，不被气所混乱，就能经常做个羲皇以前的人。”

原文 薛尚谦、邹谦之、马子莘、王汝止[①]侍坐，因叹先生自征宁藩[②]已来，天下谤议益众，请各言其故。有言先生功业势位日隆，天下忌之者日众；有言先生之学日明，故为宋儒争是非者亦日博；有言先生自南都以后[③]，同志信从者日众，而四方排阻者日益力。

先生曰：“诸君之言，信皆有之。但吾一段自知处，诸君俱未道及耳。”

诸友请问。

先生曰：“我在南都已前，尚有些子乡愿的意思在。我今信得这良知真是真非，信乎行去，更不着些覆藏。我今才做得个狂者的胸次，使天下之人都说我行不掩言也罢。”

尚谦出曰:“信得此过，方是圣人的真血脉。”

先生锻炼人处，一言之下，感人最深。

一日，王汝止出游归。先生问曰:“游何见?”对曰;“见满街人都是圣人。”先生曰:“你看满街人是圣人，满街人到看你是圣人在。”

又一日，董萝石[④]出游而归。见先生曰:“今日见一异事。”先生曰:“何异?”对曰:“见满街人都是圣人。”先生曰:“此亦常事耳，何足为异。”

盖汝止圭角未融，萝石恍见有悟，故问同答异，皆反其言而进之。

洪与黄正之、张叔谦[⑤]、汝中丙戌[⑥]会试归，为先生道途中讲学，有信有不信。先生曰:“你们拿一个圣人去与人讲学，人见圣人来，都怕走了，如何讲得行?须做得个愚夫愚妇，方可与人讲学。”

洪又言今日要见人品高下最易。先生曰:“何以见之?”对曰:“先生譬如泰山在前，有不知仰者，须是无目人。”先生曰:“泰山不如平地大，平地有何可见?”先生一言，翦裁剖破终年为外好高之病，在座者莫不悚惧。

癸未[⑦]春，邹谦之来越问学，居数日，先生送别于浮峰。是夕与希渊诸友移舟宿延寿寺，秉烛夜坐，先生慨怅不已。曰："江涛烟柳，故人倏在百里外矣。"

一友问曰："先生何念谦之之深也？"

先生曰："曾子所谓'以能向于不能，以多问于寡，有若无，实若虚，犯而不校'[8]，若谦之者良近之矣。"

丁亥[9]年九月，先生起，复征思田[10]，将命行时，德洪与汝中论学。汝中举先生教言："无善无恶是心之体，有善有恶是意之动，知善知恶是良知，为善去恶是格物。"

德洪曰："此意如何？"

汝中曰："此恐未是究竟话头。若说心体是无善无恶，意亦是无善无恶的意，知亦是无善无恶的知，物是无善无恶的物矣。若说意有善恶，毕竟心体还有善恶在。"

德洪曰："心体是天命之性，原是无善无恶的。但人有习心，意念上见有善恶在。格、致、诚、正、修，此正是复那性体功夫。若原无善恶，功夫亦不消说矣。"

是夕侍坐天泉桥，各举请正。

先生曰："我今将行，正要你们来讲破此意。二君之见，正好相资为用，不可各执一边。我这里接人，原有此二种。利根之人，直从本原上悟入，人心本体原是明莹无滞的。原是个未发之中。利根之人，一悟本体，即是功夫。人己内外，一齐俱透了。其次不免有习心在，本体受蔽，故且教在意念上实落为善去恶，功夫熟后，渣滓去得尽时，本体亦明尽了。汝中之见，是我这里接利根人的；德洪之见，是我这里为其次立法的。二君相取为用，则中人上下皆可引入于道。若各执一边，眼前便有失人，便于道体各有未尽。”

既而曰：“已后与朋友讲学，切不可失了我的宗旨。无善无恶是心之体，有善有恶是意之动，知善知恶是良知，为善去恶是格物。只依我这话头随人指点，自没病痛，此原是彻上彻下功夫。利根之人，世亦难遇。本体功夫一悟尽透，此颜子、明道所不敢承当，岂可轻易望人？人有习心，不教他在良知上实用为善去恶功夫，只去悬空想个本体，一切事为俱不着实，不过养成一个虚寂。此个病痛不是小小，不可不早说破。”

是日德洪、汝中俱有省。

注释 ①王汝止：王艮（1483—1541），字汝止，号心斋。泰州安丰场（今江苏东台）人，王守仁学生，泰州学派创立者，明哲学家。著作有《王心斋先生选集》。

②征宁藩：指王守仁平定宁王“宸濠之乱”一事。

③南都以后：指明正德九年（1514）以后。南都，指南京。

④董萝石：董沄（1457—1533），字复宗，号萝石。浙江海盐人。王守仁学生。

⑤张叔谦：名元冲，号浮峰。山阳（浙江绍兴）人。授官右副都御史。

⑥丙戌：指明嘉靖五年（1526）。

⑦癸未：指明嘉靖二年（1523）。

⑧“曾子”五句：见《论语·泰伯》。

⑨丁亥：指明嘉靖六年（1527）。

⑩思田：指思恩和田州。分别在今广西南宁市武鸣区和百色市田阳区。

译文

薛尚谦、邹谦之、马子莘、王汝止陪着先生坐着。感叹先生从征讨宁王藩篱以来，天下诽谤讥议的人更多。先生请大家各自谈谈其中的原因。有人说先生功业地位日益兴隆，引起嫉妒者日益增多；有人说先生的学问日益倡明，所以为宋儒理学争地位的人日益增加；有人说先生自来南京以后，信奉追随他的同志越来越多，从而四方的排挤阻挠者也越来越卖力。先生说："诸君的话，的确都是有道理的。但是，我有一点自己意识到的，诸君却都没谈到。"朋友们都请教。先生说："我在南京以前，还有些乡愿好好先生的作风。而今，我坚信良知的真是真非，因此就信手去干，全不遮掩。现在，我才有个狂放者的胸襟。即使天下的人都说我的行动不如言论，这也没有什么关系。"薛尚谦站起来说："这样自信，才是圣人的真血脉！"

先生在点拨人的时候，往往一句话就感人至深。有一天，王汝止出游归来，先生问："你这次游览有什么见闻？"回答："看见满街人都是圣人。"先生说："你看满街人都是圣人，那满街人也会把你看成圣人。"又有一天，董萝石出游归来，见到先生说："今天我看到一件奇异的事。"先生问："什么奇异的事？"回答："看见满街人都是圣人。"先生道："这也不过是件平常的事而已，哪里值得大惊小怪的。"大约是因为王汝止为人棱角还没有磨去，而董萝石恍然有所悟，所以他们的问题一致，先生的回答却不同，但都是根据他们的话去引导的。钱德洪和黄正之、张叔谦、王汝中等，丙戌那年会试完，在归途中谈及先生的学问，有人相信，有人不相信。先生说：“你们举着一个圣人去给别人讲学，别人看见圣人来，都吓走了，怎么讲学呢？必须做个愚夫愚妇，才能跟别人讲学。”钱德洪又说：“现在要判断人品高低最容易。”先生说：“怎么判断？”德洪答：“先生就像泰山在前面，如果有人不知景仰，那一定是没有眼睛的人。”先生说：“泰山不如平地广大。平地怎么发现呢？”先生一句话就点破剪去了我们长年为外好高的毛病，使在座的人无不警醒。

癸未年春天，邹谦之来到浙江请教学问。几天后，先生到浮峰去送别。当天晚上，与希渊等朋友乘船，在延寿寺秉烛夜谈。先生感叹惆怅不已，说：“江涛微茫，杨柳如烟，谦之片刻之间，就要远在百里之外了！”一个朋友问道：“先生为什么要这样深切地怀念谦之呢？”先生说：“曾子所谓‘以能问于不能，以多问于寡，有若无，实若虚，犯而不校’的人，与谦之的确很接近。”

丁亥年九月，先生重新起用，征讨思、田。将要出发时，钱德洪与王汝中讨论学问。汝中引先生的教谕说：“无善无恶，是心之体；有善有恶，是意之动；知善知恶，是良知；为善去恶，是格物。”德洪说：

“你以为这话如何?”汝中说:“这话似乎还没有说得很透彻。如果说心体是无善无恶的,那么,意也是无善无恶的意,知也是无善无恶的知,物也是无善无恶的物了。如果说意有善有恶的话,毕竟心体还有善恶。”德洪说:“心体乃是天命之性,原本是无善无恶的,但是,人有受到习气影响的心,意念上就存在着善与恶了。格物、致知、诚意、正心、修身等,这些正是要恢复那性体的功夫。如果说原本就没有善恶功夫的话,也就不必说这些步骤了。”这天晚上,我们陪伴着先生在天泉桥,各自将自己的意见说出来请先生教正。先生说:“我即将远行,正要与你们说破这个意思。你们俩见解正好相互弥补着用,不要各执一端。我这里引导人,原来就有这两种说法。天资高的人,直接从本源上觉悟。人心的本体,原来是晶莹而没有阻滞的,原来就是所谓未发之中。天资高的人,一旦觉悟本体,就是功夫。别人也好,自己也好,心内也好,心外也好,一下子都透彻了。那次一点的人,不免有习气沾著之心,本体受到蒙蔽,所以姑且教他们在意念上切实地为善去恶。等到功夫熟练了,除尽了渣滓,本体也就明彻了。汝中你的见解,是我引导天资高者的方法;德洪你的见解,是我引导次一等人的方法。你们俩互补着运用，那么，中等人上下的人都可以引导入正道了。如果各执一端，眼下就有过失，而别人对正道之体也就各有不明白之处了。”一会儿，先生又说：“以后跟朋友们讨论学问，千万不要离开了我的宗旨：无善无恶，是心之体；有善有恶，是意之动；知善知恶，是良知；为善去恶，是格物。只要依照着我这口诀，任凭别人指手画脚，也不会有毛病的。这原来是贯通上下的功夫。天资高的人，世间也难碰上。一旦领悟了本体的功夫，就能一下子明彻儒道，这是颜回和程明道都表示不敢当的，难道能轻易地寄希望于人吗？人们有了习气沾著之心，如果不教他在良知上下实在的为善去恶的功夫，只去悬空想着本体，一切事情都不落实，不过就养成一个空洞虚寂。这可不是小毛病，不能不早点说穿。”这一天，德洪我和汝中都有所省悟。

原文 （钱德洪曰：）先生初归越时，朋友踪迹尚寥落。既后四方来游者日进。癸未年已后，环先生而居者比屋，如天妃、光相诸刹，每当一室，常合食者数十人，夜无卧处，更相就席，歌声彻昏旦。南镇、禹穴、阳明洞诸山远近寺刹，徙足所到，无非同志游寓所在。先生每临讲座，前后左右环坐而听者，常不下数百人。送往迎来，月无虚日。至有在侍更岁，不能遍记其姓名者。每临别，先生常叹曰："君等虽别，不出天地间，苟同此志，吾亦可以忘形似矣。"诸生每听讲出门，未尝不跳跃称快。尝闻之同门先辈曰："南都以前，朋友从游者虽众，未有如在越之盛者。此虽讲学日久，信孚渐博。要亦先生之学日进，感召之机，申变无方，亦自有不同也。"

译文 （钱德洪附注：）先生刚返回浙江绍兴时，朋友们还来往得不多。后来，从四方来游学的就日益多起来。癸未年以后，居住在先生周围的人一家连着一家。像在天妃寺、光相寺，每一间房屋，常常夹聚食的就有几十个人，夜晚都没有睡觉的地方，交换着上床。歌声通宵达旦。从南镇、禹穴、阳明洞等山远近的寺庙中，无论走到何处，没有不是同志的寄居的地方。先生每当登上讲座，前后左右，围坐而听讲的人往往不下几百人，送往迎来，每月没有空闲的日子。以至于有人同学一年多，都记不住所有人的姓名。每当临别之时，先生常常感叹道："你们虽然离开了我，但没有离开天地之间。只要志同道合，我也就可以忘记你们的形貌了。”门生们每当听讲出门时，没有不跳跃称快的。我曾经听学长们说：“在南京以前，朋友和门生虽然多，但没有像在绍兴时这样隆盛的。这虽然是由于先生讲学时间长了，信任者也多，但主要还因为先生的学说日趋成熟，对学生感召的方法和引导的艺术，自然也跟以前不同。”

黄以方录

原文 黄以方问：“‘博学于文’[①]，为随事学存此天理，然则谓‘行有余力，则以学文’[②]，其说似不相合。”

先生曰：“《诗》《书》六艺皆是天理之发见，文字都包在其中。考之《诗》《书》六艺，皆所以学存此天理也，不特发见于事为者方为文耳。‘余力学文’，亦只‘博学于文’中事。”

或问“学而不思”[③]二句。

曰：“此亦有为而言，其实思即学也。学有所疑，便须思之。‘思而不学’者，盖有此等人，只悬空去思，要想出一个道理，却不在身心上实用其力，以学存此天理。思与学作两事做，故有‘罔’与‘殆’之病。其实思只是思其所学，原非两事也。”

先生曰：“先儒解格物为格天下之物，天下之物如何格得？且谓‘一草一木亦皆有理’，今如何去格？纵格得草木来，如何反来诚得自家意？我解‘格’作‘正’字义，‘物’作‘事’字义。《大学》之所谓身，即耳、目、口、鼻、四肢是也。欲修身便是要目非礼勿视，耳非礼勿听，口非礼勿言，四肢非礼勿动。④要修这个身，身上如何用得工夫？心者身之主宰，目虽视，而所以视者心也；耳虽听，而所以听者心也；口与四肢虽言、动，而所以言、动者心也。故欲修身在于体当自家心体，常令廓然大公，无有些子不正处。主宰一正，则发窍于目，自无非礼之视；发窍于耳，自无非礼之听；发窍于口与四肢，自无非礼之言、动。此便是修身在正其心。然至善者，心之本体也。心之本体那有不善？如今要正心，本体上何处用得功？必就心之发动处才可着力也。心之发动不能无不善，故须就此处着力，便是在诚意。如一念发在好善上，便实实落落去好善；一念发在恶恶上，便实实落落去恶恶。意之所发，既无不诚，则其本体如何有不正的？故欲正其心在诚意。工夫到诚意，始有着落处。然诚意之本，又在于致知也。所谓‘人虽不知而己所独知者’[⑤]，此正是吾心良知处。然知得善，却不依这个良知便做去；知得不善，却不依这个良知便不去做。则这个良知便遮蔽了，是不能致知也。吾心良知既不得扩充到底，则善虽知好，不能着实好了，恶虽知恶，不能着实恶了，如何得意诚？故致知者，意诚之本也。然亦不是悬空的致知，致知在实事上格。如意在于为善，便就这件事上去为，意在于去恶，便就这件事上去不为。去恶，固是格不正以归于正。为善，则不善正了，亦是格不正以归于正也。如此，则吾心良知无私欲蔽了，得以致其极，而意之所发，好善去恶，无有不诚矣，诚意工夫实下手处在格物也。若如此格物，人人便做得，‘人皆可以为尧舜’[⑥]，正在此也。”

先生曰：“众人只说格物要依晦翁，何曾把他的说去用？我着实曾用来。初年与钱友同论做圣贤要格天下之物，如今安得这等大的力量？因指亭前竹子，令去格看。钱子早夜去穷格竹子的道理，竭其心思至于三日，便致劳神成疾。当初说他这是精力不足，某因自去穷格，早夜不得其理。到七日，亦以劳思致疾。遂相与叹圣贤是做不得的，无他大力量去格物了。及在夷中三年，颇见得此意思，乃知天下之物本无可格者。其格物之功，只在身心上做。决然以圣人为人人可到，便自有担当了。这里意思，却要说与诸公知道。”

门人有言邵端峰论童子不能格物，只教以洒扫应对之说。

先生曰：“洒扫应对，就是一件物。童子良知只到此。便教去洒扫应对，就是致他这一点良知了。又如童子知畏先生长者，此亦是他良知处。故虽嬉戏中见了先生长者，便去作揖恭敬，是他能格物以致敬师长之良知了。童子自有童子的格物致知。”

又曰：“我这里言格物，自童子以至圣人，皆是此等工夫。但圣人格物，便更熟得些子，不消费力。如此格物，虽卖柴人亦是做得，虽公卿大夫以至天子，皆是如此做。”

注释

①博学于文：语出《论语·雍也》。

②行有余力，则以学文：语出《论语·学而》。

③学而不思：语出《论语·为政》，“子曰：‘学而不思则罔，思而不学则殆。’”

④“非礼”四句：语出《论语·颜渊》，“子曰：‘非礼勿视，非礼勿听，非礼勿言，非礼勿动。’”

⑤“人虽”句：语出朱熹《大学·章句》。

⑥人皆可以为尧舜：语出《孟子·告子下》，“曹交问曰：‘人皆可以为尧舜，有诸？’孟子曰：‘然。’”

译文

黄以方我问：“先生以为‘博学以文’就是随事去学存养自己的天理，既然如此，那么，这就与孔子的‘行有余力，则以学文’的说法似乎不相符合。”先生说：“《诗经》《尚书》和‘六艺’都是天理的显现，文字都包含在其中了。学习《诗经》《尚书》和‘六艺’，都是学习存养自己的天理。不光是显现在具体事物中的才叫‘文’。有余力去学文，也就是‘博学于文’的意思。”有人请教“学而不思”等两句。先生说：“这也是就具体背景而言的。其实‘思’就是‘学’，学习有疑问就要思考；‘思而不学’，的确有这种人的。他们只是凭空去想，要想出一个道理，却不在身心上用实在功夫，去学习存养自己的天理，把‘思’和‘学’分成两件事来做，所以有‘罔’和‘殆’的毛病。其实，所谓‘思’就是思考所‘学’的内容。两者原来就不是两件事。”

先生说："程朱把'格物'解释为格天下的事物。这天下的事物怎么能格呢？就说是一草一木都有其理吧，现在如何去格？纵然能格得草木之理，又怎样才能反回来诚自己的意呢？我把'格'字解释成'正'的意思，'物'字解释为'事'的意思。《大学》所谓'身'，就是耳朵、眼睛、嘴巴、鼻子、四肢。所谓'欲修身'，就是要眼睛'非礼勿视'，耳朵'非礼勿听'，嘴巴'非礼勿言'，四肢'非礼勿动'。要'修'这个'身'，在身上如何用功夫？心，是身体的主宰，眼睛虽然能看，但指挥眼睛的是心；耳朵虽然能听，但指挥耳朵的是心；嘴巴和四肢虽然能说能动，但指挥嘴巴和四肢的是心。所以要做到'修身'，在于体悟自己的心体，经常使它廓然大公，没有一点儿不正当的地方。只要心这个主宰正当，就会开窍于眼睛，自然没有非礼的视；就会开窍于耳朵，自然没有非礼的听；开窍于嘴巴和四肢，自然没有非礼的言与动。这就是所谓'修身在正其心'。然而，'至善'是心的本体。心的本体，哪有不善的呢？现在要'正心'的本体，哪里能用功呢？一定要就心的萌动处才可以用功。心的萌动，不会没有不善，所以就需要在此处用功，这就是'诚意'。如果有一个念头产生在喜好善良上，就实实在在地去喜好善良；如果有一个念头产生在厌恶邪恶上，就实实在在地去厌恶邪恶。意所生发时，既然没有不诚，那么，本体怎么会有不正的呢？所以，想要‘正心’，就去‘诚意’。功夫到了诚意，才有了落实之处。但‘诚意’的根本又在于‘致知’。所谓‘人虽不知而己所独知者’，这正是自己心中良知之处。但是，虽然知道善，却不依照这个良知去做；知道不善，却不依照这个良知不去做。那么，这个良知就被蒙蔽了。这就不能‘致知’了。自己心中的良知都不能扩充到底，那么，虽然知道善是好的，却不能切实去做到好；虽然厌恶邪恶，却不能切实去厌恶，这样，哪里能够做到意诚呢？所以说‘致知’是‘诚意’根本。但也不是凭空地去‘致知’，致知要在具体实事上去格。如，意在为善上，就在这件事上去为；意在去恶上，就在这件事上不为。去恶，固然是格不正当而归于正当；为善，就是将不善纠正，也是格不正当而归于正当。这样来，自己心的良知没有私欲蒙蔽了，得以达到极点。而意所发生处，好善去恶，没有不诚了。‘诚意’功夫的切实下手处在于‘格物’。这样，格物就人人都能做，所谓‘人皆可以为尧舜’，正是这个意思。”

先生说："大家都只是说'格物'要依照朱晦翁讲的去格，但又有谁去实践过他的学说呢？我倒是切实实践过。当年，与朋友钱某起讨论过，要做圣贤就要格遍天下之物。如今，哪里还有这样大的力量？于是，我指着亭子前面的竹子，让他去格着试试。钱某早晚拼命去格竹子的道理，结果，竭尽心思，过了三天，以致积劳成疾。当初，还以为是他的精力不足，我也就自己去尽力地格，从早到晚也没弄懂竹子的道理。到了第七天，也因为积劳过思而得病。于是，我们共同地感叹：圣贤是做不成的，没有他们那么大的力量去格物，等到我在贵州蛮荒之地过了三年，对这个良知很有些心得，才知道天下的事物本来就没有什么可去格的。所谓格物，功夫只能在身心上去下。坚信每个人都能成为圣人，于是，自己也就有了当圣人的使命感。这个想法，要说来让你们知道。"

门生中有人说："邵端峰说儿童不能格物，只需要拿洒水、扫地、应对等的内容来教他们。"先生说："洒水、扫地、应对等就是致他这一点的良知。再比如儿童懂得敬畏先生长者，这也就是良知。所以，哪怕他们正在嬉戏，看见了先生长者，就去敬礼恭敬，这是他能格物，从而致了师长的良知。儿童自有儿童的格物致知。”先生又说：“我这里谈的格物，是从儿童以至于圣人，都是这一功夫，只是圣人格物就更加熟练些，不必费更多的力气。这样的格物，哪怕是卖柴的人，也都能做的，哪怕是公卿大夫，以至于天子，都是一样地去做。”

原文 或疑知行不合一，以“知之匪艰”①二句为问。

先生曰：“良知自知，原是容易的。只是不能致那良知，便是‘知之匪艰，行之惟艰’。”

门人问曰：“知行如何得合一？且如《中庸》言‘博学之’，又说个‘笃行之’，分明知行是两件。”

先生曰：“博学只是事事学存此天理，笃行只是学之不已之意。”

又问：“《易》‘学以聚之’，又言‘仁以行之’，此是如何？”②

先生曰：“也是如此。事事去学存此天理，则此心更无放失时，故曰：‘学以聚之。’然常常学存此天理，更无私欲间断，此即是此心不息处，故曰：‘仁以行之’。”

又问：“孔子言‘知及之，仁不能守之’③，知行却是两个了。”

先生曰：“说‘及之’，已是行了。但不能常常行，已为私欲间断，便是‘仁不能守’。”

又问：“心即理之说，程子云‘在物为理’[④]，如何谓心即理？”

先生曰：“‘在物为理’，‘在’字上当添一‘心’字。此心在物则为理。如此心在事父则为孝，在事君则为忠之类。”先生因谓之曰：“诸君要认得我立言宗旨。我如今说个心即理是如何，只为世人分心与理为二，故便有许多病痛。如五伯攘夷狄，尊周室，都是一个私心，便不当理。人却说他做得当理。只心有未纯，往往悦慕其所为，要来外面做得好看，却与心全不相干。分心与理为二，其流至于伯道之伪而不自知。故我说个心即理，要使知心理是一个，便来心上做工夫，不去袭义于外，便是王道之真。此我立言宗旨。”

又问：“圣贤言语许多，如何却要打做一个？”

曰：“我不是要打做一个，如曰‘夫道一而已矣’[⑤]。又曰‘其为物不二，则其生物不测’[⑥]。天地圣人皆是一个，如何二得？”

“心不是一块血肉，凡知觉处便是心。如耳目之知视听，手足之知痛痒。此知觉便是心也。”

以方问曰：“先生之说格物，凡《中庸》之‘慎独’

及‘集义’‘博约’等说，皆为格物之事。”

先生曰：“非也。格物即慎独，即戒惧。至于‘集义’‘博约’，工夫只一般。不是以那数件都做格物底事。”

以方问“尊德性”⑦一条。

先生曰：“‘道问学’即所以‘尊德性’也。晦翁言‘子静以尊德性诲人，某教人岂不是道问学处多了些子’，⑧是分‘尊德性’‘道问学’作两件。且如今讲习讨论，下许多工夫，无非只是存此心，不失其德性而已。岂有尊德性只空空去尊，更不去问学？问学只是空空去问学，更与德性无关涉？如此，则不知今之所以讲习讨论者，更学何事？”

问“致广大”⑨二句。

曰：“‘尽精微’即所以‘致广大’也，‘道中庸’即所以‘极高明’也。盖心之本体自是广大底，人不能‘尽精微’，则便为私欲所蔽，有不胜其小者矣。故能细微曲折，无所不尽，则私意不足以蔽之，自无许多障碍遮隔处，如何广大不致？”

又问：“精微还是念虑之精微，事理之精微？”

曰：“念虑之精微，即事理之精微也。”

先生曰：“今之论性者，纷纷异同。皆是说性，非见性也。见性者无异同之可言矣。”

问：“声色货利，恐良知亦不能无。”

先生曰：“固然。但初学用功，却须扫除荡涤，勿使留积，则适然来遇，始不为累，自然顺而应之。良知只在声色货利上用功。能致得良知精精明明，毫发无蔽，则声色货利之交，无非天则流行矣。”

先生曰：“吾与诸公讲致知格物，日日是此。讲一二十年，俱是如此。诸君听吾言，实去用功。见吾讲一番，自觉长进番。否则只作场话说，虽听之亦何用？”

先生曰：“人之本体，常常是寂然不动的，常常是感而遂通的。未应不是先，已应不是后。”

注释

①知之匪艰：见《古文尚书·说命中》，“非知之艰，行之惟艰。”

②学以聚之，仁以行之：语出《易·乾·文言》，“君子学以聚之，问以辩之，宽以居之，仁以行之。”

③知及之，仁不能守之：语出《论语·卫灵公》。

④在物为理：语出《伊川易传》，“在物为理，处物为义。”

⑤夫道一而已矣：语出《孟子·滕文公上》，“孟子曰：‘世子疑吾言乎？夫道一而已矣。’”

⑥其为物不二，则其生物不测：语出《中庸》，“天地之道，可一言而尽也，其为物不二，则其生物不测。”

⑦尊德性：见《中庸》，“君子尊德性而道问学，致广大而尽精微，极高明而道中庸。”

⑧“子静”二句：语出《朱子文集》卷五十四。子静，指陆九渊。

⑨致广大：见注⑦。

译文 有人怀疑知行不合一，并以“知之匪艰”两句相问。先生说：“良知自然能知，这原来是很容易的。只因为不能致良知，才说‘知之匪艰，行之惟艰’。”

门生中有人问：“知行怎么能合一呢？比如《中庸》说：‘博学之’，又说‘笃行之’，知与行分明是两回事。”先生说：“博学，只是事事学着存养天理；笃行，只是学而不止的意思。”此人又问：“《易经》说‘学以聚之’，又说‘仁以行之’，这是为什么呢？”先生说：“也就是这意思。事事都去学着存养自己的天理，自己的心就不会有放失的时候。所以说‘学以聚之’。然而，常常学着存养这一个天理，就再没有私欲隔断其间。这就是自己的心生生不息的地方。所以说‘仁以行之’。”此人又问：“孔子说‘知及之，仁不能守之’，知与行仍是两件事。”先生说：“说‘及之’，已经是‘行’了，但不能常常地‘行’。已经被私欲所隔断了，所以说是‘仁不能守’。”此人又问：“您说‘心即理’，程先生却说‘在物为理’。怎么能说心就是理呢？”先生说：“‘在物为理’这句话的‘在’字前应当增加一个‘心’字。自己的心在物就是理。这样，心在侍奉父母上就是孝；在供奉国君上就是忠。诸如此类。”先生顺势又说：“诸君要懂得我的立论宗旨。我现在说‘心即理’是为什么，只因为世人将心与理分为两个东西了，所以就产生了很多毛病。比如说，春秋五霸，侵略蛮夷，尊奉周王，都只为一个私心，这就不合乎理。但是，人们却说他们做得合乎道理，只因为他们心里不纯，所以往往羡慕他们的所作所为。只要求外表做得好看，却与内心完全不相干。将心与理分析成两件事，其结果是赞美霸道的虚伪，自己却觉察不到。所以我要说个‘心即理’，要让人们知道心与理就是一回事，于是到心上来下功夫，不在所谓的‘义’上去追求义，这就是‘王道’的真谛。这才是我立论的宗旨。”此人又问：“圣贤的言论很多，为什么要把它们凝成一句话？”先生说：“不是我要凝成一句话，如像《孟子》就说‘夫道，一而已矣’，

《中庸》也说‘其为物不二，则其生物不测’。天地也好，圣人也好，都是一体，怎么能分成两个呢?”“心不只是一块血肉，凡是有知觉的地方都是心。如像耳朵、眼睛能够有视力听觉，手、脚能够知道痛痒等。这些知觉也就是心。”

以方问:“先生所说的格物，是否把《中庸》的‘慎独’,《孟子》的‘集义’,《论语》的‘博文约礼’等，都包含在格物中了?”先生说:“不是这样的。格物就是慎独，就是戒惧。至于集义、博文约礼，那只是一般的功夫，不能说这几件事都是格物。”

以方请教“尊德性”这一条。先生说:“‘道问学’，就是‘尊德性’的方法。朱晦翁说:‘子静(陆九渊)以尊德性教人，某教人岂不是道问学处多了些子’，这是把‘尊德性’与‘道问学’分成两回事了。就像现在我们的讲习讨论，下很多功夫，无非只是要存养自己的心，让它不失其德性而已。哪里有尊德性只是空洞地去尊，再不去问学的呢?而问学只是空洞地去问学，再与德性无关联的呢?像这样，就不会懂得现在之所以要讲习讨论的意义，那还学习个什么呢?”

以方又请教“致广大而尽精微，极高明而道中庸”两句。先生说:“‘尽精微’就是‘致广大’的方法;‘道中庸’就是‘极高明’的方法。心的本体本来就是广大的，人们不能尽精微，就会被私欲所蒙蔽，就连细微的地方也不能战胜了。所以，能在细微曲折的地方都无所不尽，私意就不能够蒙蔽了，自然就不会有很多的障碍遮隔。这样，有什么广大之处不能致呢？”以方又问：“精微，是指念虑之精微呢，还是指事理之精微呢？”先生说：“念虑之精微也就是事理的精微。”

先生说：“如今谈论人性的纷纷扰扰，辨其异同，但都是在说性，而不是见性。如果说见性，就没有什么异同可言了。”

问：“声、色、货、利这些东西，恐怕良知中也不会没有吧。”先生说：“固然如此。但初学用功时却必须扫除荡涤这些东西，不要让它们滞留。这样，偶然遇到了，就不会成为累赘，自然会顺应它们。良知只在声、色、货、利上用功夫。能够致良知，就会清清澈澈，没有一丝一毫的蒙蔽。这样，就是与声、色、货、利打交道，也没有不是依照天的法则去运用了。”

先生说：“我和诸君讲致知，讲格物，天天如此，一二十年，还都是如此。诸君如果听了我的话，切实去用功，那就会听我一遍，自己觉察到前进一节。否则，就只是又听了一次话，虽然听了，又有什么用?”先生说：“人的本体经常是寂然不动的，经常是感而遂通的。正如伊川先生所言‘未应不是先，已应不是后’。”

原文 一友举佛家以手指显出问曰：“众曾见否?”众曰“见，之。”复以手指入袖，问曰：“众还见否?”众曰：“不见。”佛说还未见性。此义未明。

先生曰：“手指有见有不见，尔之见性常在。人之心神只在有睹有闻上驰惊，不在不睹不闻上着实用功。盖不睹不闻是良知本体，戒慎恐惧是致良知的工夫。学者时时刻刻学睹其所不睹，常闻其所不闻，工夫方有个实落处。久久成熟后，则不须着力，不待防检，而真性自不息矣。岂以在外者之闻见为累哉?”

问：“先儒谓‘鸢飞鱼跃’，与‘必有事焉’，同一活泼泼地。”①

先生曰：“亦是。天地间活泼泼地，无非此理，便是吾良知的流行不息。致良知便是‘必有事’的工夫。此理非惟不可离，实亦不得而离也。无往而非道，无往而非工夫。”

先生曰：“诸公在此，务要立个必为圣人之心。时时刻刻须是一棒一条痕，一掴一掌血，方能听吾说话，句句得力。若茫茫荡荡度日，譬如一块死肉，打也不知得痛痒，恐终不济事，回家只寻得旧时伎俩而已。岂不惜哉？”

问：“近来妄念也觉少，亦觉不曾着想定要如何用功，不知此是功夫否？”

先生曰：“汝且去着实用功，便多这些着想也不妨。久久自会妥帖。若才下得些功，便说效验，何足为恃？”

一友自叹：“私意萌时，分明自心知得，只是不能使他即去。”

先生曰：“你萌时，这一知处便是你的命根，当下即去消磨，便是立命功夫。”

“夫子说‘性相近’②，即孟子说‘性善’③，不可专在气质上说。若说气质，如刚与柔对，如何相近得，惟性善则同耳。人生初时，善原是同的。但刚的习于善则为刚善，习于恶则为刚恶。柔的习于善则为柔善，习于恶则为柔恶，便日相远了。”

先生尝语学者曰：“心体上着不得一念留滞，就如眼着不得些子尘沙。些子能得几多？满眼便昏天黑地了。”

又曰:“这一念不但是私念,便好的念头亦着不得些子。如眼中放些金玉屑,眼亦开不得了。”

问:“人心与物同体。如吾身原是血气流通的,所以谓之同体。若于人便异体了,禽兽草木益远矣。而何谓之同体?”

先生曰:“你只在感应之几上看。岂但禽兽草木,虽天地也与我同体的,鬼神也与我同体的。”

请问。

先生曰:“你看这个天地中间,甚么是天地的心。”

对曰:“尝闻人是天地的心。”

曰:“人又甚么叫作心?”

对曰:“只是一个灵明。”

“可知充天塞地中间,只有这个灵明。人只为形体自间隔了。我的灵明,便是天地鬼神的主宰。天没有我的灵明,谁去仰他高?地没有我的灵明,谁去俯他深?鬼神没有我的灵明,谁去辨他吉凶灾祥?天地鬼神万物,离却我的灵明,便没有天地鬼神万物了。我的灵明,离却天地鬼神万物,亦没有我的灵明。如此,便是一气流通的,如何与他间隔得?”

又问:“天地鬼神万物,千古见在,何没了我的灵明,便俱无了?”

曰："今看死的人，他这些精灵游散了，他的天地鬼神万物尚在何处？"

注释

①"先儒"三句：见《河南程氏遗书》卷三，"'鸢飞戾天，鱼跃于渊，言其上下察也。'此一段子思吃紧为人处，与'必有事焉而勿正心'之意同，活泼泼地。会得时，活泼泼地；不会得时，只是弄精神。"

②性相近：语出《论语·阳货》，"子曰：'性相近也，习相远也。'"

③性善：见《孟子·告子上》，"人性之善也，犹水之就下也。人无有不善，水无有不下。""仁义礼智，非由外铄我也，我固有之也。"性善论是孟子人性论的基本观点。

译文

一个朋友谈到，某佛教禅师露出手指问别人："你们看见了吗？"众人说："看见了。"此人又把手指放入袖子里，问道："你们还能看见吗？"大家说："看不见。"禅师认为他们还没有觉悟佛性。这位朋友说自己对此还不太明白。先生讲："手指有时能看见，有时不能看见，而你觉悟人性只能在看得见时。一般人的心神，只在能看见、能听到上驰骋；不在看不见、听不到上切实用功。而看不见、听不到才是良知的本体，戒慎恐惧，是致良知的功夫。求学的人时时刻刻，经常去看自己所看不见的，经常去听自己所听不到的，这功夫才有落实之处。时间长了，成熟了，就不必去着力，不必防范检查，而真性自然会生生不息。这时，哪里会被在外在的、能见能闻的东西所拖累呢?”

有人请教有关程明道说的“鸢飞鱼跃”和“必有事焉”都是活泼泼的这句话。先生说:“这也就是说，天地之间，都是活泼泼的，没有不是这理的。也就是我说的良知运行不息的意思。致良知，也就是‘必有事’的功夫。这个道理，不但不能离开，实际上也离不开它。无往而非道，所以，无往而非功夫。”

先生说:“诸君在这里，务必立下个一定要当圣人的心志。时时刻刻地，必须有一棒一条伤痕，一掌一个血印的狠心，才能听我说话后，感到句句得力。如果恍恍惚惚地混日子，就像一块死肉，打也不知道痛痒，只怕到头来也不管用。回到家里，只找到过去的老一套而已，岂不可惜?”

问:“我近来觉得妄念少了，也不着意去想一定要如何用功。不知道这是否功夫?”先生说:“你先去切实地下功夫，就是这着意用功的想法多有一点也不妨。

时间长了，自然会妥帖的。如果刚刚才下一点功夫，就去谈什么效验，怎么靠得住呢?”

有个朋友自我感叹，说当他的私心萌动时，分明自己心里也清楚，只是不能把它马上除去。先生说:“当你的私心萌动时，能知道是私心就是你的命根。当时就立刻去克服私心，这就是立命的功夫。”

“孔夫子说的‘性相近’，也就是孟子所说的‘性善’。不能只就气质上说。如果说气质，像刚与柔相互对立，怎么能说是‘相近’呢？只有‘性善’这一点才会相同。人刚出生时，善原本是相同的。只是气质刚的人受善的影响，就成为刚善；受恶的影响，就成为刚恶。气质柔的人受善的影响，就成为柔善；受恶的影响，就成为柔恶。日益‘习相远’了。”

先生曾经对学生们说:“心体上不能有一点杂念沾留，就像眼睛中不能容得一点尘沙一样。一点能有多少?但它能使人满眼昏天黑地。”又说:“这一念不光指私念，就是好的念头也不能沾着，不然，就像在眼睛里放些金玉细屑一样，眼睛就都睁不开了。”

问:“人心与外物同为一体。就像我身体原来是血气流通的，所以称为‘同体’。如果与别人相比，就叫‘异体’了；与禽兽草木相比，就更远了。那为什么称为同体呢?”先生说:“你只要在感应的机缘上看,岂止是禽兽草木同体,就连天地,也与自己同体;即使是鬼神,也与自己同体。”此人请教如何理解。先生说:“你看这个天地中间,什么是天地的心呢?”回答:“曾经听说‘人是天地的心’。”先生问:“人为什么叫作天地之心呢?”答:“只因为人有一点灵明。”

“由此可知,充塞在天地之间的,只有这个灵明。人只因为自己的形体,相互间就阻隔开了。我们的灵明,就是天地鬼神的主宰。天如果没有我们的灵明,谁又去景仰它的高远?地如果没有我们的灵明,谁又去俯瞰它的深邃?鬼神如果没有我们的灵明,谁又去辨察它们的吉凶灾祥?天地鬼神万物,如果离开了我们的灵明,就没有天地鬼神万物了;而我们的灵明,如果离开了天地鬼神万物,也就没有我们的灵明了。这样,就说明人与万象同是一气相通的。怎么能截然分开?”又问:“天地鬼神万物,是万古长存的。为什么说没有了我们的灵明,就都不存在了呢?”先生答:“只要你看看死人,他们的精灵游散了,这样,他们的天地万物还在哪里呢?”

原文 先生起行征思田，德洪与汝中追送严滩[①]。汝中举佛家实相幻相[②]之说。

先生曰："有心俱是实，无心俱是幻。无心俱是实，有心俱是幻。"

汝中曰："有心俱是实，无心俱是幻，是本体上说功夫；无心俱是实，有心俱是幻，是从工夫上说本体。"先生然其言。洪于是时尚未了达。数年用功，始信本体功夫合一。但先生是时因问偶谈，若吾儒指点人处，不必借此立言耳。

尝见先生送二三耆宿[③]出门，退坐于中轩，若有忧色。德洪趋进请问。先生曰："顷与诸老论及此学，真员凿方枘[④]。此道坦如道路，世儒往往自加荒塞，终身陷荆棘之场而不悔，吾不知其何说也？"

德洪退谓朋友曰："先生诲人，不择衰朽，仁人悯物之心也。"

先生曰："人生大病，只是一傲字。为子而傲必不孝，为臣而傲必不忠，为父而傲必不慈，为友而傲必不信。故象与丹朱[⑤]俱不肖，亦只一傲字，便结果了此生。诸君常要体此人心本是天然之理，精精明明，无纤介染着，只是一无我而已。胸中切不可有，有即傲也。古先圣人许多好处，也只是无我而已。无我自能谦。谦者众善之基，傲者众恶之魁。”

又曰：“此道至简至易的，亦至精至微的。孔子曰：‘其如示诸掌乎。’[⑥]且人于掌何日不见，及至问他掌中多少文理，却便不知。即如我良知二字，一讲便明，谁不知得？若欲的见良知，却谁能见得？”

问曰：“此知恐是无方体的，最难捉摸。”

先生曰：“良知即是《易》，‘其为道也屡迁，变动不居，周流六虚，上下无常，刚柔相易，不可为典要，惟变所适’[⑦]。此知如何捉摸得？见得透时便是圣人。”

问：“孔子曰‘回也，非助我者也’[⑧]。是圣人果以相助望门弟子否？”

先生曰：“亦是实话。此道本无穷尽，问难愈多，则精微愈显。圣人之言本自周遍，但有问难的人胸中窒碍，圣人被他一难，发挥得愈加精神。若颜子闻一知十，[⑨]胸中了然，如何得问难？故圣人亦寂然不动，无所发挥，故曰‘非助’。”

邹谦之尝语德洪曰：“舒国裳曾持一张纸，请先生写‘拱把之桐梓’[⑩]一章。先生悬笔为书到‘至于身而不知所以养之者’，顾而笑曰：‘国裳读书，中过状元来，岂诚不知身之所以当养？还须诵此以求警。’一时在侍诸友皆惕然。”

注释

①严滩：一名七里滩，在浙江桐庐县西。

②实相幻相：皆佛教名词。实相与真如、涅槃、性空、法性、无相、真性、实际、实性等概念含义雷同。《肇论·宗本义》曰：“本无、实相、法相、性空、缘会，一义耳。”以世俗认识的一切现象均为“假相”，皆虚幻不实的“幻相”，唯有摆脱世俗认识，才能显示诸法“常住不变”的真实相状。

③耆（qí）宿：有名望的老人。耆，六十岁以上的人。

④员凿方枘：比喻意见不合，格格不入。员，同“圆”。枘（ruì），榫子。

⑤丹朱：传说中尧之子。名朱，因居丹水，名为丹朱。因傲慢荒淫，尧禅位于舜。

⑥其如示诸掌乎：语出《中庸》，“子曰：‘郊社之礼，所以事上帝也。宗庙之礼，所以祀乎其先也。明乎郊社之礼，禘尝之义，治国，其如示诸掌乎。’”

⑦“其为”七句：语出《易传·系辞下》。

⑧回也，非助我者也：语出《论语·先进》。

⑨颜子闻一知十：事见《论语·公冶长》。子谓子贡曰：“女与回也，孰愈？”对曰：“赐也何敢望回。回也闻一以知十，赐也闻一以知二。”子曰：“弗如也。吾与女弗如也。”

⑩拱把之桐梓：语出《孟子·告子上》，“孟子曰：‘拱把之桐梓，人苟欲生之，皆知所以养之者。至于身而不知所以养之者，岂爱身不若桐梓哉？弗思甚也。’”

译文 先生动身去征讨思田，钱德洪和王汝中追赶着送到严滩。汝中说到了佛教的“实相”“幻相”等说法。先生说：“有心就都是实，无心就都是幻。无心就都是实，有心就都是幻。”汝中说：“有心都是实，无心都是幻，是从本体上说功夫；无心都是实，有心都是幻，是从功夫上说本体。”先生认为他的话有道理。钱德洪在这时还不太了解。用了几年工夫后，才相信本体、功夫合一。但是，先生当时是顺着问题偶然谈起的。如果我们儒家去点拨人，就没有必要用这种方式来立论。

我们曾经看见先生送两三个老先生出门，回来后坐在堂前走廊上，似乎面带忧色。钱德洪快步上前问其原因。先生说：“刚才与老人们讨论我们的观点，却真像用圆凿去加工方孔一样难。我们的观点平坦得如同大道一般，但世间儒生往往自我封闭，一辈子陷入荆棘之中而不知悔悟。我真不晓得该说些什么！”钱德洪下来对朋友们说：“先生教诲人，不管对方是否老迈衰朽，这就是仁爱者怜爱之心啊！”

先生说：“人生的大病，只是一个‘傲’字。做儿子的如果骄傲，一定不孝；做臣子的如果骄傲，一定不忠；做父亲的如果骄傲，一定不慈；做朋友的如果骄傲，一定不信。所以，象和丹朱都不肖，也只是一个‘傲’字就结束了一辈子。诸君要经常体悟，人心本来是天然的这个道理，它精精明明，没有一丝一毫的沾染，这里只是一个‘无我’而已。胸中切切不能‘有’。有，就是傲。古代的圣人有很多优点，但主要也就是无我而已。无我，就自然能谦虚。谦虚，是众善的基础；而骄傲，是众恶的魁首。”

先生又说：“良知的道理极其简单，极其容易的，但也是极其精深，极其细微的。孔子说过：‘其如示诸掌乎。’人对自己的手掌，哪天不见到？但到问他手掌中有多少纹理时，却又不知道了。这就像我说的良知一样。‘良知’二字一说就清楚。谁不晓得？但如果要透彻地看到良知，又有谁能看到？”问：“这良知恐怕是没有方位形体的，最难捉摸？”先生说：“良知就像《易经》所说的‘其为道也屡迁，变动不居，周流六虚，上下无常，刚柔相易，不可为典要，惟变所适’。这良知怎么能捉摸到呢？把良知了解透彻了，也就是圣人了。”

问:“孔子说‘回也，非助我者也’。孔子当真希望学生们帮助自己吗?”先生说:“孔子这也是实话。这儒道本来就无穷无尽，诘问和非难越多，就越是显得精深微妙。孔子的话，本来就已经完满了。但是，如果有人因为胸中阻滞不通而诘问和非难，圣人被他一难，就会发挥得更加有精神。像颜回那样的，闻一知十，胸中明明白白，怎么会去问难呢?这样，孔子只好寂然不动，无所发挥。所以他说‘非助’。”

邹谦之曾经对钱德洪说:“舒国裳曾带来一张纸，请先生写‘拱把之桐梓’这一章。先生悬笔书写，到‘至于身而不知所以养之者’时，回头笑道:‘国裳读书读到中状元，难道还真的不懂得自身为什么需要修养吗?还必须记诵这一章来警醒自己吗?’当时，在座的朋友们都为之警觉。”

钱德洪跋

原文 嘉靖戊子[①]冬，德洪与王汝中奔师丧至广信[②]，讣告同门，约三年收录遗言。继后同门各以所记见遗。洪择其切于问正者，合所私录，得若干条。居吴时，将与《文录》[③]并刻矣。适以忧去，未遂。当是时也，四方讲学日众，师门宗旨既明，若无事于赘刻者。故不复萦念。去年，同门曾子才汉[④]得洪手抄，复傍为采辑，名曰《遗言》，以刻行于荆。洪读之，觉当时采录未精，乃为删其重复，削去芜蔓，存其三分之一，名曰《传习续录》，复刻于宁国之水西精舍。今年夏，洪来游蕲[⑤]，沈君思畏[⑥]曰："师门之教久行于四方，而独未及于蕲。蕲之士得读《遗言》，若亲炙夫子之教。指见良知，若重睹日月之光。惟恐传习之不博，而未以重复之为繁也。请裒[⑦]其所逸者增刻之。若何"洪曰："然。"师门致知格物之旨，开示来学，学者躬修默悟，不敢以知解承，而惟以实体得。故吾师终日言是而不惮其烦，学者终日听是而不厌其数。盖指示专一，则体悟日精，几迎于言前，神发于言外，感遇之诚也。今吾师之没未及三纪，而格言微旨渐觉沦晦，岂非吾党身践之不力，多言有以病之耶？学者之趋不一，师门之教不宣也。乃复取逸稿，采其语之不背者，得一卷。其余影响不真，与《文录》既载者，皆削之。并易中卷为问答语，以付黄梅[8]尹张君增刻之。庶几读者不以知解承而惟以实体得，则无疑于是录矣。

嘉靖丙辰[9]夏四月，门人钱德洪拜书于蕲之崇正书院

注释

①嘉靖戊子：指明嘉靖七年（1528）。

②广信：今江西上饶。

③《文录》：指《阳明全书》卷四至卷八。

④曾子才汉：曾才汉，生平不详。

⑤蕲：蕲州，即今湖北蕲春县。

⑥沈思畏：名宠，号古林。安徽宣城人，王守仁再传弟子。

⑦裒（póu）：聚集；搜集。

⑧黄梅：县名，在湖北东，长江北岸。尹，县令。

⑨嘉靖丙辰：指明嘉靖三十五年（1556）。

译文

嘉靖戊子年冬天，德洪我和王汝中到广信为先生奔丧，向同学们发讣告，并约定三年内收录先生的遗

言。后来，同学们各自把自己所记所见寄来。我先选择那些最能反映先生思想的，加上自己的记录，得了若干条。在吴时，正准备把它和《文录》一起刻印，不巧又因为守丧去职，未能如愿。那时，四方信奉先生学问的人越来越多，先生的宗旨也已经明白，似乎没有必要再刊刻出版，所以，我也就没有再用心去做这事。去年，同学曾才汉得到我的手抄本，又收辑了另外一些内容，取名叫《遗言》，在荆州刊印了。我读后，觉得当时采辑收录的并不精当，于是就删繁就简，保存了其中的三分之一，取名叫《传习续录》，重新刻印于安徽宁国的水西精舍。今年夏天，我来到湖北蕲春，沈思畏说："先生的教诲，在天下已经传播得很久了，可惜偏偏没有传到蕲春。蕲春的学者们能读到《遗言》，就像亲自熏陶在先生的教诲之中，看清了良知，就像重新看到了日月的光辉。只担心先生的教谕收录得不广博，而不会因为重复而觉得繁琐。请您收集散失的部分再加以增刻。怎么样?"我说："好吧。"先生用致知格物的宗旨，指示方向给后学。学者亲自修养，默默地领悟，不敢单从知识来理解，而只以实际体验来获得。所以，我们老师成天说这一点，而不厌其烦；学生成天听这一点，而不嫌其多。因为指示者专精纯一，而体悟者日益精深。学生的感悟，超前于老师的发言；先生的精神，领会于言谈之外。是因为双方心灵感应的真诚。现在，我们的老师逝世还不到三年，但其格言微旨觉得渐渐沉沦隐晦。这难道不是我们这些人亲身实践得不好，空话太多而带来的毛病吗？学生的思想方向不一致，老师的学说就不能光大。于是，我又找来先生逸稿，采集其中不至于被误解的语录，编成一卷。其余反映先生思想不真切的，或《文录》中已经收编的，统统删去。并且将中卷改为问答语录。交付到黄梅县县令张君增订刻印。希望读者不要用外在的知识来解释，而只能以切实地体验来理解，这就不会有什么疑问了。谨此编录。

嘉靖丙辰年夏四月，学生钱德洪再拜恭书于蕲春崇正书院。

[附录一]

朱子晚年定论

《定论》首刻于南、赣。朱子病目静久，忽悟圣学之渊薮，乃大悔中年注述误己误人，遍告同志。师阅之，喜己学与晦翁同，手录一卷，门人刻行之。自是为朱子论异同者寡矣。师曰："无意中得此一助!"隆庆壬申，虬峰谢君廷杰刻师《全书》，命刻《定论》附《语录》后，见师之学与朱子无相谬戾，则千古正学同一源矣。并师首叙与袁庆麟跋凡若干条，洪僭引其说。

朱子晚年定论

阳明子序曰：

洙、泗之传，至孟氏而息；千五百余年，濂溪、明道始复追寻其绪；自后辨析日详，然亦日就支离决裂，旋复湮晦。吾尝深求其故，大抵皆世儒之多言有以乱之。

守仁早岁业举，溺志词章之习，既乃稍知从事正学，而苦于众说之纷挠疲疢，茫无可入，因求诸老、释，欣然有会于心，以为圣人之学在此矣！然于孔子之教间相出入，而措之日用，往往缺漏无归；依违往返，且信且疑。其后谪官龙场，居夷处困，动心忍性之余，恍若有悟，体验探求，再更寒暑，证诸《五经》《四书》，沛然若决江河而放诸海也。然后叹圣人之道坦如大路，而世之儒者妄开窦迳，蹈荆棘，堕坑堑，究其为说，反出二氏之下。宜乎世之高明之士厌此而趋彼也！此岂二氏之罪哉！间尝以语同志，而闻者竞相非议，目以为立异好奇；虽每痛反深抑，务自搜剔斑瑕，而愈益精明的确，洞然无复可疑；独于朱子之说有相抵牾，恒疚于心，切疑朱子之贤，而岂其于此尚有未察？及官留都，复取朱子之书而检求之，然后知其晚岁固已大悟旧说之非，痛恨极艾，至以为自诳诳人之罪，不可胜赎。世之所传《集注》《或问》之类，乃其中年未定之说，自咎以为旧本之误，思改正而未及，而其诸《语类》之属，又其门人挟胜心以附己见，固于朱子平日之说犹有大相谬戾者，而世之学者局于见闻，不过持循讲习于此。其于悟后之论，概乎其未有闻，则亦何怪乎予言之不信，而朱子之心无以自暴于后世也乎？

予既自幸其说之不谬于朱子，又喜朱子之先得我心之同，然且慨夫世之学者徒守朱子中年未定之说，而不复知求其晚岁既悟之论，竞相呶呶，以乱正学，不自知其已入于异端；辄采录而裒集之，私以示夫同志，庶几无疑于吾说，而圣学之明可冀矣！

正德乙亥冬十一月朔，后学余姚王守仁序。

答黄直卿书

为学直是先要立本。文义却可且与说出正意，令其宽心玩味；未可便今考校同异，研究纤密，恐其意思促迫，难得长进。将来见得大意，略举一二节目渐次理会，盖未晚也。此是向来定本之误。今幸见得，却烦勇革。不可苟避讥笑，却误人也。

答吕子约

日用工夫，比复何如？文字虽不可废，然涵养本原而察于天理人欲之判，此是日用动静之间，不可顷刻间断底事，若于此处见得分明，自然不到得流入世俗功利权谋里去矣。熹亦近日方实见得向日支离之病，虽与彼中证候不同，然忘已逐物，贪外虚内之失，则一而已。程子说“不得以天下万物挠己，己立后自能了得天下万物”，今自家一个身心不知安顿去处，而谈王说伯，将经世事业别作一个伎俩商量讲究，不亦误乎！相去远，不得面论，书问终说不尽，临风叹息而已。

答何叔京

前此僭易拜禀博观之蔽，诚不自揆。乃蒙见是，何幸如此！然观来谕，似有未能遽舍之意，何邪？此理甚明，何疑之有？若使道可以闻博观而得，则世之知道者为不少矣。熹近日因事方有少省发处，如“鸢飞鱼跃”，明道以为与“必有事焉勿正”之意同者，乃今晓然无疑。日用之间，观此流行之体，初无间断处，有下工夫处。乃知日前自诳诳人之罪，盖不可胜赎也。此与守书册，泥言语，全无交涉；幸于日用间察之，知此则知仁矣。

答潘叔昌

示喻“天上无不识字底神仙”，此论甚中一偏之弊。然亦恐只学得识字，却不曾学得上天，即不如且学上天耳。上得天了，却旋学上天人，亦不妨也。中年以后，气血精神能有几何？不是记故事时节。熹以目昏，不敢着力读书。闲中静坐，收敛身心，颇觉费力。间起看书，聊复遮眼，遇有会心处，时一喟然耳！

答潘叔度

熹衰病，今岁幸不至剧，但精力益衰，目力全短，看文字不得；冥目静坐，却得收拾放心，觉得日前外面走作不少，颇恨盲废之不早也。看书鲜识之喻，诚然。然严霜大冻之中，岂无些小风和日暖意思？要是多者胜耳！

与吕子约

孟子言“学问之道，惟在求其放心”；而程子亦言“心要在腔子里”。今一向耽着文字，令此心全体都奔在册子上，更不知有己；便是个无知觉不识痛痒之人，虽读得书，亦何益于吾事邪？

与周叔谨

应之甚恨未得相见，其为学规模次第如何？近来吕、陆门人互相排斥，此由各徇所见之偏，而不能公天下之心以观天下之理，甚觉不满人意。应之盖尝学于两家，未知其于此看得果如何？因话扣之，因书谕及为幸也。熹近日亦觉向来说话有大支离处，反身以求，正坐自己用功亦未切耳。因此减去文字工夫，觉得闲中气象甚适。每劝学者且亦看《孟子》“道性善”“求放心”两章，着实体察收拾为要；其余文字，且大概讽诵涵养，未须大段着力考索也。

答陆象山

熹衰病日侵，去年灾患亦不少，比来病躯方似略可支吾。然精神耗减，日甚一日，恐终非能久于世者，所幸迩来日用工夫颇觉有力，无复向来支离之病，甚恨未得从容面论，未知异时相见，尚复有异同否耳？

答符復仲

闻向道之意甚勤。向所喻义利之间，诚有难择者；但意所疑，以为近利者，即便舍去可也。向后见得亲切，却看旧事，又有见未尽舍未尽者，不解有过当也。见陆丈回书，其言明当，且就此持守，自见功效；不须多疑多问，却转迷惑也。

答吕子约

日用工夫，不敢以老病而自懈。觉得此心操存舍亡，只在反掌之间。向来诚是太涉支离。盖无本以自立，则事事皆病耳。又闻讲授亦颇勤劳，此恐或有未便。今日正要清源正本，以察事变之几微，岂可一向汩溺于故纸堆中，使精神昏弊，失后忘前，而可以谓之学乎？

与吴茂实

近来自觉向时工夫，止是讲论文义，以为积集义理，久当自有得力处，却于日用工夫全少检点。诸朋友往往亦只如此做工夫，所以多不得力。今方深省而痛惩之，亦欲与诸同志勉焉。幸老兄遍以告之也。

答张敬夫

熹穷居如昨，无足言者。自远去师友之益，兀兀度日，读书反己，固不无警省处，终是旁无强辅，因循汩没，寻复失之。近日一种向外走作，心悦之而不能自已者，皆准止酒例戒而绝之，似觉省事。此前辈所谓"下士晚闻道，聊以拙自修"者，若充扩不已，补复前非，庶其有日。旧读《中庸》"慎独"，《大学》"诚意""毋自欺"处，常苦求之太过，措词烦猥；近日乃觉其非，此正是最切近处，最分明处。乃舍之而谈空于冥漠之间，其亦误矣。方窃以此意痛自检勒，懔然度日，惟恐有怠而失之也。至于文字之间，亦觉向来病痛不少。盖平日解经最为守章句者，然亦多是推衍文义，自做一片文字；非惟屋下架屋，说得意味淡薄，且是使人看者将注与经作两项工夫，做了下梢，看得支离，至于本旨，全不相照。以此方知汉儒可谓善说经者，不过只说训诂，使人以此训诂玩索经文。训诂经文不相离异，只做一道看了，直是意味深长也。

答吕伯恭

道间与季通讲论，因悟向来涵养工夫全少，而讲说又多，强探必取寻流逐末之弊；推类以求，众病非一，而其源皆在此，恍然自失，似有顿进之功。若保此不懈，庶有望于将来。然非如近日诸贤所谓顿悟之机也。向来所闻诲谕诸说之未契者，今日细思，吻合无疑。大抵前日之病，皆是气质躁妄之偏，不曾涵养克治，任意直前之弊耳。

答周纯仁

闲中无事，固宜谨出，然想亦不能一并读得许多。似此专人来往劳费，亦是未能省事随寓而安之病。又如多服燥热药，亦使人血气偏胜，不得和平，不但非所以卫生，亦非所以养心。窃恐更须深自思省，收拾身心，渐令向里，令宁静闲退之意胜，而飞扬燥扰之气消，则治心养气、处世接物自然安稳，一时长进，无复前日内外之患矣。

答窦文卿

为学之要，只在着实操存，密切体认，自己身心上理会。切忌轻自表襮，引惹外人辩论，枉费酬应，分却向里工夫。

答吕子约

闲欲与二友俱来而复不果，深以为恨。年来觉得目前为学不得要领，自做身主不起，反为文字夺却精神，不是小病。每一念之，惕然自惧，且为朋友忧之。而每得子约书，辄复恍然，尤不知所以为贤者谋也。且如临事迟回，瞻前顾后，只此亦可见得心术影子。当时若得相聚一番，彼此极论，庶几或有剖决之助。今又失此机会，极令人怅恨也！训导后生，若说得是，当极有可自警省处，不会减人气力。若只如此支离，漫无绝纪，则虽不教后生，亦只见得展转迷惑，无出头处也。

答林择之

熹哀苦之余，无他外诱，日用之间，痛自敛饬，乃知敬字之功亲切要妙乃如此。而前日不知于此用力，徒以口耳浪费光阴，人欲横流，天理几灭。今而思之，怛然震悚，盖不知所以措其躬也。

又

此中见有朋友数人讲学，其间亦难得朴实头负荷得者。因思日前讲论，只是口说，不曾实体于身，故在己在人，都不得力。今方欲与朋友说日用之间，常切点检气息偏处、意欲萌处，与平日所讲相似与不相似，就此痛着工夫，庶几有益。陆子寿兄弟，近日议论，却肯向讲学上理会。其门人有相访者，气象皆好。但其间亦有旧病。此间学者却是与渠相反，初谓只如此讲学，渐涵自能入德。不谓末流之弊只成说话，至于人伦日用最切近处，亦都不得毫毛气力。此不可不深惩而痛警也！

答梁文叔

近看孟子见人即道性善，称尧、舜，此是第一义。若于此看得透，信得及，直下便是圣贤，便无一毫人欲之私做得病痛。若信不及孟子，又说个第二节功夫，又只引成覸、颜渊、公明仪三段说话教人如此，发愤勇猛向前，日用之间，不得存留一毫人欲之私在这里，此外更无别法。若于此有个奋迅兴起处，方有田地可下功夫。不然，即是画脂镂冰，无真实得力处也。近日见得如此，自觉颇得力，与前日不同，故此奉报。

答潘叔恭

学问根本在日用间，持敬集义工夫，直是要得念念省察。读书求义，乃其间之一事耳。旧来虽知此意，然于缓急之间，终是不觉有倒置处，误人不少。今方自悔耳！

答林充之

充之近读何书？恐更当于日用之间为人之本者，深加省察，而去其有害于此者为佳。不然，诵说虽精，而不践其实，君子盖深耻之。此固充之平日所讲闻也。

答何叔景

李先生教人，大抵令于静中体认大本未发时气象，分明即处事应物，自然中节，此乃龟山门下相传指诀，然当时亲炙之时，贪听讲论，又方窃好章句训诂之习，不得尽心如此；至今若存若亡，无一的实见处，辜负教育之意。每一念此，未尝不愧汗沾衣也。

又

熹近来尤觉昏愦无进步处。盖缘日前偷堕苟简，无深探力行之志，凡所论说，皆出入口耳之余，以故全不得力。今方觉悟，欲勇革旧习，而血气已衰，心志亦不复强，不知终能有所济否？

又

向来妄论“持敬”之说，亦不自记其云何。但因其良心发见之微，猛省提撕，使心不昧，则是做工夫的本领。本领既立，自然下学而上达矣。若不察良心发见处，即渺渺茫茫，恐无下手处也。中间一书论“必有事焉”之说，却尽有病，殊不蒙辨诘，何邪？所喻多识前言往行，固君子之所急。熹自来所见亦是如此。近因反求未得个安稳处，却始知此未免支离，如所谓因诸公以求程氏，因程氏以求圣人，是隔几重公案，曷若默会诸心，以立其本，而其言之得失，自不能逃吾之鉴邪？钦夫之学所以超脱自在，见得分明，不为言句所桎梏，只为合下入处亲切。今日说话虽未能绝无渗漏，终是本领。是当非吾辈所及，但详观所论，自可见矣。

答林择之

所论颜、孟不同处，极善极善！正要见此曲折，始无窒碍耳。比来想亦只如此用功。熹近只就此处见得向来未见底意思，乃知存久自明，何待穷索之语，是真实不诳语。今未能久，已有此验，况真能久邪？但当益加勤勉，不敢少弛其劳耳！

答杨子直

学者堕在语言，心实无得，固为大病；然于语言中，罕见有究竟得彻头彻尾者。盖资质已是不及古人，而工夫又草草，所以终身于此，若存若亡，未有卓然可恃之实。近因病后，不敢极力读书，闲中却觉有进步处。大抵孟子所论求其放心，是要诀尔！

与田侍郎子真

吾辈今日事事做不得，只有向里存心穷理，外人无交涉。然亦不免违条碍贯，看来无着力处，只有更攒近里面，安身立命尔。不审比日何所用心？因书及之，深所欲闻也。

答陈才卿

详来示，知日用工夫精进如此，尤以为喜。若知此心此理端的在我，则参前倚衡，自有不容舍者，亦不待求而得，不待操而存矣。格物致知，亦是固其所已知者推之，以及其所未知，只是一本，原无两样工夫也。

与刘子澄

居官无修业之益，若以俗学言之，诚是如此。若论圣门所谓德业者，却初不在日用之外，只押文字，便是进德修业地头，不必编缀异闻，乃为修业也。近觉向来为学，实有向外浮泛之弊；不惟自误，而误人亦不少。方别寻得一头绪，似差简约端的，始知文字言语之外，真别有用心处，恨未得面论也。浙中后来事体，大段支离乖僻，恐不止似正似邪而已，极令人难说，只得惶恐，痛自警省！恐未可专执旧说以为取舍也。

与林择之

熹近觉向来乖谬处不可缕数，方惕然思所以自新者，而日用之间，悔吝潜积，又已甚多。朝夕惴惧，不知所以为计。若择之能一来辅此不逮，幸甚！然讲学之功，比旧却觉稍有寸进。以此知初学得些静中功夫，亦为助不小。

答吕子约

示喻日用工夫如此，甚善！然亦且要见一大头脑分明，便于操舍之间有用力处；如实有一物，把住放行在自家手里，不是谩说求其放心，实却茫茫无把捉处也。

子约复书云："某盖尝深体之，此个大头脑本非外面物事，是我元初本有底。其曰'人生而静'，其曰'喜怒哀乐之未发'，其曰'寂然不动'，人汩汩地过了日月，不曾存息，不曾实见此体段，如何会有用力处？程子谓'这个义理，仁者又看做仁了，智者又看做智了，百姓日用不知，此所以君子之道鲜’。此个亦不少，亦不剩，只是人看他不见，不大段信得此话。及其言于勿忘勿助长间认取者，认乎此也，认得此，则一动一静皆不昧矣！恻隐羞恶辞让是非，四端之著也，操存久则发见多；忿懥忧患好乐恐惧，不得其正也，放舍甚则日滋长。记得南轩先生谓‘验厥操舍，乃知出入’，乃是见得主脑，于操舍间有用力处之实话。盖苟知主脑不放下，虽是未能常常操存，然语默应酬间历历能自省验，虽其实有一物在我手里，然可欲者是我底物，不可放失；不可欲者非是我物，不可留藏。虽谓之实有一物在我手里，亦可也。若是漫说，即无归宿，亦无依据；纵使强把捉得住，亦止是袭取，夫岂是我元有底邪？愚见如此，敢望指教。”朱子答书云：“此段大概，甚正当亲切。”

答吴德夫

承喻仁字之说，足见用力之深。熹意不欲如此坐谈，但直以孔子、程子所示求仁之方，择其一二切于吾身者，笃志而力行之，于动静语默间，勿令间断，则久久自当知味矣。去人欲，存天理，且据所见去之存之。工夫既深，则所谓似天理而实人欲者次第何见。今大体未正，而便察及细微，恐有放饭流啜，而问无齿决之讥也。如何如何？

答彧之

中和二字，皆道之体用。旧闻李先生论此最详，后来所见不同，遂不复致思。今乃知其为人深切，然恨已不能尽记其曲折矣。如云“人固有无所喜怒哀乐之时，然谓之未发，则不可言无主也”，又如先言慎独，然后及中和，此亦尝言之。但当时既不领略，后来又不深思，遂成蹉过，孤负此翁耳！

答刘子澄

日前为学，缓于反己追思，凡多百可悔者。所论注文字，亦坐此病，多无着实处。回首茫然，计非岁日工夫所能救治，以此愈不自快。前时犹得敬夫、伯恭时惠规益，得以自警省；二友云亡，耳中绝不闻此等语。今乃深有望于吾子澄。自此惠书，痛加镌诲，乃君子爱人之意也。

朱子之后，如真西山、许鲁斋、吴草庐亦皆有见于此，而草庐见之尤真，悔之尤切。今不能备录，取草庐一说附于后。

临川吴氏曰：“天之所以生人，人之所以为人，以此德性也，然自圣传不嗣，士学靡宗，汉、唐千余年间，董、韩二子依稀数语近之，而原本竟昧昧也。逮夫周、程、张、邵兴，始能上通孟氏而为一。程氏四传而至朱，文义之精密，又孟氏以来所未有者。其学徒往往滞于此而溺其心。夫既以世儒记诵词章为俗学矣，而其为学亦未离乎言语文字之末。此则嘉定以后朱门末学之敝，而未有能救之者也。夫所贵乎圣人之学，以能全天之所以与我者尔。天之与我，德性是也，是为仁义礼智之根株，是为形质血气之主宰。舍此而他求，所学何学哉？假而行如司马文正公，才如诸葛忠武侯，亦不免为习不著、行不察；亦不过为资器之超于人，而谓有得于圣学则未也。况止于训诂之精，讲说之密，如北溪之陈，双峰之饶，则与彼记诵词章之俗学，相去何能以寸哉？圣学大明于宋代，而踵其后者如此，可叹已！澄也钻研于文义，毫分缕析，每以陈为未精，饶为未密也。堕此科臼中垂四十年，而始觉其非。自今以往，一日之内子而亥，一月之内朔而晦，一岁之内春而冬，常见吾德性之昭昭，如天之运转，如日月之往来，不使有须臾之间断，则于尊之之道殆庶几乎？于此有未能，则问于人，学于己，而必欲其至。若其用力之方，非言之可喻，亦昧于《中庸》首章，《订顽》终篇而自悟可也。"

《朱子晚年定论》，我阳明先生在留都时所采集者也。揭阳薛君尚谦旧录一本，同志见之，至有不及抄写，袖之而去者。众皆惮于翻录，乃谋而寿诸梓。谓："子以齿，当志一言。”惟朱子一生勤苦，以惠来学，凡一言一字，皆所当守；而独表章是、尊崇乎此者，盖以为朱子之定见也。今学者不求诸此，而犹踵其所悔，是蹈舛也，岂善学朱子者哉？麟无似，从事于朱子之训余三十年，非不专且笃，而竟亦未有居安资深之地，则犹以为知之未详，而览之未博也。戊寅夏，持所著论若干卷来见先生。闻其言，如日中天，睹之即见；象五谷之艺地，种之即生；不假外求，而真切简易，恍然有悟。退求其故而不合，则又不免迟疑于其间。及读是编，始释然，尽投其所业，假馆而受学，盖三月而若将有闻焉。然后知向之所学，乃朱子中年未定之论，是故三十年而无获。今赖天之灵，始克从事于其所谓定见者，故能三月而若将有闻也。非吾先生，几乎已矣！敢以告夫同志，使无若麟之晚而后悔也。若夫直求本原于言语之外，真有以验其必然而无疑者，则存乎其人之自力，是编特为之指迷耳。正德戊寅六月望，门人雩都袁庆麟谨识。

[附录二]

大学问

吾师接初见之士，必借《学》《庸》首章以指示圣学之全功，使知从入之路。师征思、田将发，先授《大学问》，德洪受而录之。

"《大学》者，昔儒以为大人之学矣。敢问大人之学何以在于'明明德'乎?"

阳明子曰:"大人者，以天地万物为一体者也，其视天下犹一家，中国犹一人焉。若夫间形骸而分尔我者，小人矣。大人之能以天地万物为一体也，非意之也，其心之仁本若是，其与天地万物而为一也。岂惟大人，虽小人之心亦莫不然，彼顾自小之耳。是故见孺子之入井，而必有怵惕恻隐之心焉，是其仁之与孺子而为一体也；孺子犹同类者也，见鸟兽之哀鸣觳觫，而必有不忍之心焉，是其仁之与鸟兽而为一体也；鸟兽犹有知觉者也，见草木之摧折而必有悯恤之心焉，是其仁之与草木而为一体也；草木犹有生意者也，见瓦石之毁坏而必有顾惜之心焉，是其仁之与瓦石而为一体也；是其一体之仁也，虽小人之心亦必有之。是乃根于天命之性，而自然灵昭不昧者也，是故谓之‘明德’。小人之心既已分隔隘陋矣，而其一体之仁犹能不昧若此者，是其未动于欲，而未蔽于私之时也。及其动于欲，蔽于私，而利害相攻，忿怒相激，则将戕物圮类，无所不为，其甚至有骨肉相残者，而一体之仁亡矣。是故苟无私欲之蔽，则虽小人之心，而其一体之仁犹大人也；一有私欲之蔽，则虽大人之心，而其分隔隘陋犹小人矣。故夫为大人之学者，亦惟去其私欲之蔽，以自明其明德，复其天地万物一体之本然而已耳；非能于本体之外而有所增益之也。”

曰：“然则何以在‘亲民’乎？”

曰：“明明德者，立其天地万物一体之体也。亲民者，达其天地万物一体之用也。故明明德必在于亲民，而亲民乃所以明其明德也。是故亲吾之父，以及人之父，以及天下人之父，而后吾之仁实与吾之父、人之父与天下人之父而为一体矣；实与之为一体，而后孝之明德始明矣！亲吾之兄，以及人之兄，以及天下人之兄，而后吾之仁实与吾之兄、人之兄与天下人之兄而为一体矣；实与之为一体，而后弟之明德始明矣！君臣也，夫妇也，朋友也，以至于山川鬼神鸟兽草木也，莫不实有以亲之，以达吾一体之仁，然后吾之明德始无不明，而真能以天地万物为一体矣，夫是之谓明明德于天下，是之谓家齐国治而天下平，是之谓尽性。”

曰：“然则又乌在其为‘止至善’乎？”

曰："至善者，明德、亲民之极则也。天命之性，粹然至善，其灵昭不昧者，此其至善之发见，是乃明德之本体，而即所谓良知也。至善之发见，是而是焉，非而非焉，轻重厚薄，随感随应，变动不居，而亦莫不自有天然之中，是乃民彝物则之极，而不容少有议拟增损于其间也。少有拟议增损于其间，则是私意小智，而非至善之谓矣。自非慎独之至，惟精惟一者，其孰能与于此乎？后之人惟其不知至善之在吾心，而用其私智以揣摸测度于其外，以为事事物物各有定理也，是以昧其是非之则，支离决裂，人欲肆而天理亡，明德、亲民之学遂大乱于天下。盖昔之人固有欲明其明德者矣，然惟不知止于至善，而骛其私心于过高，是以失之虚罔空寂，而无有乎家国天下之施，则二氏之流是矣。固有欲亲其民者矣，然惟不知止于至善，而溺其私心于卑琐，是以失之权谋智术，而无有乎仁爱恻怛之诚，则五伯功利之徒是矣。是皆不知止于至善之过也。故止至善之于明德、亲民也，犹之规矩之于方圆也，尺度之于长短也，权衡之于轻重也。故方圆而不止于规矩，爽其则矣；长短而不止于尺度，乖其剂矣；轻重而不止于权衡，失其准矣；明明德、亲民而不止于至善，亡其本矣。故止于至善以亲民，而明其明德，是之谓大人之学。"

曰："'知止而后有定，定而后能静，静而后能安，安而后能虑，虑而后能得'，其说何也？"

曰："人惟不知至善之在吾心，而求之于其外，以为事事物物皆有定理也，而求至善于事事物物之中，是以支离决裂，错杂纷纭，而莫知有一定之向。今为既知至善之在吾心，而不假于外求，则志有定向，而无支离决裂、错杂纷纭之患矣。无支离决裂、错杂纷纭之患，则心不妄动而能静矣。心不妄动而能静，则其日用之间，从容闲暇而能安矣。能安，则凡一念之发，一事之感，其为至善乎？其非至善乎？吾心之良知自有以详审精察之，而能虑矣。能虑则择之无不精，处之无不当，而至善于是乎可得矣。"

曰："物有本末：先儒以明德为本，新民为末，两物而内外相对也。事有终始：先儒以知止为始，能得为终，一事而首尾相因也。如子之说，以新民为亲民，则本末之说亦有所未然欤？"

曰："终始之说，大略是矣。即以新民为亲民，而曰明德为本，亲民为末，其说亦未为不可，但不当分本末为两物耳。夫木之干，谓之本，木之梢，谓之末，惟其一物也。是以谓之本末。若曰两物，则既为两物矣，又何以言本末乎？新民之意，既与亲民不同，则明德之功，自与新民为二。若知明明德以亲其民，而亲民以明其明德，则明德亲民焉可析而为两乎？先儒之说，是盖不知明德亲民之本为一事，而认以为两事，是以虽知本末之当为一物，而亦不得不分为两物也。"

曰："古之欲明明德于天下者，以至于先修其身，以吾子明德亲民之说通之，亦既可得而知矣。敢问欲修其身，以至于致知在格物，其工夫次第又何如其用力欤？"

曰："此正详言明德、亲民、止至善之功也。盖身、心、意、知、物者，是其工夫所用之条理，虽亦各有其所，而其实只是一物。格、致、诚、正、修者，是其条理所用之工夫，虽亦皆有其名，而其实只是一事。何谓身心之形体？运用之谓也。何谓心身之灵明？主宰之谓也。何谓修身？为善而去恶之谓也。吾身自能为善而去恶乎？必其灵明主宰者欲为善而去恶，然后其形体运用者始能为善而去恶也。故欲修其身者，必在于先正其心也。然心之本体则性也。性无不善，则心之本体本无不正也。何从而用其正之之功乎？盖心之本体本无不正，自其意念发动，而后有不正。故欲正其心者，必就其意念之所发而正之，凡其发一念而善也，好之真如好好色；发一念而恶也，恶之真如恶恶臭；则意无不诚，而心可正矣。然意之所发，有善有恶，不有以明其善恶之分，亦将真妄错杂，虽欲诚之，不可得而诚矣。故欲诚其意者，必在于致知焉。致者，至也，如云丧致乎哀之致。《易》言'知至至之'，'知至'者，知也；'至之'者，致也。'致知'云者，非若先儒所谓充广其知识之谓也，致吾心之良知焉耳。良知者，孟子所谓'是非之心，人皆有之'者也。是非之心，不待虑而知，不待学而能，是故谓之良知。是乃天命之性，吾心之本体，自然灵昭明觉者也。凡意念之发，吾心之良知无有不自知者。其善欤，惟吾心之良知自知之；其不善欤，亦惟吾心之良知自知之；是皆无所与于他人者也。故虽小人之为不善，既已无所不至，然其见君子，则必厌然掩其不善，而著其善者，是亦可以见其良知之有不容于自昧者也。今欲别善恶以诚其意，惟在致其良知之所知焉尔。何则？意念之发，吾心之良知既知其为善矣，使其不能诚有以好之，而复背而去之，则是以善为恶，而自昧其知善之良知矣。意念之所发，吾之良知既知其为不善矣，使其不能诚有以恶之，而复蹈而为之，则是以恶为善，而自昧其知恶之良知矣。若是，则虽曰知之，犹不知也，意其可得而诚乎！今于良知之善恶者，无不诚好而诚恶之，则不自欺其良知而意可诚也已。然欲致其良知，亦岂影响恍惚而悬空无实之谓乎？是必实有其事矣。故致知必在于格物。物者，事也，凡意之所发必有其事，意所在之事谓之物。格者，正也，正其不正以归于正之谓也。正其不正者，去恶之谓也。归于正者，为善之谓也。夫是之谓格。《书》言‘格于上下’，‘格于文祖’，‘格其非心’，格物之格实兼其义也。良知所知之善，虽诚欲好之矣，苟不即其意之所在之物而实有以为之，则是物有未格，而好之之意犹为未诚也。良知所知之恶，虽诚欲恶之矣，苟不即其意之所在之物而实有以去之，则是物有未格，而恶之之意犹为未诚也。

今焉于其良知所知之善者，即其意之所在之物而实为之，无有乎不尽。于其良知所知之恶者，即其意之所在之物而实去之，无有乎不尽。然后物无不格，而吾良知之所知者无有亏缺障蔽，而得以极其至矣，夫然后吾心快然无复余憾而自慊矣，夫然后意之所发者，始无自欺而可以谓之诚矣，故曰：'物格而后知至，知至而后意诚，意诚而后心正，心正而后身修。'盖其功夫条理虽有先后次序之可言，而其体之惟一，实无先后次序之可分，其条理功夫虽无先后次序之可分，而其用之惟精，固有纤毫不可得而缺焉者。此格致诚正之说，所以阐尧舜之正传而为孔氏之心印也。"

德洪曰：《大学问》者，师门之教典也。学者初及门，必先以此意授，使之闻言之下，即得此心之知，无出于民彝物则之中，致知之功，不外乎修齐治平之内。学者果能实地用功。一番听受，一番亲切。师常曰："吾此意思有能直下承当，只此修为，直造圣域。参之经典，无不吻合，不必求之多闻多识之中也。"门人有请录成书者。曰："此须诸君口口相传，若笔之于书，使人作一文字看过，无益矣。"嘉靖丁亥八月，师起征思、田，将发，门人复请。师许之。录既就，以书贻洪曰："《大学或问》数条，非不愿共学之士尽闻斯义，顾恐藉寇兵而赍盗粮，是以未欲轻出。"盖当时尚有持异说以混正学者，师故云然。师既没，音容日远，吾党各以己见立说。学者稍见本体，即好为径超顿悟之说，无复有省身克己之功。谓“一见本体，超圣可以跂足”，视师门诚意格物、为善去恶之旨，皆相鄙以为第二义。简略事为，言行无顾，甚者荡灭礼教，犹自以为得圣门之最上乘。噫！亦已过矣。自便径约，而不知已沦入佛氏寂灭之教，莫之觉也。古人立言，不过为学者示下学之功，而上达之机，待人自悟而有得，言语知解，非所及也。《大学》之教，自孟氏而后，不得其传者几千年矣。赖良知之明，千载一日，复大明于今日。兹未及一传，而纷错若此，又何望于后世耶？是篇邹子谦之尝附刻于《大学》古本，兹收录《续编》之首，使学者开卷读之。思吾师之教平易切实，而圣智神化之机固已跃然，不必更为别说，匪徒惑人，只以自误，无益也。

图书在版编目（CIP）数据

传习录全译 /（明）王阳明著；于民雄注；顾久译 — 贵阳：贵州人民出版社，2021.4
（中国历代名著全译丛书）
ISBN 978-7-221-16508-4

Ⅰ.①传… Ⅱ.①王…②于…③顾… Ⅲ.①心学—中国—明代②《传习录》—译文
Ⅳ.①B248.25

中国版本图书馆CIP数据核字（2020）第267667号

出 版 人：王　旭
责任编辑：张　黎
装帧设计：晓笛设计工作室　舒刚卫　刘清霞
责任监印：尹晓蓓　唐锡璋

书　　名：传习录全译
著　　者：[明]王阳明
译　　注：于民雄（注）　顾　久（译）
出版发行：贵州出版集团　贵州人民出版社
地　　址：贵州省贵阳市观山湖区会展东路SOHO办公区A座
印　　刷：北京雅昌艺术印刷有限公司
开　　本：880mm × 1230mm　32开
印　　张：17.125
字　　数：300千字
版　　次：2021年4月第1版
印　　次：2021年4月第1次印刷
书　　号：ISBN 978-7-221-16508-4
定　　价：86.00元